法天下学术文库

年金基金与运营机构的受托人责任

N

IANJINJIJIN YU YUNYINGJIGOU DE
SHOUTUORENZEREN

李 敏 著

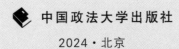
中国政法大学出版社
2024·北京

图书在版编目（ＣＩＰ）数据

年金基金与运营机构的受托人责任/李敏著. —北京：中国政法大学出版社，2024.3
ISBN 978-7-5764-1014-3

Ⅰ.①年… Ⅱ.①李… Ⅲ.①企业—养老保险—基金—研究—中国 Ⅳ.①F842.67

中国国家版本馆 CIP 数据核字 (2024) 第 080058 号

出　版　者	中国政法大学出版社
地　　　址	北京市海淀区西土城路 25 号
邮寄地址	北京 100088 信箱 8034 分箱　邮编 100088
网　　　址	http://www.cuplpress.com (网络实名：中国政法大学出版社)
电　　　话	010-58908586(编辑部) 58908334(邮购部)
编辑邮箱	zhengfadch@126.com
承　　　印	固安华明印业有限公司
开　　　本	720mm×960mm　　1/16
印　　　张	13.5
字　　　数	230 千字
版　　　次	2024 年 3 月第 1 版
印　　　次	2024 年 3 月第 1 次印刷
定　　　价	59.00 元

序　一

"养老金""受托人""日本"这三个词带来的学术思考

大连海事学院法学院李敏博士邀我为其即将出版的大作《年金基金与运营机构的受托人责任》做序，我欣然同意。

我之所以愿尽早拜读李敏博士的大作、做她的第一读者，是因为这部大作的内容以及作者本人的出身"串联"着三个关键词，即"养老金""受托人""日本"。这三个关键词放在一起，一下子触动了我的神经，急切盼望一睹为快就成了自然而然的事情了。

先说第一个关键词"养老金"。多年来，社会保障研究已成为我日常生活的一部分，其中对养老保险和养老金的研究更多一些，投入更大一些，无论是阅读还是写作，都倾注了我的大量时间和精力，"养老金"这个词让我越来越"敏感"，兴趣越来越大，因为阅读越多写作越多就越觉得自己懂得越少，想知道的东西就越多，阅读和写作的冲动就越大，所以，就很珍惜这个当第一读者的宝贵机会。

再说第二个关键词"受托人"。随着阅读的扩展和研究的深入，我愈发觉得养老金制度与信托制度是一对离不开的概念，凡是养老金发达的国家，几乎无一例外都是信托制度十分完备的国家，或说凡是信托制度十分成熟的国家，其养老金规模必然十分雄厚。早在2006年，我在发表的《中国企业年金何去何从——从〈养老保险管理办法（草案）〉谈起》和《中国企业年金的治理危机及其出路——以上海社保案为例》（均载于《中国人口科学》）中就意识到这个问题，并进行了一定论述。当我得知李敏博士大作的题目是关于养老金"受托人"的研究，就自然而然让我兴趣倍增。

第三个关键词"日本"是这几年我越来越感兴趣的话题。这是因为，众所周知，日本是人口老龄化最为严峻的国家之一，但鲜为人知的是日本是养老基金储备最多的国家之一。据 2021 年的统计，日本私人养老基金规模为 1.7 万亿美元，全球排名第七；日本公共养老金规模也是 1.7 万亿美元，全球排名第二。日本的公共养老金和私人养老金合计 3.4 万亿美元，全球排名第四（仅次于美国、英国、加拿大）。李敏女士毕业于日本名校早稻田大学并获得法学博士学位，这本大作就是在她博士论文的基础上修改成书出版的，而书中的绝大多数内容论述的是日本。日本的这些数据、作者的出身和书的主题内容，这些都是让我十分感兴趣的地方。

接下来，我把"养老金""受托人""日本"这三个关键词串联起来谈一下自己对日本养老金体系的认识。受托人是信托制度的灵魂——信托安排是最适宜养老金制度发展的法律环境——信托安排是普通法系中独有的法律安排——普通法系下的盎格鲁圈五国（美国、英国、加拿大、澳大利亚、新西兰）养老金体系最发达：盎格鲁圈五国养老基金规模达 53 万亿美元，在全球各类养老金 70 万亿美元中占比将近 80%，而盎格鲁圈五国人口仅占全球人口的 6%。余下的那 20% 的养老基金分散在为数众多的大陆法系国家。第二次世界大战以后，继受大陆法系的国家纷纷开始植入普通法系和信托制度因素，有些国家成功了，有些国家失败了，有些国家倒退了（例如，阿根廷）。在这些实施"法律追赶"的大陆法系国家中，日本觉醒得较早，于 1922 年制定了《信托法》，一个世纪以来终于成为一个法律移植的"优等生"，至少在养老金制度方面成为大陆法系植入信托安排的成功案例。

最后，我再把"养老金""受托人""日本"这三个关键词串联起来谈一下对摆在读者案头的这本大作粗略阅读后的个人体会。就我的兴趣点而言，这本书的难能可贵之处在于：一是对日本法学界关于受托人责任的学术争议、对"信托不是契约"和"信托是契约"等一些学术争论做了介绍；二是对日本版的受托人责任中尽职管理（stewardship）概念内涵与美国《雇员退休收入保障法案》（ERISA）的概念内涵做了比较分析，并对 ERISA 的受托人责任做了比较研究；三是对日本公共养老金"政府养老投资基金"（GPIF）（书中译为"年金公积金管理运用独立行政法人"）和私人养老金"年金基金"的受托人制度结构和特征做了详解和国际比较；四是对中国的全国社会保障基金理事会和企业年金制度的受托人政策条款做了分析并提出了个人学术看法，等等。

中国继受的也是大陆法系：1911 年清朝光绪年间颁布《大清民律草案》，且"转道"引自日本；2001 年制定《中华人民共和国信托法》；从那时开始，各类养老基金相继成立并建立受托人制度，开始实施市场化投资；其实，根据有道词典，在汉语词源中信托这个词也是来自日本；重要的是，日本是中国的近邻。这些历史和地缘的大背景似乎是我们需要阅读这本书的主要原因之一。

我个人的学术背景是经济学，这里作为法学的"门外汉"议论一下"养老金法学"的那些事，自不量力，抛砖引玉，贻笑大方，作为学习体会或一家之言，是为序。

中国社会科学院世界社保研究中心主任
中国社会科学院大学政府管理学院教授
郑秉文
2024 年 4 月 9 日北京

序 二

　　李敏在中国政法大学毕业后，来到日本留学，起初是为了能够适应高难度的法学研究，进入日语学校，一边打工一边体验日本的生活，之后做了科目等进修生，进入早稻田大学大学院法学研究科的我（上村达男）的研究室，开始了研究活动。

　　之后攻读早稻田大学大学院法学研究科博士前期课程（硕士课程）。在此期间，李敏为了不给父母造成经济上的负担，过着一边打工一边学习的生活，但她把研究生院的难上的课放在首位，一次也没有缺席过，努力学习。硕士期间提交了超过其他人论文的8万字的硕士论文，并继续攻读博士学位。当时，作为研究课题，我考虑的是养老基金的受托人责任。

　　李敏在进入博士课程的阶段，对作为博士论文主题的受托人责任产生了极大的兴趣，之后一直把这个问题作为研究对象。这一课题涉及保管他人财产的受托人的全面责任，即使在这一领域发达的英美国家，也经常出现纠纷和问题，就连日本也不断有人指出对这一概念的理解不足，是个棘手的问题。一开始，李敏对研究内容有些畏缩，开局似乎没有自信，我至今都能想起当时她没有自信的表情。特别是在日本3·11东北大地震的时候，面对周围有很多回国的学生，她似乎对继续研究的事情感到不安，但是每当这时她都会想起要成为优秀的学者的初衷，她一边看着很多留学生回国，一边一次次确认对研究的意愿，一直努力到最后，终于取得了博士学位。

　　我深切地感受到，与最初入学时相比，后来的研究过程让她在研究领域有了长足的进步，论文的水准也很高，特别是在金融领域和资本市场经验不足的中国，能够挑战如此困难的问题，是出于想成为对中国有用人才的强烈愿望。我想，这段时间的研究过程，造就了什么都不放弃的坚强的李敏。

李敏博士的论文《年金基金与运营机构的受托人责任》这一主题，不仅研究信托法、金融商品交易法、公司法、民法、社会保障法等相关的日本法律制度问题，也不可避免地要研究这一概念的基础理论——英美法领域，可以说这对于留学生来说是选择了最难的问题，但是这个研究课题对于少子高龄化不断发展的中国来说是必须解决的紧迫课题，同时也是关于资产运营等金融先进领域的问题。

支撑劳动者晚年生活的养老金基金运营，对任何一个国家来说都是最重要的问题。运营业者在保管他人资金的同时，也要一一确认作为受益者的公众、劳动者、公务员、农民等人们的意愿。这就涉及企业的诚实运营这一高度伦理性的义务和责任，也就是受托人的责任问题。关于资产运营，专业人士对专业人士、专业人士对公众、应该对公众负责的专业人士和专业人士，面对这种局面的差异，李敏提出了相应的运营业者的责任问题，并将具有说服力的见解整理成论文。

近些年中国也在推进全国养老金相关法律的制定，在这样的时期，长期研究英美法以及日本的受托人责任的李敏的这部著作，无疑对中国来说具有重要意义。

早稻田大学法学研究科 名誉教授　上村达男

2024 年 2 月 20 日

目　录

第一章

中国养老金制度的现状和受托人责任

第一节 中国的养老金制度

一、中国养老金制度出台的社会背景

在中国，以建立社会主义市场经济体制为目标进行一系列改革时，为了实现"共同富裕"，社会保障制度被定位为"社会分配的支柱"。中国作为拥有世界总人口五分之一的人口超级大国，由于一段时期内采用了"独生子女政策"，老龄化以相当快的速度发展，此时养老金制度成为老龄化对策的一个重要课题。在我国养老金制度中，面对着传统国有企业职工、公务员、农民以外的人群，如个体经营者、乡镇企业职工、每年外出务工的无城镇户口就业人员等快速增长的经济活动主体如何在快速变化的我国养老金制度中确保和实现中国社会主义思想根基的"平等理念"与市场经济的"效率性"的整合，以及如何解决公积金不足的问题都成为当前需要解决的重要问题。

从中国证券市场形成的过程来看，中国证券交易所为了筹集中国政府重建新中国经济所需的资金，于1949年6月、1950年1月在天津、北京开设，但由于经济复苏的各种因素在1952年相继关闭。

1956年，中国借鉴苏联的经济体制模式，实行了所谓的"计划经济"，股市从中国消失。然而随着1978年十一届三中全会的召开，中国经济体制从"计划经济"走向"社会主义商品经济"，人们开始期待新的资金筹措渠道的出现。于是，1990年11月和12月上海证券交易所和深圳证券交易所相继成立。并且，《中华人民共和国公司法》《中华人民共和国信托法》《中

华人民共和国证券法》分别于 1994 年 7 月、2001 年 10 月、2006 年 1 月开始实施，这意味着中国证券市场进入了一个全面发展的时代。[1]在这尚不成熟的证券市场，年金基金的运用方式成为难题。

二、中国养老金制度的出台和发展经过[2]

中国的养老金制度分为城市和农村两部分。

我国农村年金制度于 1986 年开始试行，1991 年采用个人账户制，因政府的推进举措，1998 年加入者达到 8025 万人，占农村劳动者的五分之一、农村人口的十分之一。该农村年金保险以农村劳动者为对象，由个人乡镇企业保险费和县政府拨款组成。个人账户全部归参保人所有，保险待遇支付由参保年数、公积金、利率水平决定，因此该制度可以说是一种优良的存款制度，但鉴于篇幅所限，本书将关注城市养老金制度。

中国的养老金制度始于 1951 年《中华人民共和国劳动保险条例》颁布后，根据该条例的修改，引入了以企业正式员工为对象的公共养老金制度。具言之，有一定规模的国有企业和公私合营企业，将职工工资总额的 3% 作为劳动保险金上缴"全国总工会"，并以此作为基础支付养老保险待遇，从此劳动保险实现制度化。1955 年颁布《国家机关工作人员退休处理暂行办法》，国家机关事务部门开始实行法定退休制度和养老保险制度；1958 年发布《国务院关于工人、职员退休处理的暂行规定》，虽然是暂时的，但该规定是两种养老保险合并的一种尝试，后因 1966 年至 1976 年总工会被迫停止劳动保险的管理运用，由国营企业和公私合营企业代替总工会承担工人退休后的生活保障。其结果是中国的养老金制度从 20 世纪 60 年代末开始变成了"企业保险"，此时产生了养老金支付停滞和企业间差距扩大的矛盾。

为了解决这个问题，国家设立了调整企业间养老金差距的社会资金池，而社会资金池中的养老金基金不是委托给个别企业，而是委托给企业所在

---

〔1〕 相沢幸悦等：『中国の株式会社制度と証券市場の生成』，財団法人日本証券経済研究所（1995），36 頁。

〔2〕 呉限、柿本国弘：「日本と中国における公的年金制度の比較的考察——中国の公的年金制度改革課題の視点から—」，岐阜経済大学論集 39 巻 3 号（2006），62 頁。

的地方政府来管理。但由于各地的保险费率不同，各地在领取额度上的差距扩大，再加上年金基金的挪用等问题，产生了制度和管理难以统一的混乱局面，由此推动了 1997 年建立统一的企业职工基本养老保险制度的改革。同时这一改革也成为一系列改革开放政策的一环，从此告别了计划经济下的企业福利制度，向作为社会保险的新型养老保险体制迈出了第一步。

"改革开放"前，国家通过企业发给职工养老保险待遇，个人不承担保险费，同时养老金运营由企业来进行。"改革开放"后，职工从自己的工资中拿出一部分缴纳养老金保险费，养老金的运营管理从企业中独立出来，向地方政府转移。这是养老金的"社会化"，可以说是向现代中国的养老金制度的进一步靠近。[1]

过去的养老保险制度是建立在一元化、单一化的公共保障之上的，但通过政府改革，形成了由基本养老保险、企业年金、个人储蓄三大支柱构成的养老保险制度。[2]

三、中国养老金制度的种类

1. 中国的基本养老保险制度

基本养老保险是以城市为中心，以强制参保为前提运行的制度，保险费由政府、企业、个人三方共同承担，由社会资金池和个人账户相结合组成。1997 年 7 月 16 日，国务院发布《关于建立统一的企业职工基本养老保险制度的决定》（以下简称《决定》），开始在全国建立统一的企业职工基本养老保险制度。《决定》提出，到 20 世纪末，要基本建立起适应社会主义市场经济体制要求，适用城镇各类企业职工和个体劳动者，资金来源多渠道、保障方式多层次、社会统筹与个人账户相结合、权利与义务相对应、管理服务社会化的养老保险体系。企业职工养老保险要贯彻社会互济与自我保障相结合、公平与效率相结合、行政管理与基金管理分开等原则，保障

---

〔1〕　劉曉梅、仇雨臨：「中国の新年金制度——その仕組みと特徴」，賃金と社会保障 1312 号（2001），56 頁。

〔2〕　劉曉梅、仇雨臨：「中国の新年金制度——その仕組みと特徴」，賃金と社会保障 1312 号（2001），57 頁。

水平要与我国社会生产力发展水平及各方面的承受能力相适应。根据《决定》，用人单位和职工每月分别按一定的比例缴纳保险费，即企业承担企业工资总额的20%，个人承担本人缴费工资的8%。但关于个人承担本人缴费工资的8%，《决定》规定"1997年不得低于本人缴费工资的4%，1998年起每两年提高1个百分点，最终达到本人缴费工资的8%"。因此，社会保险机构为每个员工建立养老保险个人账户，除了将每个员工缴纳的金额全部记入个人保险账户，还将企业缴纳部分的一定比例（原则上3%）也纳入其中，两者合计后，占职工本人缴费工资的11%。

而退休后职工领取的养老保险待遇由两部分组成，一部分是基础养老金，按退休时当地上年度职工月平均工资的20%支付，另一部分是按个人账户储存额的1/120支付。2005年，国务院又发布《关于完善企业职工基本养老保险制度的决定》，规定1997年《决定》实施后，退休时的基础养老金月标准为当地上年度在岗职工月平均工资和本人指数化月平均缴费工资的平均值，并乘以加入年限除以100的比例。另外，对于个人账户，储存额除以根据职工退休时城镇人口平均寿命、本人退休年龄、利息等因素确定的计发月数来计发。

社会统筹践行代际抚养的宗旨，以现役一代的保险费支付退休者养老保险待遇实现现收现付方式的运营，而个人账户是将员工缴纳的保险费用于退休后的养老保险待遇支付的积累方式运营的制度设计。另外，基本养老保险的个人账户也兼具了换工作单位时转移到新工作单位的便携性。

另外，为了统一、整合规范由基本养老保险、医疗保险、工伤保险、失业保险、生育保险五个部分构成的社会保险，2010年10月28日，国家颁布了《中华人民共和国社会保险法》，并于2011年7月1日起实施。该法确认了基本养老保险由政府、企业、个人三方承担，采社会统筹和个人账户相结合的制度设计，同时加入了关于强化参保人的受益权、实现基金的全国统筹和强化管理监督的规定。[1]

---

〔1〕 関根栄一：「中国の社会保険法（草案）の公表と公的年金制度改革」，季刊中国資本市場研究（2009），84頁。《中华人民共和国社会保险法》第64条明确指出，基本养老保险基金逐步实行全国统筹。

不过，基本养老保险基金的省级社会统筹已于 2009 年底实现，但尚未实现全国范围的统筹。而当基本养老保险基金在全国范围内实现统筹时，公积金管理运营体制的确立也必不可少。该体制形成之前，有观点认为应该扩大对全国社会保障基金的委托运营范围。[1]

关于基本养老保险基金的投资管理运营，2015 年 8 月 17 日，国务院公布《基本养老保险基金投资管理办法》，规定省级政府应将投资运营的基本养老保险基金归集到省级社会保障基本财政专户，由国务院授权的基本养老保险基金管理机构统一进行投资运营。

与此同时，我国政府于 2000 年 8 月设立了全国社会保障基金（以下简称"社保基金"），以应对包括基本养老保险基金在内的社会保险基金的未来支付财源不足，发挥最终安全网的作用。

2. 中国的企业年金制度

基本养老保险制度通过强制参保来实施，而企业补充养老保险（2000年后改为"企业年金"）是企业自主实施的非强制性或半强制性制度。所谓"半强制性"，是指企业在达到一定的利润指标后，必须为员工提供补充养老金。

企业年金制度虽然已经在 1991 年以来颁布的相关法律法规中有明确规定，但 1995 年原劳动部下发的《关于建立企业补充养老保险制度的意见》进一步规定并出台了具体细则。[2]根据该意见，企业补充养老保险在大企业内可单独实行，在中小企业内可以共同实行，也可由整个行业实行。企业年金与基本养老金不同，设置了可以自由选择的保险费等级。并且企业年金资金主要由企业单独出资解决，可根据企业的发展程度新设，也可采取继续、中断等变更措施。企业还可以自行决定分配计划、分配水平、运用制度。

此后，2004 年又引入了完全积累式的缴费确定型的新型企业年金制度。

---

〔1〕　関根栄一：「中国の社会保険法（草案）の公表と公的年金制度改革」，季刊中国資本市場研究（2009），91 頁。

〔2〕　片多順：『高齢者福祉の比較文化』，（九州大学出版社、2000 年），66 頁。

3. 中国的个人养老金制度

个人养老金制度，作为中国养老保险体系"第三支柱"的重要制度设计，于 2022 年 11 月 25 日正式实施。个人养老金制度是政府政策支持、个人自愿参加市场化运营的补充养老保险制度，年缴费上限为 12 000 元，2022 年 11 月 17 日开始在北京、上海、广州、西安、成都等 36 个城市（地区）先行实施。《个人养老金实施办法》规定了领取条件：达到领取基本养老金年龄；完全丧失劳动能力；出国（境）定居；国家规定的其他情形。个人养老金参加人达到以上任一条件，可以按月、分次或者一次性领取个人养老金。个人养老金资金账户本质上是一个金融账户，资金存入后，可以购买各种金融产品。目前，已经上线的产品包括储蓄存款、公募基金、养老商业保险和银行理财产品等。截至 2024 年 2 月 1 日，个人养老金储蓄产品数量为 465 只、个人养老金理财产品数量为 23 只、个人养老金保险产品数量为 70 只、个人养老金基金产品为 181 只。2024 年 1 月 24 日，人力资源和社会保障部推进个人养老金制度全面实施。

第二节　中国的基本养老保险基金的投资运营

一、中国基本养老保险制度面临的问题

中国虽然通过改革引入了新的养老保险制度，但基本养老保险基金不足的问题依然严重，原因如下：养老保险制度的受益人与现役参保人的比例在 1992 年为 21.6%，1998 年上升到 32.3%，之后因 1999 年政府在全国范围内实施推广社会保险普及活动，加入保险的劳动者人数增加，比例有所下降，但到 2000 年末仍达到 30.3% 的高水平。[1]随着时间的推移，养老金制度的成熟度变高，再加上在旧的退休制度下所保障的高养老保险待遇的支付水平，新收取的养老金保险费用中的大部分都用于支付退休人员的养老保险待遇，导致个人账户处于不能积累的状态。特别是在 1998 年，支

---

[1]　大塚正修·日本経済研究センター編：『中国社会保障改革の衝撃』，150 頁より得た（原資料『中国労働統計年鑑』2000 年版）。

付的 1512 亿元养老保险待遇超过了征收的保险费 1459 亿元，年末基金余额从 1997 年底的 683 亿元减少到 588 亿元，减少了约 100 亿元。[1]

此外，由于国有企业改革带来的退休人员支付压力，以及当地基础设施建设等财政支出优先的历史原因，这些资金从基本养老保险基金社会统筹中进行挪用从而导致社会统筹出现慢性赤字。而因从个人账户挪用导致长期亏损，并由于挪用了结余部分而产生的所谓的"亏空账户"问题，中央和地方财政每年都要进行财源填补。

综上所述，从中央和地方财政收支整体来看，每年的赤字状态都呈现出扩大的趋势。尽管 20 世纪 90 年代的赤字额只有 146 亿元，但此后却不断攀升，2001 年增加到 2517 亿元。[2]

为了解决养老金基金的不足，学界提出了各种各样的改革建议，[3]本书中笔者主要讨论资本市场中养老金基金资产的管理运用。

二、中国基本养老保险的运用

根据 1997 年的《决定》，严禁基本养老保险基金的挤占挪用和挥霍浪费，对于基本养老保险个人账户参照银行存款利率计息，并保留 2 个月的保险待遇支付额度。基金财产是专款专户管理，并明确规定运用于国债，但实际上可能是由各地方的人力资源和社会保障机构以银行存款和国债的组合方式进行运用。[4]

中国在 2000 年 8 月推进养老金制度改革的同时，针对基本养老保险基金在内的社会保险基金未来支付财源不足的情况，设立了发挥最终安全网作用的"社保基金"。[5]2006 年起，天津市、山西省、吉林省、黑龙江省、

---

〔1〕 吳限、柿本国弘：「日本と中国における公的年金制度の比較的考察——中国の公的年金制度改革課題の視点から—」，岐阜経済大学論集 39 巻 3 号（2006），45 頁以下参照。

〔2〕 吳限、柿本国弘：「日本と中国における公的年金制度の比較的考察——中国の公的年金制度改革課題の視点から—」，岐阜経済大学論集 39 巻 3 号（2006），96 頁以下参照。

〔3〕 钟仁耀的《中国的公共养老金改革》提出了"社会保障税"、国有企业资产化、转换为"养老金补偿基金"、资本市场运用等建议。

〔4〕 関根栄一：「中国の公的年金運用について」，年金と経済 28 巻 1 号（2008），50 頁。

〔5〕 関根栄一：「中国の公的年金運用について」，年金と経済 28 巻 1 号（2008），49 頁。

山东省、河南省、湖北省、湖南省、新疆维吾尔自治区等9个省份将基本养老保险个人账户的保险费委托社保基金管理。另外，2006年起广东省基本养老保险基金将社会统筹和个人账户的保险费、2015年起山东省将基本养老保险公积金部分也委托给社保基金运营。

2015年8月17日，国务院公布《基本养老保险基金投资管理办法》，规定省级政府应将投资运营的基本养老保险基金归集到省级社会保障基金财政专户，由国务院授权的基本养老保险基金管理机构统一进行投资运营。投资是建立投资组合，只在国内运营。投资对象仅限于成熟的投资商品，但股票不能超过资产净值的30%。同时，投资机构和受托机构将管理费用的20%和年度净收益的1%作为风险准备金，用于填补基本养老保险基金投资产生的损失。

三、全国社会保障基金的设立

社保基金的财源由政府补助和投资收益组成。前者由中央财政拨入资金、国有股减持划入资金及股权资产[1]和彩票收入组成。由国务院设立的全国社会保障基金理事会（以下简称"社保基金会"）是国务院直属事业单位，由理事长1人、副理事长4人、理事16人，共计21人组成，其中理事长、副理事长由国务院任命，理事由国务院聘任。理事会下的常设机构有综合部、规划研究部、股票投资部、固定收益投资部、股权资产部、法规及监管部、养老金管理部、信息技术部、划转国有股权管理部、机关服务中心等。另外，非常设机构还有投资决策委员会、风险管理委员会和内部控制委员会。

理事会负责以下事项：①管理运营全国社会保障基金；②受国务院委

---

[1] 根据2001年6月6日国务院公布的《关于减持国有股筹集社会保障资金管理暂行办法》，由国家持有股份的股份有限公司面向普通投资者进行IPO（首次公开募股）或增发股票。实施的时候，出售相当于融资额10%的国有股，将该出售资金全额纳入社保基金。另外，2009年6月19日，根据国务院的决定，主管国有股的财政部、国务院国有资产监督管理委员会、证券监督管理委员会（以下简称"证监会"）、社保基金会联合发布《境内证券市场转持部分国有股充实全国社会保障基金实施办法》。该实施办法要求，境内证券市场首次公开发行股票并上市的含国有股的股份有限公司，原则上应将首次公开发行股票数量的10%转移由社保基金会持有。

托集中持有管理划转的中央企业国有股权，单独核算，接受考核和监督；③经国务院批准，受托管理基本养老保险基金投资运营；④根据国务院批准的范围和比例，直接投资运营或选择并委托专业机构运营基金资产；⑤定期向社会公布基金收支、管理和投资运营情况；⑥根据有关部门下达的指令和确定的方式拨出资金等。

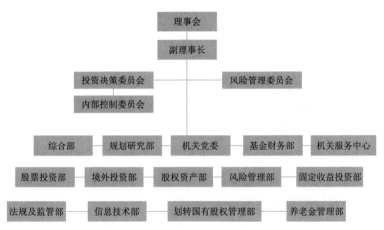

注：笔者根据全国社会保障基金理事会官网信息制作。

《全国社会保障基金投资管理暂行办法》制定了社保基金投资指导方针，社保基金的投资包括四个理念：①价值投资和长期投资；②专业、规范化投资；③安全投资；④责任投资。运营收益由境内投资和境外投资组成，其中境内分为委托投资和直接投资，境外投资自 2006 年开始。

《全国社会保障基金投资管理暂行办法》第 25 条规定："社保基金投资的范围限于银行存款、买卖国债和其他具有良好流动性的金融工具，包括上市流通的证券投资基金、股票、信用等级在投资级以上的企业债、金融债等有价证券。理事会直接运作的社保基金的投资范围限于银行存款、在一级市场购买国债，其他投资需委托社保基金投资管理人管理和运作并委托社保基金托管人托管。"也就是说，直接投资的对象限于银行存款、国债，而委托投资的对象是企业债、金融债、证券投资基金、股票等有价证券。

划入社保基金的投资的货币资产构成比例按"银行存款、国债：企业债、金融债：证券投资基金、股票"的顺序为"5：1：4"，且"在一家银行的存款不得高于社保基金银行存款总额的 50%"。委托运用时，理事会向委托候选单位明确运用方针，考虑各公司的提案后决定委托公司及运用内容。[1]

另外，为了提高社保基金的资产价值，基金运用内容更加多样化：①随着国有商业银行和其他商业银行的股份制化，取得新的股份；②灵活运用信托方式进行投资；例如曾与负责天津市基础设施建设的天津城投集团、中信信托有限责任公司、中国建设银行天津市分行三方签订了 20 亿元的信托投资合同；③对指数化产品和资产证券化产品的投资；④包括私募股权投资在内的股权投资。[2]

2009 年，社保基金与"博时、鹏华、南方、长盛、嘉实、华夏、国泰、易方达、招商基金管理有限公司、中国国际金融有限公司"10 家民营受托机构（9 家基金管理公司和 1 家证券公司）签订信托合同，这 10 家受托机构利用 40 个投资组合各自独立运营。托管人选定为中国银行、交通银行、中国工商银行三家银行。[3]目前，社保基金共有银华、汇添富、海富通、广发、工银瑞信、富国、大成、国泰、招商、易方达、嘉实、长盛、鹏华、华夏、博时、南方基金管理有限公司、中国国际金融有限公司、中信证券股份有限公司等 18 家境内受托机构；摩根资产管理（JP Morgan）、瑞士隆奥（Lombard Odier）、路博迈（Neuberger Berman）、施罗德投资管理有限公司（Schroders）、Standish 梅隆资产管理（Standish）、实港投资伙伴（Stone Harbor Investment Partners）、宏富投资有限公司（AGF）、天达资产管理（Investec）、RBC 环球资产管理公司（RBC GAM）、AEW 资本管理公司（AEW）、安保资本投资有限公司（AMP Capital）、欧洲投资者投资管理公司（European Investors）12 家境外管理人；中国工商银行股份有限公司、中国农业银行股份有限公司、中国银行股份有限公司、中国建设银行股份有

---

[1] 関根栄一：「中国の公的年金運用について」，年金と経済 28 巻 1 号（2008），52 頁。
[2] 関根栄一：「中国の公的年金運用について」，年金と経済 28 巻 1 号（2008），52 頁。
[3] 関根栄一：「中国の公的年金運用について」，年金と経済 28 巻 1 号（2008），52 頁。

限公司、交通银行股份有限公司、花旗银行、北美信托银行等 7 家托管人。[1]

在境外投资方面，根据 2006 年 3 月制定的《全国社会保障基金境外投资管理暂行规定》，境外投资的具体对象包括银行存款；外国政府债券、国际金融组织债券、外国机构债券和外国公司债券；中国政府或者企业在境外发行的债券；银行票据、大额可转让存单等货币市场产品；股票；基金；掉期、远期等衍生金融工具；财政部会同原劳动保障部批准的其他投资品种或工具。

四、《基本养老保险基金投资管理办法》公布

基本养老保险基金（以下简称"养老基金"）仅投资银行存款、国债已不能满足需要，为完善投资政策，推广投资工具，2015 年 8 月 17 日，国务院印发了《基本养老保险基金投资管理办法》（以下简称《办法》）。

《办法》明确规定，养老基金实行集中运营，坚持市场化投资原则。各省、自治区、直辖市养老基金结余额，可按照该办法规定，预留一定支付费用后，确定具体投资额度，委托给国务院授权的机构进行投资运营。制定养老基金归集办法，将投资运营的养老基金归集到省级社会保障基金财政专户。养老基金限于境内投资，同时要严格控制投资产品，投资比较成熟的投资产品，并进行合理的投资组合。股票投资产品不得超过净资产的30%。国家有专门政策支持养老基金投资运营，通过参与国家重大工程和重大项目建设，国有重点企业改制、上市等方式，保证养老基金投资获得长期稳定收益。《办法》还提出，养老基金投资应确保资产安全，做好风险管理。

养老基金投资委托人（以下简称"委托人"）与养老基金投资受托机构（以下简称"受托机构"）签订委托投资合同，受托机构与养老基金托管机构（以下简称"托管机构"）签订托管合同、与养老基金投资管理机构（以下简称"投资管理机构"）签订投资管理合同。委托人、受托机构、

---

[1]　参见全国社会保障基金理事会官网中的"社保基金管理人"。

托管机构、投资管理机构的权利义务，依照该办法在养老基金委托投资合同、托管合同和投资管理合同中约定（《办法》第5条）。

养老基金资产独立于委托人、受托机构、托管机构、投资管理机构的固有财产及其管理的其他财产。委托人、受托机构、托管机构、投资管理机构不得将养老基金资产归入其固有财产（《办法》第6条）。换言之，养老基金资产应当与委托人、受托机构、托管机构、投资管理机构的固有财产及其管理的其他财产分开。

1. 委托人

省、自治区、直辖市人民政府作为养老基金委托投资的委托人，可指定省级社会保险行政部门、财政部门承办具体事务（《办法》第13条）。委托人应与受托机构签订养老基金委托投资合同；根据受托机构提交的养老基金收益率，进行养老基金的记账、结算和收益分配（《办法》第14条第2、4项）。

2. 受托机构

受托机构是国家设立、国务院授权的养老基金管理机构（《办法》第15条）。目前，社保基金会是唯一受托养老金结余基金的机构。

受托机构应当选择、监督、更换托管机构、投资管理机构；制定并组织实施养老基金投资运营策略；接受委托人查询，定期向委托人提交养老基金管理和财务会计报告；发生重大事件时，及时向委托人和有关监管部门报告；定期向国务院有关主管部门提交开展养老基金受托管理业务情况的报告；定期向社会公布养老基金投资情况等（《办法》第16条）。

受托机构应当将养老基金单独管理、集中运营、独立核算，可对部分养老基金资产进行直接投资，其他养老基金资产委托其他专业机构投资。同一个养老基金投资组合，托管机构与投资管理机构不得为同一机构（《办法》第17条）。

3. 托管机构

托管机构是指接受养老基金受托机构委托，具有全国社会保障基金、企业年金基金托管经验，或者具有良好的基金托管业绩和社会信誉，负责安全保管养老基金资产的商业银行（《办法》第20条）。托管机构的职责包括：安全保管养老基金资产；以养老基金名义开设基金资产的资金账户、证券账户和期货账户等；及时办理清算、交割事宜；负责养老基金会计核算和估值，复核、审查和确认投资管理机构计算的基金资产净值；按照规定监督投资管理机构的投资活动，并定期向受托机构报告监督情况；定期向受托机构提交养老基金托管和财务会计报告；定期向国务院有关主管部门提交开展养老基金托管业务情况的报告；按照国家规定保存养老基金托管业务活动记录、账册、报表和其他相关资料等（《办法》第 21 条）。

4. 投资管理机构

投资管理机构是指接受受托机构委托，具有全国社会保障基金、企业年金基金投资管理经验，或者具有良好的资产管理业绩、财务状况和社会信誉，负责养老基金资产投资运营的专业机构（《办法》第 26 条）。投资管理机构的具体职责有：按照投资管理合同，管理养老基金投资组合和项目；对所管理的不同养老基金资产分别管理、分别记账；及时与托管机构核对养老基金会计核算和估值结果；进行养老基金会计核算，编制养老基金财务会计报告；按照国家规定保存养老基金投资业务活动记录、账册、报表和其他相关资料等（《办法》第 28 条）。养老基金资产市场价值大幅度波动或者有可能使养老基金资产的价值受到重大影响的其他事项时投资管理机构应当及时向受托机构和国务院有关主管部门报告（《办法》第 30 条）。

5. 养老基金投资

养老基金限于境内投资。投资范围包括：银行存款，中央银行票据，同业存单；国债，政策性、开发性银行债券，信用等级在投资级以上的金融债、企业（公司）债、地方政府债券、可转换债（含分离交易可转换债）、短期融资券、中期票据、资产支持证券，债券回购；养老金产品，上市流通的证券投资基金，股票，股权，股指期货，国债期货。国家重大工程和重大项目建设，养老基金可以通过适当方式参与投资。国有重点企业改制、上市，养老基金可以进行股权投资。范围限定为中央企业及其一级子公司，以及地方具有核心竞争力的行业龙头企业，包括省级财政部门、国有资产管理部门出资的国有或国有控股企业（《办法》第 34 条至第 36 条）。

养老基金投资应当按照下列比例进行：

（1）投资银行活期存款，一年期以内（含一年）的定期存款，中央银行票据，剩余期限在一年期以内（含一年）的国债，债券回购，货币型养老金产品，货币市场基金的比例，合计不得低于养老基金资产净值的5%。清算备付金、证券清算款以及一级市场证券申购资金视为流动性资产。

（2）投资一年期以上的银行定期存款、协议存款、同业存单，剩余期限在一年期以上的国债，政策性、开发性银行债券，金融债，企业（公司）债，地方政府债券，可转换债（含分离交易可转换债），短期融资券，中期票据，资产支持证券，固定收益型养老金产品，混合型养老金产品，债券基金的比例，合计不得高于养老基金资产净值的135%。其中，债券正回购的资金余额在每个交易日均不得高于养老基金资产净值的40%。

（3）投资股票、股票基金、混合基金、股票型养老金产品的比例，合计不得高于养老基金资产净值的30%。养老基金不得用于向他人贷款和提供担保，不得直接投资于权证，但因投资股票、分离交易可转换债等投资品种而衍生获得的权证，应当在权证上市交易之日起10个交易日内卖出。

（4）投资国家重大项目和重点企业股权的比例，合计不得高于养老基金资产净值的20%。由于市场涨跌、资金划拨等原因出现被动投资比例超标的，养老基金投资比例调整应当在合同规定的交易日内完成（《办法》第37条）。

养老基金资产参与股指期货、国债期货交易，只能以套期保值为目的，并按照中国金融期货交易所套期保值管理的有关规定执行；在任何交易日日终，所持有的卖出股指期货、国债期货合约价值，不得超过其对冲标的的账面价值（《办法》第38条）。

6. 民事责任

托管机构、投资管理机构违反该办法规定，给养老基金资产或者委托人造成损失的，应当分别对各自的行为依法承担赔偿责任；因共同行为给养老基金资产或者委托人造成损失的，应当承担连带赔偿责任；除依法给予处罚外，由受托机构终止其养老基金托管或者投资管理职责，5年内不得再次申请（《办法》第65条）。

7. 问题点

综上所述，《办法》的颁布使养老基金的市场运营在法律上得到了进一步确认，但实际运营情况至今尚难掌握。另外，委托人、受托机构、托管机构及投资管理机构等法律制度主体要素已经齐全，分别管理义务以及分散投资也依法得到了确认。但机制上是否基于信义义务实施养老基金投资运营，这一点并不十分明确，并且实务中签订的合同也只是民法上的委托投资合同、托管合同和投资管理合同，而作为信义义务的忠实义务和注意义务等字眼并未在《办法》中出现。养老金市场运营与老百姓晚年生活息息相关，不能通过信托来加以保护，实属一大问题。

第三节　中国的企业年金制度

一、企业年金制度发展情况概述[1]

1. 企业年金制度实施的初期阶段（1991 年至 2000 年）

中国的"企业年金制度"始于 20 世纪 80 年代中期，当时部分国有企业将其作为养老金的附加制度予以采用。[2]1991 年，养老金、企业年金制度的运营从国有企业向地方政府移转，同年国务院发布的《关于企业职工养老保险制度改革的决定》第 8 点首次提出"国家提倡、鼓励企业实行补充养老保险……并在政策上给予指导"。这标志着作为我国养老保障体系中"第二支柱"的企业年金制度正式启动。于是，1994 年颁布的《中华人民共和国劳动法》第 75 条第 1 款规定"国家鼓励用人单位根据本单位实际情况为劳动者建立补充保险"，为用人单位设立企业年金制度提供了法律依据。1995 年国务院发布的《关于深化企业职工养老保险制度改革的通知》提出，"企业按规定缴纳基本养老保险费后，可以在国家政策指导下，根据本单位

---

〔1〕《我国企业年金发展情况概述》，载中华人民共和国国家发展和改革委员会官网：https:// www. ndrc. gov. cn/fzggw/jgsj/jys/sjdt/200610/t2006/024_ 1123399. html，访问日期：2023 年 10 月 20 日。

〔2〕 片山ゆき：「（海外年金制度）：中国における企業年金制度の動向」，年金ストラテジー (2010)，4 頁。

经济效益情况，为职工建立补充养老保险"；在经办机构的选择上，"企业补充养老保险和个人储蓄性养老保险，由企业和个人自主选择经办机构"。当时补充养老保险基本上仿照基本社会保险资金的管理方式，实行行政管理与基金管理、执行机构与监督机构分开设立的管理体制。其中，社会保险行政管理部门的主要职责是制定政策、实施监督，将社会保险基金统一纳入社会保险经办机构管理。

1995 年年 12 月，原劳动部印发《关于建立企业补充养老保险制度的意见》，对企业补充养老保险的实施条件、决策程序、资金来源、计发办法以及经办机构等具体政策作出了规范。该意见还重申，具备条件的大型企业、企业集团和行业可以自行经办补充养老保险，但必须建立专门的经办机构。并且明确，企业补充养老保险采取确定缴费（DC）方式。

1997 年国务院发布的《关于建立统一的企业职工基本养老保险制度的决定》明确了企业补充养老保险和基本养老保险的关系，以及发挥商业保险在社会保障体系中的补充作用。

2. 企业年金制度的发展阶段（2000 年至 2003 年）

2000 年，国务院印发《关于完善城镇社会保障体系的试点方案》，将企业补充养老保险更名为企业年金，实行市场化运营和管理。有条件的企业可为职工建立企业年金，企业年金实行基金完全积累，采用个人账户方式进行管理，费用由企业和职工个人缴纳。同时明确提出企业缴费在工资总额4%以内的部分，可从成本中列支；并确定辽宁为试点省份。深圳、上海等城市随后也出台了税收优惠政策。

2001 年，国务院发布《关于同意辽宁省完善城镇社会保障体系试点实施方案的批复》，对建立企业年金的企业需具备的三个条件作出了规定：其一，依法参加基本养老保险并按时足额缴费；其二，生产经营比较稳定，经济效益较好；其三，企业内部管理制度健全。同时提出"大型企业、行业可以自办企业年金，鼓励企业委托有关机构经办企业年金"。

实际上，从 1995 年国务院《关于深化企业职工养老保险制度改革的通知》到 2004 年与企业年金相关的《企业年金试行办法》《企业年金基金管理试行办法》实施这段时间，企业年金存在以下四种治理型[1]模式：

（1）"自办模式"——包括行业的统筹部分，如电力、石油、石化、民航、电信、铁道等行业企业，它们大多属于国有垄断性质的企业或行业，其风险特征是企业年金资金与企业自有资金之间没有实现有效隔离，带有明显的 DB 风险性质的因素，绝大多数大中型国有企业选择了这种模式。但是，由于当时没有引入信托机制，所以企业年金资金和企业自有资金没有分开管理。由于养老基金与雇员最亲近，基金操作表面上很谨慎，但专业人士的介入较少，基金安全直接受企业经营风险和市场运营风险的影响，同时与企业雇主之间存在直接的利益冲突。

（2）"经办模式"——被一些经济发达的沿海省市所选择，如上海、深圳等，即由当地社保行政部门成立专门机构，经办企业年金的运营工作，缴费和资金分配规则一般由企业自定，经办机构主要负责统一管理基金的投资运营，其中包括协议存款和购买国债，还包括直接投资和委托外部金融机构运营等。养老金的缴纳内容由企业自行制定，而专门管理机构负责基金的投资运营。该模式与待遇确定型年金相似，但运营管理主体是政府，不能独立投资，这一点与待遇确定型年金不同。因此，由于这一类型的资金全部掌握在地方政府手中，因此受到地方政府"道德风险"的严重影响，地方政府干预的因素较多，带有地方行政保护及其附属物的色彩，资金容易受到地方公共权力的控制，也容易产生利益冲突。

（3）"保险公司模式"——不少企业补充养老保险资金用于购买商业团险，虽然实现了与企业自有资金及地方公共权力之间的隔离，但不属于真正意义上的企业年金，只是寿险公司的一个团险义务，基金的风险源于保险公司的经营状况。

（4）"蛇口模式"——蛇口工业区位于深圳市南头半岛东南部，东临深圳湾，西依珠江口。蛇口工业区于 1979 年经国务院批准成立，是中国第一个对外开放的工业区。由于历史原因，1981 年蛇口工业区成为企业年金经办机构的特例。企业年金的风险源于政府和企业双方的道德风险。

---

[1]　郑秉文：《中国企业年金的治理危机及其出路——以上海社保案为例》，载《中国人口科学》2006 年第 6 期。

综上所述，2004年前中国企业年金基金存在的问题，几乎都是年金资金没有分别由企业或政府进行管理，并且非市场化运营所带来的结果，包含信托机制及投资规制运营在内的新的制度框架，成了当时所面临的课题。

3. 企业年金制度整体框架初步形成（2004年至今）

以此为背景，2004年1月，原劳动和社会保障部发布《企业年金试行办法》，规定企业年金基金实行完全积累，采用个人账户方式进行管理。企业年金基金可以按照国家规定投资运营。企业年金受托人应当选择具有资格的商业银行或专业托管机构作为托管人。该办法明确了企业年金在养老社会保障制度中的法律地位，并对具体执行作出了规定。

同年2月，原劳动和社会保障部、原银行业监督管理委员会和原保险监督管理委员会、证监会四部门联合发布《企业年金基金管理试行办法》，对企业年金基金的受托管理、账户管理、托管以及投资管理进行了规范，该办法自当年5月1日起和《企业年金试行办法》同时施行。之后，上述四部门再次于2011年2月12日联合发布《企业年金基金管理办法》，同时废止了《企业年金基金管理试行办法》。两个办法的出台初步确立了信托型企业年金制度的基本框架，明确了企业年金市场化运作的大方向和规则。

2004年8月，原劳动和社会保障部发布了《企业年金管理指引》，对各类金融机构从事年金业务操作的全流程进行了全方位的规范，勾勒出了中国企业年金的制度特点和运作方式。

2004年9月，原劳动和社会保障部与证监会联合发布《关于企业年金基金证券投资有关问题的通知》和《企业年金基金证券投资登记结算业务指南》，首次对企业年金基金证券投资的开户、清算模式、备付金账户管理等有关问题进行了具体规定，为企业年金入市奠定了重要的制度基础。

2004年底，原劳动和社会保障部出台了《企业年金基金管理运营机构资格认定暂行办法》和《企业年金基金账户管理信息系统规范》等文件，从而形成了以开户流程、运作流程、受托人规定等细则为补充的企业年金整体运作框架。

此后，各部门又制定了各种细则，致力于企业年金运作制度化。

二．2004 年不采用确定给付型而导入确定缴费型企业年金

2004 年的企业年金制度不能说是纯粹的确定缴费型制度，而是混合型制度，其基本确定缴费型制度的引入有以下三个原因：首先，据分析，确定给付型比确定缴费型企业缴费负担更重，但在 2004 年企业缴费负担已达42％的中国现状下，采用确定缴费型是较好的选择。其次，确定给付型下如果出现公积金不足现象，企业追加缴纳的义务就会加重。因此，考虑到引进企业年金的企业大多是国有企业，可以预想到确定给付型的引进会给中央财政带来很大的负担[1]。最后，确定缴费型的方式更有望在资本市场的资金运用中带来运用收益的增加，这样一来，资本市场的金融商品就会增加，年金基金也能发挥中长期资金的作用。[2]

三、中国企业年金机制及实际动向

根据 2004 年的两个办法，企业年金是由雇主和雇员双方缴纳的确定缴费型个人账户，指由具有资格的机构，具体来说是受托人、账户管理人、托管人、投资管理人进行相互监督的一种机制，构筑了信托型企业年金制度的框架。

在我国金融业分业经营、分业监管的背景下，企业年金市场准入成了一个难题，相关部门经过利益博弈后，形成了目前极具中国特色的二次准入制度。具体内容为：先由商业银行和信托公司、证券公司和基金管理公司、养老保险公司和资产管理公司分别向原银行业监督管理委员会、证监会、原保险监督管理委员会（以下称"三会"）提出申请，根据各自业务特点对受托人、投资管理人、托管人、账户管理人的业务资格提出申请，由三会分别对各自"辖区"内的市场主体的申请进行审核。人力资源和社会保障部在三会审核后产生的名单的基础上进行再次审核，确定并核发四

---

〔1〕　郑秉文：《中国企业年金的治理危机及其出路——以上海社保案为例》，载《中国人口科学》2006 年第 6 期。

〔2〕　郑秉文：《中国企业年金的治理危机及其出路——以上海社保案为例》，载《中国人口科学》2006 年第 6 期。

种市场主体的资格牌照。按照二次准入制度，2005 年和 2007 年产生了两批企业年金基金管理的市场主体。[1]

从实际情况看，2005 年 8 月，原劳动和社会保障部公布了获得企业年金管理运营机构资格的金融机构名单，2007 年 11 月公布了第二批名单。第一批有 29 个机关、37 个资格得到批准，第二批有 18 个机关、24 个资格得到批准。而目前，法人受托机构有长江、平安、泰康、太平养老保险股份有限公司、建信养老金管理有限责任公司，中国工商银行、中国农业银行股份有限公司，中国人民养老保险有限责任公司，中国人寿养老保险股份有限公司，中国银行、招商银行股份有限公司，中信信托有限责任公司 12 个；账户管理机构有长江养老保险、交通银行、平安养老保险、上海浦东发展银行、泰康养老保险、中国人寿养老保险、太平养老保险、新华养老保险、中国光大银行、中国工商银行、中国民生银行、中信银行股份有限公司，中国农业银行、中国银行、招商银行股份有限公司、中国人民养老保险、华宝信托、建信养老金管理有限责任公司 18 家；托管机构有交通银行、上海浦东发展银行、中国光大银行、中国工商银行、中国建设银行、中国民生银行、中国农业银行、中国银行、招商银行、中信银行股份有限公司 10 家；投资管理机构有博时基金、富国基金、国泰基金、工银瑞信基金、海富通基金、华泰资产、华夏基金、嘉实基金、易方达基金、银华基金、南方基金、招商基金管理有限公司，长江养老保险、平安养老保险、太平养老保险、新华养老保险、中国国际金融、中国人寿养老保险、中信证券股份有限公司，建信养老金管理、泰康资产管理、中国人民养老保险有限责任公司等 22 家。[2]

---

[1] 马伯寅：《我国企业年金信托受托架构的本土化问题——以企业年金信托受益人保护为中心》，载《保险研究》2009 年第 8 期。

[2] 《企业年金基金管理机构名单（更新）》，载中华人民共和国人力资源和社会保障部官网：http://www.mohrss.gov.cn/xxgk2020/fdzdgknr/shbx_ 4216/shbxjjjg/qynjjd/202201/t20220118_ 433 035.html，访问日期：2023 年 10 月 24 日。

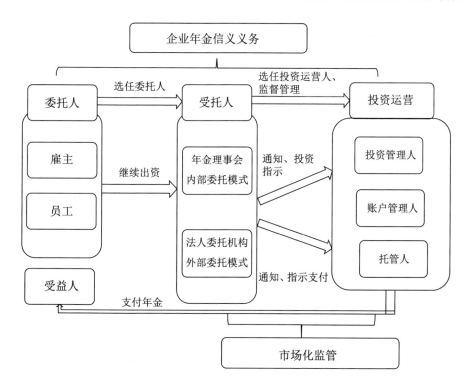

四、中国确定缴费型企业年金法对受托人责任的规定

（一）概述

1. 立法目的

《企业年金办法》《企业年金基金管理办法》两个部门规章是为了"更好地保障职工退休后的生活"，"维护企业年金各方当事人的合法权益"，"规范企业年金基金管理"而制定。同时，为了给退休人员提供养老保障，其构成了维护中国社会稳定的社会保障制度的基础，公益性极高。

日本的确定缴费型年金分为由雇主缴费的企业型年金和国民年金基金联合会以个体经营者（以及没有年金制度的企业的员工）为对象缴费的个人型年金，中国的企业年金则是由企业和职工双方共同缴纳的确定缴费型年金。

上述两个部门规章根据参保人承担资产运营风险的制度特点，在一定范围内详细规定了制度的要件和相关人员（雇主、企业年金理事会以及法人受托机构等外部机构）的具体职责和义务。

2. 公法规制及其违反的私法效果

企业年金基本上是雇主自主建立的制度，但两个部门规章规定的企业年金制度在实施时必须接受人力资源和社会保障部等部门的审查，接受特别的公共监督。另外，两个部门规章还具有与运营管理相关的性质。从这个意义上讲，两个部门规章中有关企业年金相关人员的职能和义务的规定，可以理解为是一种以行政监督担保其实施的公法性的规章制度（管理型法规）。

3. 当事人

两个部门规章规定的当事人有企业、员工、受托人、账户管理人、托管人、投资管理人，但没有使用"企业的雇主"一词，而只出现了"企业"一词。

4. 方案

根据《企业年金办法》，企业和职工建立企业年金，应当依法参加基本养老保险并履行缴费义务。建立企业年金，企业应当与职工一方通过集体协商确定，并制定企业年金方案，企业年金方案应当提交职工代表大会或者全体职工讨论通过。企业应当将企业年金方案报送所在地县级以上人民政府人力资源社会保障行政部门。人力资源社会保障行政部门自收到企业年金方案文本之日起 15 日内未提出异议的，企业年金方案即行生效。

企业年金方案规定的内容包括：①参加人员；②资金筹集与分配的比例和办法；③账户管理；④权益归属；⑤基金管理；⑥待遇计发和支付方式；⑦方案的变更和终止；⑧组织管理和监督方法；⑨双方约定的其他事项。

5. 治理

根据《企业年金基金管理办法》，建立企业年金计划的企业及其职工作为委托人，与企业年金理事会或者法人受托机构（以下简称"受托人"）签订受托管理合同。另外，由于设立在企业内部，企业年金理事会依法独立管理本企业的企业年金基金事务，不受企业方的干预，不得从事任何形式的营业性活动，不得从企业年金基金财产中提取管理费用。选择法人受托机构作为受托人的，应当通过职工大会或职工代表大会讨论确定。

受托人有下列职责：①选择、监督、更换账户管理人、托管人、投资管理人；②制定企业年金基金战略资产配置策略；③根据合同对企业年金基金管理进行监督；④根据合同收取企业和职工缴费，向受益人支付企业年金待遇，并在合同中约定具体的履行方式；⑤接受委托人查询，定期向委托人提交企业年金基金管理和财务会计报告；发生重大事件时，及时向委托人和有关监管部门报告；定期向有关监管部门提交开展企业年金基金受托管理业务情况的报告；⑥按照国家规定保存与企业年金基金管理有关的记录自合同终止之日起至少15年；⑦国家规定和合同约定的其他职责。

（二）受托人是理事会的情形

我国企业年金的发端是国有企业的补充养老保险，所以企业年金在2004年的两个办法出台之前，就以电力、铁路、石油、石化、民用航空、电信、运输等产业行业，即国有大中型企业、垄断企业或产业为中心普及起来。[1] 这样的企业选择的是理事会型受托人，因此根据两个办法，理事会作为受托人在法律上也得到了认可。

1. 理事会的组成人员

如果受托人是企业年金理事会，企业年金理事会由企业代表和职工代表等人员组成，也可以聘请企业以外的专业人员参加，其中职工代表不少于1/3。理事会应当配备一定数量的专职工作人员。

2. 理事会的专业性

企业年金理事会中的职工代表和企业以外的专业人员由职工大会、职工代表大会或者其他形式民主选举产生。企业代表由企业方聘任。企业年金理事会理事应当具有从事法律、金融、会计、社会保障或者其他履行企业年金理事会理事职责所必需的专业知识，并应当依法独立管理本企业的企业年金基金事务。但是，实务中理事会成员几乎都是企业中的中高管理人员，几乎都是没有参与过基金或经济管理的人，除了企业职务以外，还

---

[1] 郑秉文：《中国企业年金的治理危机及其出路——以上海社保案为例》，载《中国人口科学》2006年第6期。

必须履行企业年金理事的职务，理事会的专业性与法人受托机构相比有一定程度的差距。[1]此外，企业年金基金的基本战略资产配置策略也由理事会制定，但如果理事会成员的专业性不强，就必须下些功夫。另外，具体的投资业务由投资管理人进行。

3. 企业年金理事会的法人资格

从组成人员来看，企业年金理事会是不具有法人资格的自然人的集合体，是企业年金基金财产的共同受托人。《中华人民共和国信托法》第31条规定，同一信托的受托人有两个以上的，为共同受托人。共同受托人应当共同处理信托事务，但信托文件规定对某些具体事务由受托人分别处理的，从其规定。共同受托人共同处理信托事务，意见不一致时，按信托文件规定处理；信托文件未规定的，由委托人、受益人或者其利害关系人决定。换言之，共同受托人共同处理信托事务时，全体人员的意见必须一致，如果意见不能一致，则按照信托文件预先规定的处理。如果信托文件没有规定，则由委托人、受益人或利害关系人决定。

另外，由于理事会没有法人资格，因此没有《企业年金基金管理办法》中规定的投资管理人、托管人、账户管理人资格。但是，受托人必须将企业年金账户管理委托给有资格的企业年金账户管理人（账户管理机构），将企业年金的投资运营委托给有资格的投资管理人（投资运营机构），将企业年金的托管委托给有资格的商业银行或专门的托管人（托管机构）。在这种情况下，受托人与账户管理人、投资管理人、托管人之间的关系为委托关系，分别签订委托管理合同。

4. 理事会型受托人的缺陷

（1）法律地位。根据两办法，企业应当将企业年金方案报送所在地县级以上人民政府人力资源社会保障行政部门。人力资源社会保障行政部门自收到企业年金方案文本之日起15日内未提出异议的，企业年金方案即行生效，此时理事会就取得了受托人的资格。也就是说，建立企业年金理事会不需要满足理事会治理方面的条件，因此预计会出现各种各样的问题。

---

[1] 郭宁：《浅议理事会模式下的企业年金风险管理》，载《中国外资》2013年第9期。

另外，在民事诉讼中存在原被告适格问题，可能进一步导致不能有力地保护受益人的问题。

（2）市场独立性。两办法规定了企业年金理事会的组成、职责等内容，但现实中，理事会不能独立开展社会活动，过去必须借用企业或总工会的印章开户。此后，中国人民银行在给中国工商银行的复函中给予了理事会开户资格，但法律上对此尚未认可。[1]

（3）赔偿能力。由于理事会不具备法人资格，因此理事会自身没有资产，赔偿责任应由理事会成员承担。再加上理事会是共同受托人，根据《中华人民共和国信托法》的规定承担连带责任。但是，根据两办法，理事会不得从事除管理本企业的企业年金事务之外的任何形式的营业性活动，不得从企业年金基金财产中提取管理费用。理由是，理事会型受托人源于国有企业，从国有企业的性质可以推测出禁止收取管理费的规定。换言之，企业年金理事会是民事信托，理事会成员不能获得报酬。因此，在没有报酬的情况下，理事会成员实际上要承担无限责任，这会产生与法人理事机构不均衡的问题，因此有人推测，理事会成员的人才确保可能会成为实际问题。

（4）忠实义务、注意义务。从理事会成员的构成来看，实务中往往要求2/3必须是企业中高级管理人员，而企业中高级管理人员既是受托人又是委托人，因此牺牲受托人利益确保委托人利益的利益冲突发生的概率极高。另外，理事会成员是中高级管理人员，而不是养老金专家，因此不难想象其专业性会有所欠缺。而关于注意义务，是专家的高度注意义务还是其他级别的注意义务，这也是一个问题。此外，虽然规定理事会可以雇用专家，但报酬有限，所以对专家的期待似乎不那么强烈。

（5）监督。理事会型受托人设置在企业内部，且多兼任受托人，因此委托人对受托人的监督效果并不理想。而且由于缺乏专业性，能否有效监督账户管理人、托管人、投资管理人等专业机构也存在相当大的疑问。

以上理事会型受托人的缺陷在两个办法于2004年出台后逐渐被认识到，

---

[1]　于向阳：《企业年金理事会受托模式的评价及优化》，载《中国社会保障》2009年第1期。

2008 年的世界金融危机导致企业年金基金的公积金骤然减少，这给企业年金理事会带来了很大的压力。因此，企业年金理事会的专业性不足，而且不能对投资管理人进行监督的弊端一下子暴露出来。在这一潮流中，2008 年 3 月 23 日，中国交通建设集团有限公司在北京与平安养老保险、交通银行股份有限公司、华夏基金、博时基金管理有限公司等企业年金法人受托机构签订了委托管理合同。这是国务院国有资产监督管理委员会管理的中央企业中首次选择法人受托型的企业年金，以此为契机，中央企业设立的企业年金进入了新的发展阶段。

（三）受托人是法人受托机构的情形

1. 法人受托机构的责任

受托人为法人受托机构的，应当具备下列条件：①经国家金融监管部门批准，在中国境内注册的独立法人；②具有完善的法人治理结构；③取得企业年金基金从业资格的专职人员达到规定人数；④具有符合要求的营业场所、安全防范设施和与企业年金基金受托管理业务有关的其他设施；⑤具有完善的内部稽核监控制度和风险控制制度；⑥近 3 年没有重大违法违规行为；⑦国家规定的其他条件。

法人受托机构在同一企业年金计划中，具备账户管理或者投资管理业务资格的，可以兼任账户管理人或者投资管理人，但不能兼任托管人，投资管理人与其他投资管理人的总经理和企业年金从业人员不得相互兼任。受托人年度提取的管理费不高于受托管理企业年金基金财产净值的 0.2%。

法人受托机构与账户管理人、投资管理人、托管人之间的关系为委托关系。

2. 法人受托机构的优点

与理事会型受托人相比，法人受托机构具有以下优点：

（1）法人受托机构的专业性和营利性。法人受托机构的选任如上面所述，通过两层审批制选出，因此比理事会型受托人更能确保其专业性。另外，理事会型受托人不得从事除管理本企业的企业年金事务之外的任何形式的营业性活动。与之相比，法人受托机构的特征就是营利性。

（2）法人受托机构的法人资格。与理事会型受托人相比，根据《企业年金基金管理办法》第 22 条的规定，法人受托机构具有法人资格，并且具有完善的法人治理结构、内部稽核监控制度和风险控制制度，因此赔偿能力要比理事会型受托人强。

（3）忠实义务和注意义务。《企业年金基金管理办法》第 25 条第 1 款规定，利用企业年金基金财产为其谋取利益，或者为他人谋取不正当利益的，法人受托机构职责终止，这是对忠实义务的规定。另外，《企业年金基金管理办法》第 6、7 条规定了利益冲突的事前预防对策。但是，对注意义务没有作出特别规定。

（四）管理运营机构的受托人责任

1. 管理运营机构的职责和义务

管理运营机构除了受托人，还有账户管理人、托管人和投资管理人。它们之间分工明确，形成了相互监督的机制。在此，对账户管理人、投资管理人、托管人的职责和义务进行分析。

（1）账户管理人的职责。账户管理人是指接受受托人委托管理企业年金基金账户的专业机构。账户管理人的职责包括：①建立企业年金基金企业账户和个人账户；②记录企业、职工缴费以及企业年金基金投资收益；③定期与托管人核对缴费数据以及企业年金基金账户财产变化状况，及时将核对结果提交受托人；④计算企业年金待遇；⑤向企业和受益人提供企业年金基金企业账户和个人账户信息查询服务；向受益人提供年度权益报告；⑥定期向受托人提交账户管理数据等信息以及企业年金基金账户管理报告；定期向有关监管部门提交开展企业年金基金账户管理业务情况的报告等。

（2）托管人的职责。托管人[1]是指接受受托人委托保管企业年金基金财产的商业银行。托管人的职责包括：①安全保管企业年金基金财产；②以

---

〔1〕 "托管"一词是 19 世纪 90 年代中国立法负责人在引进外国保管制度，试图确立信托型证券投资基金制度时，为解决当时还没有信托制度的情况而创造出来的词语。根据《中华人民共和国证券投资基金法》立法负责人蔡概还先生的说法，"托管"即"受托保管"，具有"受托"和"保管"的双重含义。该法第三章规定了基金托管人制度，自此"托管"一词在法律上得到认可。李伟舜：《论我国证券投资基金托管人的法律地位——兼论我国基金托管人法律制度的完善》，载《新疆社科论坛》2012 年第 2 期。

企业年金基金名义开设基金财产的资金账户和证券账户等；③对所托管的不同企业年金基金财产分别设置账户，确保基金财产的完整和独立；④根据受托人指令，向投资管理人分配企业年金基金财产；⑤及时办理清算、交割事宜；⑥负责企业年金基金会计核算和估值，复核、审查和确认投资管理人计算的基金财产净值；⑦根据受托人指令，向受益人发放企业年金待遇；⑧定期与账户管理人、投资管理人核对有关数据；⑨按照规定监督投资管理人的投资运作，并定期向受托人报告投资监督情况；⑩定期向受托人提交企业年金基金托管和财务会计报告、定期向有关监管部门提交开展企业年金基金托管业务情况的报告；⑪按照国家规定保存企业年金基金托管业务活动记录、账册、报表和其他相关资料自合同终止之日起至少15年等。

（3）投资管理人的职责。投资管理人是指接受受托人委托投资管理企业年金基金财产的专业机构。投资管理人的职责包括：①对企业年金基金财产进行投资；②及时与托管人核对企业年金基金会计核算和估值结果；③建立企业年金基金投资管理风险准备金；④定期向受托人提交企业年金基金投资管理报告；定期向有关监管部门提交开展企业年金基金投资管理业务情况的报告；⑤根据国家规定保存企业年金基金财产会计凭证、会计账簿、年度财务会计报告和投资记录自合同终止之日起至少15年等。

制定了投资管理人投资运营的规则，《企业年金基金管理办法》第46、47条还规定了分散投资义务，并将企业年金基金财产限于境内投资，投资范围包括银行存款、国债、中央银行票据、债券回购、万能保险产品、投资连结保险产品、证券投资基金、股票，以及信用等级在投资级以上的金融债、企业（公司）债、可转换债（含分离交易可转换债）、短期融资券和中期票据等金融产品。

另外，《企业年金基金管理办法》还对投资产品的期限和比例作出了明确规定。

2. 管理运营机构的注意义务、忠实义务

《中华人民共和国信托法》第25条[1]规定："受托人应当遵守信托文

---

[1] 瀬瀬敦子：「中国信託法の非核法的考察－日本、英国、米国の信託法と比較して－」〔上〕〔下〕，国際商事法務（2007），1679頁。

件的规定，为受益人的最大利益处理信托事务。受托人管理信托财产，必须恪尽职守，履行诚实、信用、谨慎、有效管理的义务。"这是对注意义务和忠实义务的规定。

《企业年金基金管理办法》第 12 条规定，受托人、账户管理人、托管人、投资管理人和其他为企业年金基金管理提供服务的自然人、法人或者其他组织必须恪尽职守，履行诚实、信用、谨慎、勤勉的义务。这一条并不是关于注意义务、忠实义务的规定，只是对职务诚实履行的勤勉义务的规定。因此，如果考虑使受托人以外的机构承担受托人责任，可以适用《中华人民共和国信托法》的规定，但两个办法规定账户管理人、托管人、投资管理人不是受托人，因此不适用《中华人民共和国信托法》的受托人责任。

目前，企业年金市场可谓是群雄角逐，竞争异常激烈。根据《企业年金基金管理办法》的规定，受托费不高于财产净值的 0.2%，托管费不高于财产净值的 0.2%，投资管理费不高于财产净值的 1.2%，账户管理费每户每月不超过 5 元。但实际情况却是，市场各个主体的取费现状远远低于上述标准：投资管理费根据投资产品的不同，常常在 0.4%～1% 之间；托管费大多0.05%～0.15% 之间，账户管理费也是象征性的，大型企业每人每月往往在 1元以下；受托费则大多数在 0.05%～0.1% 之间。

只有受托人的业务收益很少，因此市场上出现了受托人兼任账户管理人、投资管理人的"3+1"型、受托人兼任投资管理人、托管人兼任账户管理人的"2+2"型不同模式。由于受托人委托运营管理功能的情况各不相同，因此当事人之间的法律关系也出现了信托关系+委托关系的多种组合。[1]

由于受托人将年金管理职能"外包"的情况不同，具体的信托和委托结构也不相同，相应地，各当事人的法律关系亦有较大差异。

在单独受托人模式中，企业年金理事会或者法人受托人将管理职能全部委托出去，其在信托关系中是唯一受托人，在委托关系中是委托人且不

---

[1]　郑秉文：《企业年金受托模式的"空壳化"及其改革的方向——关于建立专业养老金管理公司的政策建议》，载《劳动保障世界》2008 年第 2 期。

兼任任何功能管理人角色。作为信托受托人，其承担选择、监督、更换功能管理人的职责，几乎不承担实质上的管理职责。在这种模式中，功能管理人都不是信托受托人，其法律角色是与单独受托人签订年金基金管理合同的对方当事人，与信托关系中的受益人没有直接法律关系。

实践中捆绑模式较多存在的是受托人兼任投资管理人、托管人兼任账户管理人的"2+2"模式和受托人同时兼任投资管理人或账户管理人的"3+1"模式。在"2+2"模式中，托管人和账户管理人由投资管理人选任、监督和更换，不是信托受托人；在"3+1"模式中，托管人由投资管理人和账户管理人选任、监督和更换，也不是信托受托人。

目前市场中常见的"2+2"和"3+1"模式中的投资管理人是受托人，与受益人有直接法律关系，作为信托当事人受《中华人民共和国信托法》的约束。这种信托架构的问题在于信托功能管理人内部的制衡机制受到了破坏。托管人或账户管理人的选任是由投资管理人决定的，换句话说，由谁担任托管人和账户管理人、担任多长时间是由投资管理人说了算的。托管人和账户管理人的利益掌握在投资管理人手里，在这种情况下制度设计者期望的由托管人监督、制衡投资管理人的目的根本无法实现。[1]

按照《企业年金基金管理办法》的规定，受托人年度提取的管理费不高于受托管理企业年金基金财产净值的 0.2%，这个比例仅占企业年金管理总成本的 1.6%左右，加之在恶性竞争中他们不得不压低收费标准，甚至象征性收费的现象也比比皆是。受托人和账户管理人建立管理平台的一次性投入很大，具有明显的规模经济效应，但如此低价运行不仅不能维持运转成本，而且还难以体现受托人的核心地位，影响其履行正常职责。如此尴尬的局面使受托人难以担负起第一责任人的作用，尤其是单牌照的受托人根本就没有积极性投入足够的专业管理精力，导致受托人作用"空壳化"。除个案以外，大多数受托人目前的市场地位虚弱，处于勉强维持状态，推动年金市场的龙头作用不尽人意，甚至在一定程度上制约了年金市场的发展。因受托人软弱导致市场竞争无序，动摇了以受托人为核心的信托型年金市场结构，

---

〔1〕 马伯寅：《我国企业年金信托受托架构的本土化问题——以企业年金信托受益人保护为中心》，载《保险研究》2009 年第 8 期。

市场中各个角色陷入恶性竞争的乱象状态。在信托型企业年金的市场链条中，由于受托人的核心地位几乎是形同虚设，所以，账户管理人、托管人和投资管理人不得不纷纷撇开受托人，径直追随委托人或企业雇主，直接与之打交道，拉客户，甚至出现个别"程序倒置"的现象，即由其他已经"拉到客户"的市场角色反过来推荐和指定受托人，或者企业雇主绕过受托人直接指定其他市场角色的现象也不鲜见。[1]

3. 对管理运营机构的监管

根据《企业年金基金管理办法》第30条、第36条、第43条，管理运营机构①违反与受托人合同约定的；②利用企业年金基金财产为其谋取利益，或者为他人谋取不正当利益的；③依法解散、被依法撤销、被依法宣告破产或者被依法接管的；④被依法取消企业年金基金管理业务资格的；⑤受托人有证据认为更换投资管理人符合受益人利益的等，管理运营机构职责终止。

另外，受托人、账户管理人、托管人、投资管理人开展企业年金基金管理相关业务，应当接受人力资源社会保障行政部门的监管。法人受托机构、账户管理人、托管人和投资管理人的业务监管部门按照各自职责对其经营活动进行监督。

法人受托机构、中央企业集团公司成立的企业年金理事会、账户管理人、托管人、投资管理人违反该办法规定或者企业年金基金管理费、信息披露相关规定的，由人力资源和社会保障部责令改正。其他企业（包括中央企业子公司）成立的企业年金理事会，违反该办法规定或者企业年金基金管理费、信息披露相关规定的，由管理合同备案所在地的省、自治区、直辖市或者计划单列市人力资源社会保障行政部门责令改正。受托人、账户管理人、托管人、投资管理人发生违法违规行为可能影响企业年金基金财产安全的，或者经责令改正而不改正的，由人力资源和社会保障部暂停其接收新的企业年金基金管理业务。给企业年金基金财产或者受益人利益造成损害的，依法承担赔偿责任；构成犯罪的，依法追究刑事责任。

---

〔1〕郑秉文：《企业年金受托模式的"空壳化"及其改革的方向——关于建立专业养老金管理公司的政策建议》，载《劳动保障世界》2008年第2期。

4. 企业年金的投资运营

企业年金基金投资管理应当遵循谨慎、分散风险的原则，充分考虑企业年金基金财产的安全性、收益性和流动性，实行专业化管理。企业年金基金财产限于境内投资，投资范围包括银行存款、国债、中央银行票据、债券回购、万能保险产品、投资连结保险产品、证券投资基金、股票，以及信用等级在投资级以上的金融债、企业（公司）债、可转换债（含分离交易可转换债）、短期融资券和中期票据等金融产品。

每个投资组合的企业年金基金财产应当由一个投资管理人管理，企业年金基金财产以投资组合为单位按照公允价值计算应当符合下列规定：①投资银行活期存款、中央银行票据、债券回购等流动性产品以及货币市场基金的比例，不得低于投资组合企业年金基金财产净值的5%；清算备付金、证券清算款以及一级市场证券申购资金视为流动性资产；投资债券正回购的比例不得高于投资组合企业年金基金财产净值的40%。②投资银行定期存款、协议存款、国债、金融债、企业（公司）债、短期融资券、中期票据、万能保险产品等固定收益类产品以及可转换债（含分离交易可转换债）、债券基金、投资连结保险产品（股票投资比例不高于30%）的比例，不得高于投资组合企业年金基金财产净值的95%。③投资股票等权益类产品以及股票基金、混合基金、投资连结保险产品（股票投资比例高于或者等于30%）的比例，不得高于投资组合企业年金基金财产净值的30%。其中，企业年金基金不得直接投资于权证，但因投资股票、分离交易可转换债等投资品种而衍生获得的权证，应当在权证上市交易之日起10个交易日内卖出。

综上所述，中国的"企业年金制度"始于20世纪80年代中期，部分国有企业将其作为年金的附加制度予以采用。2004年出台的两个办法明确规定，企业年金是由企业和员工共同缴费的确定缴费型个人账户，指由具有资格的机构，具体来说是受托人、账户管理人、托管人、投资管理人进行相互监督的一种机制，构筑了信托型企业年金制度的框架。在两个办法出台之前，企业年金主要在电力、铁路、石油、石化、民用航空、电信、运输等产业行业推广，即国有大中型企业、垄断性企业，这类企业选择的是理事会型受托人。根据两个办法，理事会作为受托人正式在法律上得到认可，但存在各种法律上的问题。与此同时，法人受托机构在资本市场上作为商事信托的专家，备受期待。但由于受托人责任规定不明确、抽象，再加上在实际操作中受托人的管理费等问题导致的恶性竞争使得管理运营机构虽不盈利但承担的法律责任过重，导致很少有机构愿意担任受托人，并且受托人的核心地位和功能难以发挥作用。因此，实务中出现了受托人形式化、空洞化的问题。

因此，从第二章开始，笔者将对日本的养老保险制度和受托人责任进行考察，并尝试对中国养老基金的受托人责任给予一些启示。

<<<< 第二章

日本的年金制度

一、日本的养老金制度

日本的养老金制度是三层式结构。[1]

第一层国民年金是日本政府举办的社会福利事业之一，即以日本所有国民为对象的国民养老金，是一种由 20 岁以上不满 60 岁（基于一些情况，可延长至 65 岁）的国民强制加入的国民养老金制度，包括老龄基础养老金、残疾基础养老金、遗属基础养老金，实行三种定额给付。

第二层是以在民间的法人企业工作的 70 岁以下的人为对象，包括在职期间的工资金额领取的厚生年金保险[2]和以公务员[3]为对象的五种共济年金，厚生年金保险制度也由老龄厚生年金、残疾厚生年金、遗属厚生年金三种给付构成。

日本的第一层和第二层养老金制度共同构成了日本的公共年金部分。最初，日本的公共年金制度仅仅以在政府以及国有企事业部门供职的人为对象，向他们支付养老金。1942 年建立了以工人为对象的工人年金保险，不久（1944 年）又改为厚生年金保险，保险的对象扩大到了一般的雇佣劳动者，而不再仅限于工人。随后，日本的年金制度逐渐扩充和完善。到 1961 年建立起国民年金制度后，公共年金的保险对象已包括了各行各业的人员。

---

〔1〕 1980 年，日本以发展国民养老金的形式引进了全国国民共同的基础养老金制度，完成了三层养老金制度体系。参见河野正辉等编：《社会保障論》（法律文化社、第 2 版、2011），71 頁。

〔2〕 河野正辉等编：《社会保障論》（法律文化社、第 2 版、2011），78 頁。

〔3〕 这一部分包括国家公务员共济组合、地方公务员共济组合、公共企业体职员等共济组合、私立学校教职员共济组合、农林渔业团体职员共济组合。河野正辉等编：《社会保障論》（法律文化社、第 2 版、2011），97 頁。

日本现行的公共年金体系包括三大类：一类是以一般雇佣劳动者为对象，如福利年金保险、船员保险；另一类是以公务员、教职员等为对象的共济组合，如国家公务员和国营企业职员等共济组合、地方公务员共济组合、私立学校教职员共济组合、农林渔业团体职员共济组合等；还有一类是以个体经营者和农民为对象的国民年金保险。日本的法律要求每一个企业、职员、工人以及从事其他工作的个人都必须参加政府举办的一种公共年金。也就是说，公共年金是带强制性的社会保险制度。参加公共年金，是日本国民在年老、病残或死亡后，其本人或家属能够从国家取得生活来源的前提条件。也可以说，国家不能无条件包揽一个丧失劳动能力的人（自幼病残者例外）的生活开支。

2015 年 10 月 1 日，日本开始实施《雇员养老金一元化法》，至此分为厚生年金和共济年金的雇员养老金制度统一为厚生年金。

厚生年金等企业年金，是以在该企事业单位工作的人为对象的企业福利。在日本，虽然公共年金制度已经普及，但是对于某些行业和企业的人来说，他们本人同所在企业共同负担的公共年金保险费处于一个较低的水平，政府负担的部分至多为 1/3。因此，仅靠公共年金不能满足其退休后的生活需要。这就表明仍有建立企业年金的必要。过去，日本企业在职工退休或因工致残时，一般是一次性地支付给工人一笔养老金。直到 20 世纪 50 年代末 60 年代初，仍有不少企业沿用这种做法。但越来越多的企业开始采取分次支付、定期支付等方式。不过，各个单位之间办理退休金的做法很不统一。随着有关法律的建立和社会福利事业的逐步完善，企业年金制度也建立和健全起来。

日本的企业年金制度主要有两种形态。

一种是按照 1962 年修改的日本《税法》中规定的条件建立的，它是以企事业单位为举办者、以在本企事业单位工作的职员为受益者的他益保险（或信托），企业本身不能动用所提取的年金资金，共济年金就是这一类型。到 1982 年 3 月末，在日本拥有的 13 万家企业中，约有一半建立了这种形式的企业年金制度，所吸收的年金保险额达 37.066 亿日元。

另一种是厚生年金基金。它是以 1965 年修改、1966 年开始实施的日本《厚生年金保险法》为依据建立的。对于有的企业来说，如果它能为退休职员支付的年金比公共年金支付的还高，足以保证退休者的生活需要，就不一定非要与公共年金相并行地再单组建一个企业年金。厚生年金基金制度正是适应这种情况建立的。它是将厚生年金保险（公共年金）的报酬比例部分（即平均标准报酬月额×1%×参加月数）返还给企业，由企业发给享受退休金的职工。

企业在向退休职工转付公共年金部分时，也附带上所要发给职工的那笔退休金，后一部分也就是高出公共年金的附加部分。从企业角度看，建立起厚生年金以后，每月上交公共年金的保险费就不需再按原来职工工资标准的 10.6%，而是按规定交 7.4% 就可以了，其余 3.2% 由企业建立的厚生年金基金代办，这对企业来说等于多了一笔机动资金。虽然厚生年金基金的受益者也是职工，但在不影响正常支付的前提下，企业可用这笔资金从事一些福利事业，如发放职工购买住宅贷款，修建教育、文化活动设施和职工疗养院等。

因此，许多大企业积极采用了这种年金制度，一些达不到规定人数的中小企业便联合起来建立厚生年金基金。

第三层是厚生年金保险的附加制度——厚生年金基金制度和其他企业年金制度、[1]以个体营业为对象任意加入的国民年金基金为首的个人年金制度以及个人缴费确定型年金制度等。其中，厚生年金制度是以民间企业或特定的职业领域为母体而设立的厚生年金基金，代办国家支付厚生年金保险中老龄厚生年金的部分，同时根据雇主的负担能力增加支付金额。20世纪 80 年代，企业担心公共养老金的臃肿会增加负担，在这一附加部分中加入了现有的退休金制度的全部或一部分，与国家的厚生年金保险进行了调整，以期扩充养老金支付内容。由于其是与厚生年金保险进行调整，所以也被称为调整年金。[2]为解决公共养老金制度和退休金制度的重复，要求引入"调整年金"。[3]根据 1990 年日本《厚生年金保险法》的修改，厚生年金基金制度作为重要的退休后收入保障制度，其缴费（保险费）和厚生年金一样由雇主和参保人平分，但是根据规章的约定可增加雇主的缴费。[4]

---

〔1〕 喜多村悦史：《厚生年金保险法》（日本评论社、1982）。

〔2〕 田中实、山田昭：『信托法』（学阳书房、1989），198 页。

〔3〕 新井诚：「年金信托と受托者责任」，载新井诚〔编〕：『新信托法の基础と运用』（日本评论社、2007），111 页。

〔4〕 渡部记安：「AIJ 投资顾问事件（上）」，时的法令 1906 号（2012），62 页。

厚生年金基金根据是否"代办"老龄厚生年金报酬比例部分，分为"代办型"和"非代办型"。"代办型"是指报酬比例部分的"代办"加上根据该企业的实际情况独自追加支付的制度，追加支付需要确保现价支付代行部分的10%左右（2005年4月以后设立的基金是50%左右）。"非代办型"是指在2003年9月以后，可以通过"返还代办"的方式向确定支付企业年金过渡的基金。另外，从构成企业形态来看，厚生年金基金制度有大企业单独设立的"单独型"；以大企业、中坚企业为中心，由相关企业共同设立的"联合型"；以一定的同行业团体或同一地域内的协同组合等为中心，由中小零散企业设立的"综合型"。[1]

二、公共养老金公积金运用的历史

公共养老金制度的财政结构分为现收现付式和积累式两种，而通说认为日本的公共年金实行现收现付制度。世代间的现收现付[2]是指，每年从现役一代收取资金，分配给退休的高龄一代的方式。从原理上讲，每一年都会实现收支平衡，实现财政上的清零。换言之，在现收现付的情况下，除了准备金以外，不会产生大量的公积金。因此，如果是现收现付式，公积金本就不应该存在。但是，到2014年3月末，存有约130兆日元的公积金的理由是厚生年金制度是以公积金方式开始的，故留下了这笔公积金。[3]不过，由于世代间现收现付设定的前提是将人口结构作为稳定的金字塔这一理想型，而在少子化、高龄化急速发展的日本，现役一代和退休的高龄一代之间出现了不平衡，为了解决这一问题，需要修改资金的筹措方式，除了现收现付制以外加入适当的积累制，[4]两者并用必须采取提取运用收益和积累公积金的方法，在不断提高保险费负担的同时，把税金作为辅助财源进行投入。经日本政府一系列改革后最后形成以现收现付为主，但仍

〔1〕　渡部記安：「AIJ 投资顾问事件（上）」，时的法令1906 号（2012），62 页。
〔2〕　若杉敬明：「日本の年金制度——現状と課題」，月刊资本市场165 号（1999），4 页。
〔3〕　小幡績：「GPIF 世界最大の機関投资家」（東洋经济新報社、2015），18 页。
〔4〕　若杉敬明等：「年金自主运用讨论会报告书」，信托192 号（1997），62 页。

存有积累的公积金的现状。[1]

1. 年金制度的出台

劳动者年金保险制度作为厚生年金保险制度的前身成立于 1942 年，当时讨论了公积金的管理运用方法，因战时体制化、国家资金为由，与其他财政资金一起集中管理。

2. 年金资金委托给资金运营部

国民养老金制度伊始，便通过国家制度和信用所筹集的公共资金实施统一管理，本着为增进公共利益而运用的宗旨，要求资金运营部承担受托责任。1961 年成立了年金福利事业团这一特殊法人，作为当时专门实施还原融资的机构，以福利事业、大规模年金保养基地疗养设施的建设、运营和公司住宅等整备资金的贷款、住宅资金的贷款等为中心运营。[2]对于计入厚生年金、国民年金中特别会计的公积金部分，有义务全额委托给大藏省资金运营部保管，通过领取委托的利息作为计入特别会计的运用收入。当委托 7 年以上时，委托利率以 10 年国债的表面利率为基准来设定，假如市场利率低时会设定成国债利率再加上一定的利率水平，这就是被称为第二预算的财政投融资资金。但是在委托义务下的养老金公积金的运用存在着不能最大限度地为保险费缴纳者带来利益的问题。

3. 市场运营的开始

1986 年起为了稳定实施年金福利事业团的还原融资，开始了市场运用以确保资金业务；而从 1987 年起为了强化财源，年金福利事业团开始了一部分公积金的自主运用。当时用于市场运用的两个业务合计约 24 兆日元，自主运用是由年金福利事业团将年金公积金资金运营部存托金中的一部分借款委托给信托银行、人寿保险公司、投资顾问公司等专门机构来运用，利用运用收益向资金运营部支付利息，将收益缴纳给厚生年金保险和国民年金的两个公共年金的特别会计系统中。[3]当时，年金福利事业团以超过资金运营部借款利息的综合收益为目标，将基本资产构成比例设定为 5∶3∶

---

〔1〕 小幡績：「GPIF 世界最大の機関投資家」（東洋経済新報社、2015），18 頁。

〔2〕 小幡績：「GPIF 世界最大の機関投資家」（東洋経済新報社、2015），21 頁。

〔3〕 秋月良彦：「公的年金積立金の自主運用を巡って」，信託 195 号（1998），75 頁。

3∶2，分散投资于安全性资产、股票、外币资产、房地产等。年金福利事业团每年都向资金运营部支付利息，但由于泡沫经济崩溃，市场环境恶化，1991 年度以后运用收益率低于借款，出现了赤字。[1]在这一泡沫经济环境下，放宽运营限制成为改善运营业绩的当务之急。

4. 取消对资金运营部的托管义务

1997 年 9 月，日本政府发布了关于探讨年金公积金自主运用体制的"年金自主运用讨论会"的白皮书，并在该白皮书中提出废除年金公积金资金运营部的存托义务，确立资金自主运用的必要性。这一白皮书指出："年金公积金是为支付养老金而征收的保险费的积累，不是为了财政投融资的原始资金而收取的，本来就应该为了保险费提供者的利益而运用。"另外，"年金公积金……为了保险费缴纳者的利益，应该以最适合年金公积金的方式运用，这就是自主运用"。[2]与此同时，1997 年，日本政府提出了财政投融资制度的根本性改革，同年 11 月 27 日在《资金运用审议会座谈会汇总》中提出了积极致力于财政投融资制度瘦身化的基本方针。在这一方针下，该白皮书提出废除年金公积金和邮政储蓄向资金运营部的托管义务，以及自主运营的基本思路。随后，1998 年 6 月，中央省厅订立了《改革基本法》，该法第 20 条将大藏省组织编制变更为财务省，并且在财务省的编制方针中规定从 2001 年 4 月起废除年金公积金的存托。

5. 年金资金运用基金

2001 年 4 月起，随着财政投融资制度的彻底改革，日本政府制定了《年金资金运用基金法》。由此废止了以往的资金运营部存托制度，开始实施年金公积金的自主运用，即市场运用。用以委托保管的年金公积金从 2001 年度起的 7 年期间以每年平均约 20 兆日元的规模偿还给年金特别会计，委托给年金资金运用基金。另外，随着年金福利事业团的废止，年金资金运用基金继承了该事业团运用的 27 兆日元的资金，[3]最终年金资金运

---

[1] 霜鸟一彦：「年金資金運用の現状と課題」，旬刊社会保障 1899 号（1996），70 頁。
[2] 貝塚啓明：「年金自主運用検討会報告書」，信託 192 号（1997），64 頁。
[3] 「資料《公的年金の積立金の運用——基本方針》（厚生労働省）」，賃金と社会保障 1296 号（2001），47 頁参照。

用基金所运用的金额超过了 140 兆日元。[1]

与此同时，日本《厚生年金保险法》及《国民年金法》[2]根据向社会保障审议会（实质上是年金资金运用分科委员会）所作的咨询和收到的答复，要求厚生劳动大臣制定包括运用目标收益率和基本投资组合在内的"基本运用方针"。当时，日本《厚生年金保险法》及《国民年金法》规定，厚生劳动大臣"专为国民年金、厚生年金保险的被保险人的利益"运用资产，参与运用的职员（包括年金资金运用分科委员会委员）"慎重、细心地注意，尽职尽责地履行其职务"。[3]

根据这一"基本运用方针"，年金资金运用基金制定了"管理运用方针"，其中规定了运用的目标、风险管理、运用机构的选择及评价方法等。包括管理运用方针在内的有关运用的重要事项由 3 名理事决定，理事长和监事由厚生劳动大臣任命，其他 2 名理事由理事长得到厚生劳动大臣的认可后任命。但是，从确保专业性的观点出发，应设置 3 名投资专门委员，在理事会的审议中征求意见。[4]年金资金运用基金向个别运用受托机构提出运用指导方针，并进行管理运营。年金资金运用基金以国内债券为中心，以国内债券、国内股票、外国债券、外国股票为投资对象，但针对信托银行、人寿保险公司或投资顾问公司在实际中的运用，考虑到投资环境，允许其背离幅度范围，在中短期内拥有与基本投资组合不同的资产构成。基金管理人员作为善良的管理者，负有忠实义务和注意义务。并且，在引入审计法人的外部审计的同时，应在基金内部设立审计科，以加强客观的会计审计和合规管理。另外，还公布了运营结果、财务报表审计、业务概况（记载养老金资产的市价、构成比例等）。

---

〔1〕 臼杵政治、鈴木陽司：「公的年金の資金運用のあり方」，ニッセイ基礎研 REPORT（2002）号。

〔2〕 根据日本《厚生年金保险法》（1954 年法律第 115 号）第 79 条之 4 第 1 款及日本《国民年金法》（1959 年法律第 141 号）第 77 条第 1 款的规定，根据厚生年金保险特别计入的年金账户的公积金及国民年金账户的公积金制定了关于公积金运用的基本方针。

〔3〕 臼杵政治、鈴木陽司：「公的年金の資金運用のあり方」，ニッセイ基礎研 REPORT（2002）号。

〔4〕 臼杵政治、鈴木陽司：「公的年金の資金運用のあり方」，ニッセイ基礎研 REPORT（2002）号。

为了最大限度地发挥民间运用机构的专业性，年金公积金的运用以委托给外部的运用机构投资为主，而将资金的其中一部分基金用于直接投资。在这种情况下，以国内债券的被动投资作为重点投资策略，同时对委托投资时的资产转换和运营机构变更时管理承兑资产投资债券和缴纳国库缴款等方面有效利用，确保发挥必要的流动性的作用。[1]虽然选任社会保障审议会的成员和年金资金运用基金的董事人事是厚生劳动大臣的权限，但由于厚生劳动大臣最终对国会负责，所以"为了被保险人"的目的能从政治中独立多少，[2]对此我们存有疑问。另外，厚生劳动大臣在咨询审议会的同时，接受来自基金的报告，但关于目标收益率达成度的评价方式却没有什么具体规定。[3]

6. 年金公积金管理运用独立行政法人（GPIF）

全额自主运用体制开始不过三年，但根据 2001 年 12 月 19 日国会决定的特殊法人等整理合理化计划而废除了年金资金运用基金，并决定成立管理和运用年金公积金的独立行政法人，而创立年金公积金管理运用独立行政法人的法案几乎没有经过实质审议就在 2004 年第 159 届国会上通过了。

在少子老龄化急速发展的情况下，2004 年日本对年金制度进行了修改，假设仅仅通过上调年金保险费来继续执行该制度的话，需要将厚生年金保险的费率（因为是劳资平分，所以企业雇主和雇员各负担一半）从 13.58% 提高到 25.9%，而国民年金保险费要从 13 300 日元提高到 29 500 日元（2004 年度价格）；假如只通过重新评估年金保险待遇的支付来维持该制度的话，预计需要将老年人已经领取的年金和今后领取的年金保险待遇一次性减少三到四成。[4]

为此，在 2004 年的年金制度修改中，日本导入了以下四个支柱的组合改革措施，即保险费水平固定方式和基于宏观经济浮动支付水平自动调整

〔1〕 臼杵政治、鈴木陽司：「公的年金の資金運用のあり方」，ニッセイ基礎研 REPORT（2002）号。

〔2〕 臼杵政治、鈴木陽司：「公的年金の資金運用のあり方」，ニッセイ基礎研 REPORT（2002）号。

〔3〕 若杉敬明：「年金積立金管理運用独立行政法ガバナンス」，旬刊社会保障 2278 号（2004），24 頁。

〔4〕 参见 GPIF 官网：http://www.gpif.go.jp.

机制、提高基础养老金国库负担比例、活用公积金。通过这次修改，可以说日本的公共年金制度彻底贯彻了现收现付的理念，公积金的意义也更加具体明确，具言之，通过运用年金公积金的活用和公积金的运用收益，在实现缴费固定化的同时尽可能提高保险待遇的支付水平，为稳定养老金的财政作出了贡献。如此一来，年金公积金的运用对于减少未来保险负担的增加和年金制度的长期稳定，变得越来越重要。

为此，日本于 2006 年 4 月 1 日创设了作为第三方机构的年金公积金管理运用独立行政法人，该法人注重市场影响，在以国内债券为主的同时，纳入一定比例的国外股票进行分散投资，并且为了贯彻专业性，明确自身责任，专门进行年金公积金的管理运用。

2001 年 4 月开始设立的年金资金运用基金和从 2006 年 4 月开始设立的年金公积金管理运用独立行政法人，其组织结构的差异如图所示。[1]

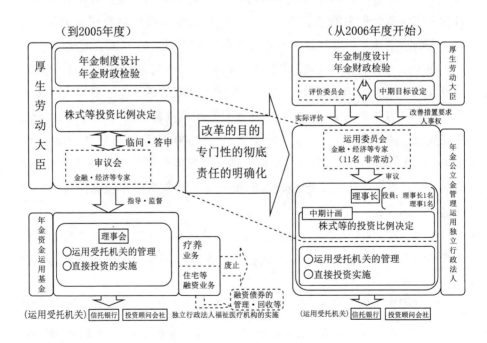

---

[1] 参见日本经济财政咨问会议官网：http://www.keizai-shimon.go.jp/special/global/finance/14/agenda.html.

该法人与年金资金运用基金相比，有以下不同之处，[1]旨在通过相关改革实现基金管理彻底的专业性和责任的明确化：年金资金运用基金需要厚生劳动大臣制定"基本运用方针"，而 GPIF 则将该权限移交给了法人行使，但需由专家组成的运用委员会参与审议。运用委员会和理事会的关系是后者负责经营的执行，而前者负责内部经营的监督。就这个意义而言，运用委员会的作用非常重要，通过督促法人完善内部治理系统，让理事长和理事履行受托人责任，即作为审慎专家的注意义务、忠实义务和保密义务。与此同时，评价委员会是该法人的外部监督机构，将在治理方面发挥极其重要的作用。评价委员会进行业绩评价，厚生劳动大臣根据这一业绩评价要求法人采取业务整改措施。如此，自主运营和独立行政法人化便成了 GPIF 的两大支柱。

三、厚生年金基金公积金的运用

厚生年金基金由两部分组成，一是代办国家老龄厚生年金的部分，二是基金自身的附加支付（plus alpha）部分。GPIF 运用的厚生年金的公积金是计入特别会计部分的公积金，不包括厚生年金基金的代办部分，由厚生年金基金负责公积金的运用。下面回溯一下它的运用历史。

1. 从厚生年金基金成立到 20 世纪 80 年代前半期

从 1967 年厚生年金基金制度建立到 20 世纪 80 年代前半期，日本经济从高速增长期进入稳定增长期。在这一时期，厚生年金基金的运用是由信托银行和人寿保险公司等特定的运用机构，依据资产分配的规定（安全性资产 50%：股票 30%：房地产 20%），以贷款和国内债券等安全性资产为中心进行运用。由于这一时期的长期利率水平本身就超过了预定利率 5.5%，因此年金制度运营的健全性并未受到重视。[2]

---

〔1〕 若杉敬明：「年金積立金管理運用独立行政法人ガバナンス」，旬刊社会保障 2278 号（2004），25 頁。

〔2〕 高橋格、山本広：「資産運用の変遷について」，信託 213 号（2003），98 頁。

2. 泡沫经济的产生和崩溃以及现代资产组合理论的引入（20 世纪 80 年代后期）

这一时期，日本经济经历了从泡沫经济生成到崩溃这一具有重大意义的时期，但针对外币资产，日本政府放宽了资产分配的限制。此外，泡沫经济的生成过程中因股票的比重迅速提高，导致现代投资组合理论被积极引入，以及资产运营的思维战略方式发生转换。[1]

3. 经济停滞、废除运营限制（20 世纪 90 年代前半期）

泡沫经济崩溃以后，在经济低迷、废除运营限制的背景下，年金资产运营发生了巨大变化。1990 年扩大运用，对于符合一定条件的基金及联合会，准许投资顾问公司参与公积金的一部分运用（总资产的 1/3），并对具备一定运用体制的基金及联合会开辟了直接投资的道路。此后，随着限制大幅放宽，原有运营和扩大运营的区分取消，厚生年金基金的自主运营资产规模也进一步扩大。与此同时，随着长期以来的投资限制 5：3：3：2（安全性资产：股票：外币资产：房地产）的废除，投资自由化得到进一步发展，基金方的投资裁量权也进一步扩大。[2]

4. 厚生年金基金的解散与代理运用的返还（2014 年至今）

厚生年金根据预定利率决定保险费、计息以及年金保险待遇。到 1996 年为止，由于日本经济的高速增长，所有基金的预定利率一律规定为 5.5%，但厚生年金基金制度"赋予了公共年金制度——厚生年金制度的代办功能"，使基金能够独自运用资产，这就意味着经济高速增长时代的高实际运用收益率和相对低的预定利率之间的差额即"巨额利差"暂时归入基金。但泡沫经济崩溃后市场进入低利率时代，以往 5.5% 的固定的预定利率已经无法维持基金的运营，因为在通货紧缩的经济形势下，"巨额利差"很容易就变成了"巨额利差损失"。因此，1997 年以后日本废除了预定利率，以"10 年期国债应募者收益率的平均为下限"来反映金融市场的实际情况，

---

〔1〕 高橋格、山本広：「資産運用の変遷について」，信託 213 号（2003），99 頁。
〔2〕 神田秀樹：「厚生年金基金の受託者責任ガイドライン」，ジュリスト 1128 号（1998），32 頁。

同时由各基金自己负责。[1]根据1999年的修改，代办部分的债务根据厚生年金保险本体的运用实际业绩（1990年10月至2012年3月年均1.8%）来计算。因此，现在使用预定利率进行债务计算的部分是代理部分以外的追加部分，而即使在2012年，大部分基金也将追加部分的预定利率设定为5.5%。[2]

因此，运用收益率低于预定利率而发生利差损失。另外，在厚生年金中员工老龄化加剧的基金因缴费和支付的平衡被打破从而使企业的负担增加。

同时，会计准则的变更也扩大了不利因素。在2000年4月引进的退休支付会计中，作为代理国家养老金的部分也被涵盖在企业的退休支付债务中，而该债务的折现率被视为"长期债券的收益率"，与日本《厚生年金保险法》的预定利率采用不同的标准。由于近年来低利率的环境下会计上的折现率较低，退休支付债务膨胀，即使达到了日本《厚生年金保险法》规定的最低公积金标准，会计上也会产生未积累的退休工资债务。

根据2014年4月实施的日本《厚生年金保险法》的修改，厚生年金基金的运营标准变得严格，代办返还是指代办一部分厚生年金保险的基金将其代办的部分返还给国家。在此之前，只有基金的解散才是代办返还的唯一手段。但在解散的情况下，不仅代办部分返还也伴随着企业自身附加部分的清算。代办返还后，可将现在附加部分的年金转换为待遇确定型（DB）年金或缴费确定型（DC）年金。随后在2023年，日本对《厚生年金保险法》进行了大幅度的修改，删除了有关厚生年金基金的条文，新法于2024年1月1日起实施。本书探讨的厚生年金基金以2024年1月1日实施前的版本为依据。

---

[1]　渡部記安：「AIJ投資顧問事件（上）」，時的法令1906号（2012），60頁。
[2]　松尾直彦：「企業年金問題と役員の責任— AIJ事件を契機として—」，月刊監査役604号（2012），22頁参照。

第三章

"受托人责任"的法律概念

信托法起源于 15 世纪英美法之母——英国，具有悠久的历史和传统，是灵活而又安全的一项法律制度，在日本也逐渐被人所知悉。如今，伴随日本的国民总资产余额增加，信托作为管理运营股票和房地产等金融资产的主要方式之一，受关注度也随之提高。加上政府放松管制，尤其是金融管制，使得利用信托方式提供金融商品变得容易。经济学家岩井克人教授在《日本经济新闻》"经济教室栏"上写了一篇题为《从身份到契约和信任》的文章，其中预言了契约和信任时代的到来。自岩井教授的报道以来，经过了十几年的岁月，人们对信托的概念比起从前更加耳熟能详。从民法到商事，"信托"一词在各种各样的场合中都在不断扩张。以此为研究背景，首先探讨一下信托的起源。

第一节 信托法理的起源

对于信托制度基本架构的建立起源，学说上存在争议，大体上有罗马法起源说、英国固有法学说、萨尔曼共同起源说三种。其中英国固有法学说可以说是关于信托制度起源的通说，本书在此就该通说展开探讨。

信托制度以 15 世纪的英国为舞台，以英国信托制度原型、"尤斯"（use）制度为起源。使用"尤斯"制度的习惯大约在 13 世纪普及，以十字军东征、百年战争等海外出征时的财产委托，以及向圣方济各教团的财产捐赠为典型实例。

十字军东征、百年战争等海外出征时的财产委托是指出征的骑士们为了自己的家人，将自己的土地委托给自己信赖的朋友，让他们管理土地。

因此，受托人在委托人出征期间，对土地进行适当的管理，将收益支付给其留下的家属，并且在委托人平安生还时，将受托的土地返还给委托人。

然而，可以说对圣方济各教团的财产捐赠是圣方济各修道院的教义——"贫困的誓言"之副产品。由于圣方济各会的教义，无论是作为团体本身，还是作为修道士个人，都明令禁止直接拥有财产。因此，信徒们在捐赠时只能使用"尤斯"制度。换言之，信徒想为修道院提供用地时，不能直接转让给修道院，只能在明确为修道院使用的目的之后，再将土地转让给地区的街道乡村等。

进入 14 世纪后，"尤斯"不分圣俗用于多种目的。尤其是在当时作为逃脱种种封建负担和课税的规避手段，如规避长子继承制、男性限定继承制、继承时的领主特权等。

让我们来了解一下"长子继承制"的潜规则。在封建制中，领主将土地作为封地给予附庸，附庸服务于领主。当时的服务又称作封建负担，除了承担继承费、监护费、结婚费、没收不动产等基本服务，还存在各种形式的其他服务。这些封建负担与其说是归属于受封的附庸，不如说是附着在不动产上的。附庸们为了规避封建负担，下了一番功夫。另外，在中世纪的英国，不动产不能通过遗嘱继承，而是要根据强行法的规定，由长子来单独继承。但当附庸有几个孩子时，为了兼顾到除长子之外的其他孩子的利益，人们想到了信托。具言之，将土地从自己手中分离出来，信托让与可信赖的人，此时可以有多个受托人作为名义上的受让人。如此一来既可以永久避免伴随死亡而产生的封建负担，同时又可以将从土地上获得的收益分给长子以外的其他领取人。

但是，人们在广泛使用"尤斯"制度的过程中发现一个问题，即接受信托的受托人违背其信任，不将收益分配给领取人，而是全部归自己所有。

当时，英国有两种法院并存：一个是从王会分化而来，以王权为权威的来源，以"王国的一般习惯"为基础确立的普通法院；另一个是衡平法院，当人们认为用普通法无法妥善解决问题时，他们直接向国王提出诉讼，由大法官基于正义与公平，通过个别的特别救济来解决这些纠纷。同一种类的纠纷可以选择两个法院中的任何一个，但根据选择的法院，法律程序和结果都不同。这时，对于上述受托人违反信托的情况，去哪个法院寻求帮助就成了问题。当时除了国王法院，还有领主法院，但这种受托人的背信弃义行为是为了摆脱领主的封建负担而使用的伎俩，所以领主法院不可能给予救济。另外，在普通法院，名义上的受托人拥有土地的所有权，受托人的背信弃义行为无法得到救济。因此，诸如此类的案件就会到衡平法院寻求救济，这样的判例积少成多，就形成了信托法理。

第二节　美国的商事信托

在美国，信托法的立法权不属于联邦，而是由各州来行使。美国并不存在一套统一适用于全国的信托法体系，无论是判例法还是制定法都是如此。20 世纪以来，美国的许多州都制定了适用于各个司法区域的信托法典或仿照英国的做法仅制定了具有特别法性质的某些信托单行成文法，尽管信托法典和信托单行成文法在基本原则和主要制度上体现出同质化的趋势，但在具体规定与完善程度上仍然存在差别。为了回应现代信托发展对法律规则统一性的需求，美国国会曾颁布过多部联邦层面的信托单行成文法，[1]但总体而言，至今美国的信托制定法仍然主要属于各州立法的范畴。

美国信托制定法对信托法所进行的革新主要有两条实现路径：一条是"自下而上"（bottom-up）的道路，由各州当地的律师和银行家为应对日益激烈的全国性信托业竞争，而通过对各州律师协会及银行协会的游说推动各州立法的变革，旨在吸引和保护信托业。另一条是"自上而下"（top-down）的道路，由美国法学会（American Law Institute, ALI）和美国统一各州法律委员会（National Conference of Commissioners on Uniform State Laws,

---

〔1〕　据学者统计，截至 20 世纪 90 年代，这些单行成文法主要有：1906 年美国《信托公司准备法》（Trust Company Reserve Law），1933 年美国《统一信托收据法》（Trust Indenture Act），1940 年美国《投资公司法》（The Investment Company Law，该法是专门规定信托投资公司的组织与活动的法律）。参见张淳：《信托法原论》，南京大学出版社 1994 年版，第 22 页。

NCCUSL，以下简称"统一法律委员会"）所推动，通过制定"信托法重述"和"统一法"引导美国信托法的革新，以适应不可撤销信托转型为金融资产管理工具、可撤销信托作为遗嘱的替代而获得普遍使用以及制定商法信托的出现等信托发展的新趋势。[1]在以州法为中心的信托立法格局下，二者最终都主要通过州立法对其内容的采纳而实现对信托法的实质性变革。近年来美国各州信托法在变革中出现了逐渐趋同的景象，客观上促进了美国信托法的成文化和统一化，而此点应归功于美国法学会和统一法律委员会所发布的信托法重述和信托示范法。至今该学会共出版了三个版本的"信托法重述"，其中美国《第一次信托法重述》出版于 1935 年，美国《第二次信托法重述》于 1959 年完成，而 1992 年正式颁布的美国《第三次信托法重述》是目前美国法学会所颁布的最新版"信托法重述"，共 111 个条文，并附有长达 100 页的详细评论与报告人附注具体阐释其条文的具体内涵与适用规则，其中对谨慎投资人规则的制度框架和具体内容第一次系统地作出了阐述。而 1994 年统一法律委员会以美国《第三次信托法重述：谨慎投资人规则》为蓝本，制定了美国《统一谨慎投资人法》（Uniform Prudent Investor Act），对美国《第三次信托法重述》中的谨慎投资人规则的内容予以进一步的具体化，并推荐给各州立法机构采用。2000 年统一法律委员会制定的在美国信托法立法史上具有里程意义的美国《统一信托法典》和美国《统一谨慎投资人法》被各州广泛接受，谨慎投资人规则通过此种"自上而下"的路径实现了对美国信托投资法的里程碑式的革新与重塑。

美国法学会所编纂的"信托法重述"并非信托法的正式渊源，而是一部类似于由专家学者集体创作的学术著作。正如美国学者茹次（Ruce）所指出的那样，"信托法重述"并非正式的法律，但其阐述了普通法的主要观点，并且在法律发展趋势的思考上具有说服力，反映了新兴的法律原则并对指导法律根据上述趋势进一步发展提供了重要的方向。同时由统一法律委员会创制的"统一法"的目的在于弥合拥有立法权的 50 个司法区之前法

---

〔1〕 See Max M. Schanzenbach, Robert H. Sitkoff, "The Prudent Investor Rule and Trust Asset Allocation: An Empirical An Empirical Analysis", *35 ACTEC Journal*, 314~315 (2009).

律的不一致性，建议各州采纳却不具有法律约束力[1]。但随着越来越多的州采纳"统一法"的内容作为其信托制定法的一部分，"统一法"在事实上发挥着统一美国的信托立法的功能。同时，由于"信托法重述"对普通法中的既有信托法规则的整理和归纳以及对信托法发展趋势的思考大量被"统一法"所吸收，而"统一法"则经由州立法机关的立法采纳而融入各州的信托立法之中，这使得由美国法学会和统一法律委员会创制的"信托法重述"及"统一法"最终以"自上而下"的方式主导着美国信托法的变革和统一。

第三节　ERISA 和受托人责任

一、ERISA 概述

1974 年制定的美国《雇员退休收入保障法》（ERISA）不仅包括养老计划、利润分享计划、雇员股票所有权计划等养老福利计划，还包括医疗保险、团体健康险等福利计划，是通过信托法保护受益权的一项全面的联邦法律。在日本的《待遇确定型企业年金法》和《缴费确定型企业年金法》中，关于资产运营相关人员的"受托人责任"，与 ERISA 有相同的法理基础，这一点在 2001 年 3 月公布的《有关与给付确定型企业年金相关的资产运营人员的职能及责任的指导方针（通知）》中有所记述。因此，以下以石垣修一的《为了年金资产运营的 ERISA 指南》为参考，总结供探讨的必要部分。

ERISA 以下内容作为其三个支柱，包括：其一，为加入资格和受益权所设立的最低标准；其二，年金资金的积累义务；其三，创设了给付保证计划。为了有效实施这三个支柱性计划，ERISA 又制定了：①向加入者提供

---

〔1〕　See Max M. Schanzenbach, Robert H. Sitkoff, "The Prudent Investor Rule and Trust Asset Alloca-tion: An Empirical Analysis", *35 ACTEC Journal*, 314, 315（2009）；朗宾（Langbein）教授也持这样的观点，他认为信托法的立法运动（亦即将信托法建立在制定法基础之上——笔者注）也使得信托法更加统一和具有全国性特征。See John H. Langbein, "The Rise of the Management Trust", *10 Trusts & Estates*, 52,（2004）.

信息及对行政机关的报告义务；②计划的管理和投资等相关人员的义务和责任的严格化，即规定了受托人责任；③整顿违法行为、赋予参保人救济手段。

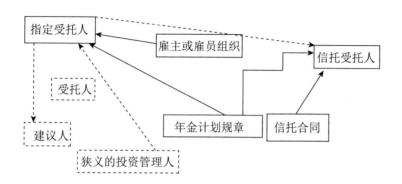

在 ERISA 中，作为信托法理中的受托人一职的概念为"受信人"（fiduciary），该法第 3 条（21）（A）对其作了如下定义：

ERISA 第 3 条（21）（A）：

（ⅰ）对计划的运营行使裁量权或裁量性支配的人，或者实际行使资产运营或处分权限或实施支配的人。

（ⅱ）不论直接抑或间接地就计划的现金及其他资产获得手续费及其他对价提供投资建议的人，或对此具有权限或责任的人。

（ⅲ）对该计划的管理，具有裁量权限或裁量责任的人。

从这个定义中可以明确 ERISA 对于受信人功能（角色）的定位。用一句话概括 ERISA 中的受信人的功能就是包括"计划资产的管理运营"，亦即"资产的运营及处分"在内的"计划的管理运营"，而"计划资产的管理运营"还包含"投资顾问"。

ERISA 规定了以下三种受信人，分别为作为统管计划中管理运营的"指定受信人"（named fiduciary），受托负责计划资产管理运营的"信托受信人"（trustee）以及负责资产管理运营中投资部分的"投资管理人"（investment manager）。但投资管理人与指定受信人和信托受信人不同，并非必须单独设置，而是可以由指定受信人和信托受信人兼任。

在 ERISA 中，受信人以实质受托人（de fac to）作为判断标准，此时指定受信人虽然没有被任命为信托受信人或投资管理人，但做出了符合第 3 条（21）（A）规定内容的行为时，此人即为受信人。ERISA 中这种扩张受信人范围，使其适用各种受信人义务的规定，旨在有效保护年金参保人和领取人的利益。

ERISA 全面而又详细地规定了有关企业年金受托人责任的相关内容。ERISA 明确规定了忠实义务、谨慎人规则、分散投资义务、遵守法律及计划规章的义务以及禁止交易的内容。此外，ERISA 相关判例还将"信托法上的受托人义务"囊括其中。在这些诸多义务中，受托人义务的核心始终是忠实义务和谨慎人规则，而其他义务则是由这两种义务派生出来的义务，或者可以说是这两种义务的具体化。

二、受信人的职责

ERISA 并没有对各个受信人的职责作出具体规定，但明确规定指定受信人是计划的最高责任人，是计划运营的总负责人；信托受信人负责资产运营；投资则由投资管理人负责。但 ERISA 第 403 条（a）（1）规定："计划方案中规定了相关内容，同时不与计划和 ERISA 相抵触时，可由指定受信人向信托受信人下达指示，此时指定受信人可以参与'计划资产的运营和管理'。"根据这一条规定，指定受信人也可参与"计划资产的运营和管理"，那么此时就会出现一个疑问，即信托受信人可否向投资管理人下达指示的问题。

（一）计划的运营、管理

指定受信人可将其业务划分为"计划资产的管理运营"和"计划资产的管理运营以外的业务"。"计划资产的管理运营以外的业务"有报告或信息披露时定期或者不定期向监督机关汇报并制作报告书、向参保人和领取人公开信息和答疑；认定以及算定参保资格和领取人资格等事务管理；掌握漏缴情况等，为此需设立事务局，由指定受信人担任负责人。

（二）计划资产的运营、管理

计划资产的运营和管理基本上属于信托受信人的职责。但是有两种例外情形：一种是任命投资管理人的情形，另一种是指定受信人下达指示的情形。

1. 信托受信人和投资管理人之间的关系

对于"计划资产的管理运营"而言需要考虑信托受信人与投资管理人的关系。

根据 ERISA 第 403 条（a）（2）、第 405 条（c）（3）、第 405 条（d）（1）的规定，当信托受信人将计划资产的一部分委托给投资管理人来管理、取得、处分时，信托受信人对于该部分的义务和责任将被免除。但计划资产整体的运营和管理仍属于信托受信人的职责，即使将所有计划资产的投资都委托给投资管理人，信托受信人作为 ERISA 的常设机构，仍需要承担责任。此时投资管理人并非可以替代信托受信人进行计划资产的运营和管理，其管理单指投资这一部分。问题就在于信托受信人是否可以向投资管理人下达指示？对于这一点 ERISA 没有直接规定，但涉及整体资产配置策略和委托给投资管理人的个别投资运营策略的协调，以及信托受信人向投资管理人下单买入等问题时，可以参照共同受信人之间的责任规定来确定二者的关系。

2. 指定受信人参与计划资产的运营管理

计划资产运营管理的最终责任人是信托受信人，但指定受信人下达合法指示时信托受信人在该指示的范围内免责。这里"指定受信人合法的指示"是指在计划方案中记载了可以下达指示的相关内容，并且该指示与法令和计划方案不冲突。指定受信人作为整体计划的负责人，对信托受信人下达资产运营和管理的指示是理所当然的，但为何会有这一规定呢？这一规定从"计划资产的信托化"这一计划宗旨看似乎留有疑问。指定受信人一般由雇主来任命，与此同时信托受信人也由他们来任命的话，资产运营会被雇主左右。显然，这一规定是为了防止计划资产的私有化，所以 ERISA 通过第 403 条（a）规定了对信托受信人的计划资产运营和管理的排他性权限和裁量权。并且假如经常需要由指定受信人下达指示才可以行动的话，投资会因失去最好的时机而无法更好地进行资产运营。但有时，基于计划的目的、性格、现状等情况来进行资产运营时需要指定受信人下达指示，因此指定受信人与信托受信人的合作关系不可或缺。

3. 雇主参与计划资产的管理运营

虽然 ERISA 试图用计划资产的信托化来防止频繁发生的雇主对计划资产的滥用，但这并非将计划资产管理运营的所有通道都封锁了。如前所述，雇主可以任命其管理人员或雇员为指定受信人，并将自己的意向通过这一途径反映在计划资产的运营和管理上。而且，雇主自身也可以兼任指定受信人和信托受信人，当然此时其还要承担作为受信人的义务和责任。

（三）投资

担任投资的是信托受信人和投资管理人。这里的投资不单单是为了维持管理资产，而是基于积极的投资判断进行投资运作。例如，把现有的现金存入银行作为存款，这虽然算是"计划资产的管理运营"，但并不是"投资"。只有将银行存款作为投资组合中积极的投资对象，才算是"投资"。当将资产的一部分或者全部委托给投资管理人时，信托受信人对该部分免责。这里的免责仅仅指投资的免责，而不是计划资产管理运营的免责。

三、作为"统一标准"的谨慎人规则

ERISA 第 404 条（a）（1）明确规定受信人的义务包括忠实义务、谨慎人规则（prudent man rule）、分散投资义务、遵守计划规章的义务等，其中谨慎人规则起到统一其他注意义务之标准的作用。判例将谨慎人规则作为"客观标准"（objective）进行把握。例如，当比照谨慎人规则，可以作出谨慎人是不会为了"计划"的利益做出这一选择的判断时，就认为构成"谨慎人"层面上的忠实义务的违反，比起"一般人"违反忠实义务更加严厉。同样，对于判断是否违反分散投资义务和遵守计划规章的义务，ERISA 也明确规定了"要遵循谨慎人规则"［第 404 条（a）（1）（C），同（a）（1）（D）］。

当法律设定一定的注意义务之标准时，会以具备一定条件的"人物"作为前提，而 ERISA 并非将"普通人"（ordinary man），而是以"谨慎人"作为人设。从"prudent"一词中可见，"谨慎人"比起"普通人"更谨慎细心。这种"谨慎人"可以说是法律的一种拟制，要求受信人必须作为

"谨慎人"实施行动。而且，根据 ERISA，判断受信人是否履行了相关义务，无论是何种义务，都要根据"谨慎人规则"来衡量，而有关这一"谨慎人"的要件规定在第 404 条（a）（1）（B）中。

四、ERISA 的受信人责任

（一）谨慎人规则

1. ERISA 的谨慎人规则

ERISA 第 404 条（a）规定受托人在处理所有事物（包括投资）时必须履行如下义务：运用一个具有同等能力和对事物具有同样熟悉程度的谨慎人在处理具有类似特性及类似目标的事物依当时的通常情形所运用的注意、技能、谨慎和勤勉；对计划进行分散投资已将巨额损失风险降至最低，除非在当时情形下不如此行事明显是谨慎的情形除外。

ERISA 第 404 条（a）（1）（B）也要求"这种情况下，具有同等能力、同样精通于业务的人（prudent man），面对同样性质以及目的的事业管理，发挥出理所当然的注意力（care）、技巧（skill）、谨慎（prudence）和勤奋（diligence）"。

上述条文使用了"事业管理"（the conduct of an enterprise）一词，但很明显，这个"事业管理"与信托法理上仅限于"投资"领域的谨慎人规则不同。因此，ERISA 中的谨慎人规则，并不是针对"投资"制定的相关义务，不仅限于负责"投资"的信托受信人及投资管理人，而是全体受信人的义务标准。

如条文所示，谨慎人规则是与"这种情况下，具有同等能力、同样精通于业务的人"这一受信人所使用的注意相同的标准，比起"绝对"的忠实义务，更应认为是一种"相对"的义务。

另外，ERISA 相关判例明确，基金的损失并不一定意味着投资管理人或受信人违反了注意义务。例如，DeBruyne v. Equitable Life Assurance 案指出，"受信人的注意义务，并不是要求有先见之明（prescience），只是要求慎思明辨（prudence）"。换言之，违反谨慎人规则不是"结果责任"，而是"过程责任"。

　　这一规则与之前的谨慎人规则相比具有两个方面的特色：一是该法并未将保存信托财产的本金作为投资目标予以考量；二是部分采纳了现代投资组合理论的内容，明确将分散投资作为受托人所负有的谨慎投资义务的基本内容之一。因此，ERISA 成为第一个将现代投资组合理论引入受托人投资法的联邦立法。这一联邦立法的制定过程也体现了专业人士的态度。在制定该法的过程中，美国国会广泛听取了专家意见，专家意见认为，对于雇员福利基金（employee benefit funds）的管理人（即受托人）而言，谨慎人规则太过严格了，最终国会在该法第 404 条对雇员退休基金的管理人规定了上述新的联邦标准，取代了之前适用的州标准。但其仍然具有很强的抽象性，为此作为社会保障基金监管机构的美国劳工部通过一系列法律文件对该规则作出了具体的解释。

　　美国劳工部在 1979 年对 ERISA 作出解释的规章的前言中规定：①一般而言，特定投资或特定投资行为过程中的相关风险并不会决定该投资或该投资行为过程本身是谨慎或不谨慎的；②只有在考虑特定投资或特定投资行为过程在整个投资组合中所起的作用之后才能做出投资是否谨慎的判断。因此，尽管由小公司或新公司发行的证券可能比大公司发行的"蓝筹股"风险更大，但投资于小公司或者新公司的证券在 ERISA 的谨慎规则下可能是完全适当的。[1]

　　后来美国劳工部又通过另一个法律文件对 ERISA 关于受托人的谨慎标准的规定进行了更为详细具体的阐释，将该法第 404 条（a）（1）（B）的要求阐释为受托人对其知道或应当知道的与特定投资或特定投资行为过程有关的事实和情况，包括特定投资或特定投资行为过程在整个投资组合中所起的作用，给予恰如其分的考虑。此种"恰如其分的考虑"包括但不限于：①确定作为有关投资组合的各个部分的特定投资或特定投资行为过程（或者与受托人履行投资义务有关的可应用于投资组合的特定投资或特定投资行为过程）涉及的合理性，考虑与该项投资或投资行为过程有关的损失风险与收益机会（或者其他收益）以促进雇员退休基金投资的目标。②考虑

---

　　〔1〕　See 44 Fed. Reg. 37, p. 222（June 26, 1979）.

与投资组合中的特定投资或特定投资行为过程有关的如下因素：其一，构成投资组合的投资对象在种类上的多样化；其二，投资组合的流动性及当前收益与退休基金的预期现金流要求的适应性；其三，投资组合的预期收益与退休基金的目标之间的适应性。[1]

2. 信托法重述中的谨慎人规则和谨慎投资人规则

（1）谨慎人规则诞生于 1830 年马萨诸塞州最高法院的 Harvard College v. Amory 案[2]。其基本事实是约翰·M. 列侬（John M' Lean）于 1823 年 9 月去世，留下了价值 20 多万美元的遗产，并立有一份经法院认可的遗嘱。约翰·M. 列侬在遗嘱中写明，以其资产中价值 50 000 美元的财产设立一项信托，并指定其遗嘱执行人乔纳森·阿莫里（Jonathan Amory）和弗朗西斯·阿莫里（Francis Amory）担任受托人。受托人的职责是根据他们的最佳判断和谨慎将信托财产在充分且足够安全的情况下借贷给他人，或者投资于安全且有获利能力的证券，这些证券可以是政府公债、银行股票或者其他证券。上述投资所获收益由遗嘱人的妻子安妮·M. 列侬（Ann M' Lean）终身享有，安妮·M. 列侬去世后受托人根据信托财产的实际价值将其一半转移给哈佛大学，该部分财产所产生的收益唯一且永久地用于资助哈佛大学古代史和现代史教授，另一半则转移给马萨诸塞州综合医院作为支持该医院的一般慈善目标之用。遗嘱要求受托人在选择投资标的时应尤其谨慎和小心，并基于此种谨慎和小心按时收取信托财产所生的收益；但同时又授权受托人基于信托财产本金的安全和收益的考量而在认为有必要时可以出售这些贷款和股票，进行再投资和变换投资。

本案的焦点是受托人未将信托财产投资于安全且有获利能力的政府公债、银行股票或其他证券，而是将大部分的信托财产投资于贸易公司，从而将信托本金置于风险之中。对此，法院表示受托人的投资限定于有政府背景的政府公债和其他良好的证券的规则并不适用。一方面，那些建立在政府允诺偿还基础上的证券即政府公债相较于可用以进行投资的信托财产

---

〔1〕 29 C. F. R. § 2550. 404 a-1（b）（1985）. See also Bevis Longstreth, *Modern Investment Management and the Prudent Man Rule*, New York：Oxford University Press, 1986, p. 34.

〔2〕 See 26 Mass.（9 Pick）446, pp. 459~469（1830）.

而言数量极其有限；另一方面，政府的允诺未必就比众多谨慎的董事管理之下的私人公司的允诺和行为可靠。事实上那些由政府的允诺和信誉担保的股票，如银行股票，同样会存在巨大的价值波动。法院还进一步指出绝对安全的投资标的是不存在的，保险公司股票和制造业股票固然有风险，但银行股票也存在同样的问题。基于以上认识，法院认为绝对安全的投资是不存在的，人们只能尽力为信托财产提供安全保障，而这种安全保障则依赖于受托人的忠实和良好的判断能力。最终马萨诸塞州最高法院的普特南（Putnam）法官在判决中作出了如下表述：对于受托人投资的全部要求，就是他必须忠诚行事并进行合理的决断。他应如同谨慎、明辨且理智之人管理自己事务那样，不着重于投机，而是着重于财产的永久处置，要考虑资产可能的收益以及资本的安全性。最后法院认为，在该案中受托人执行信托事务的行为是诚实和谨慎的，达到了上述审慎的要求和标准，因而无需对信托财产的投资损失负责，由此驳回了上诉人的请求。

这是在英国被广泛使用的允许诸多投资对象的灵活的投资手法，但该判例在美国没有引起较大影响，根据多数州的制定法，信托资金的投资对象限定为固定利率的证券，即所谓的"法定名录规则"。

但是，在 20 世纪 30 年代的大萧条时期，政府债的价值暴跌，只买政府债也不安全成为现实。结果，在大萧条之后的 1940 年左右，美国各州开始广泛采用谨慎投资人规则。

（2）美国《第二次信托法重述》中的谨慎人规则。受托人的谨慎义务在受托人将信托财产运用于投资的过程中即衍生为受托人的谨慎投资义务。早在 20 世纪 50 年代，受托人负有谨慎投资义务就得到美国信托法的确认：谨慎投资义务在当时出版的一部美国权威法律著作中被称为"被要求谨慎投资的义务"（duty to invest and care required）。根据这一义务，"受托人在运用信托对财产进行投资的过程中应当按照与一个普通的人在处理自己同类事务时所具有的谨慎、勤勉和理智相同的谨慎、勤勉和理智的要求行事"。[1] 谨慎投资义务在 1959 年也得到了《第二次信托法重述》的确认。

---

[1] Francis J. Ludes, Harold J Gilbert eds., *Corpus Juris Secundum*, *volume XC*: *Trusts*, The American law Book Company, 1955, p. 320

美国《第二次信托法重述》第174条关于谨慎投资义务（duty ofcare/ duty of Prudence）的规定如下："受托人在管理信托时对领取人负有运用注意（care）和技能（skill）的义务，此种注意和技能是一个普通谨慎之人（man of ordinary peudence）在处理他自己的财产时将会运用的注意和技能；并且如果受托人具有较高的技能并因此被指定为受托人，那么他就负有运用此种较高技能的义务。"

美国《第二次信托法重述》第174条使用"一个普通谨慎之人"的概念来比照执行信托的受托人，同时设定了以"一个普通谨慎之人"在处理他自己的财产时将会运用的注意和技能作为投资行动的基准。

另外，美国《第二次信托法重述》第227条（a）规定："受托人在对信托基金进行投资的过程中对领取人负有下列义务：在法律或信托条款没有相反规定的情形下，受托人应进行且只能进行如下的投资：如同一个谨慎之人用自己的财产进行投资那样主要考虑信托财产的保存以及由此所产生的收益的数量和规律性。"

美国《第二次信托法重述》第227条的规定在语言表述上与 Harvard College v. Amory 案所确立的谨慎人规则是一致的，而且该重述在其评论中明确地指出该条所表达的规则即为马萨诸塞州首创的谨慎人规则。

在20世纪40年代废除法定名录规则的运动中，1939年康涅狄格州首先通过立法明确采纳了谨慎人规则，紧接着1940年密苏里州也通过法院判决采纳了这一规则。[1]爱荷华州在州法层面继加利福尼亚州的《遗嘱检验法》之后规定了更为详细和具代表性的美国《谨慎人投资示范法》（Model Prudent Person Investment Act）。该法一经发布，许多州纷纷放弃了原来所适用的法定名录规则而改采谨慎人规则。可以说自20世纪40年代以后，谨慎人规则这一被认为是"与特定信托状况相适应的灵活的一般规则"，在美国理论界和实务界获得了广泛的认同。[2]随着美国大多数州通过判例法或制

---

[1] See Mayo Adams Shattuck, "The Development of the Prudent Man Rule for Fiduciary Investment in the United States in the Twentieth Century", *Ohio State Law Journal*, 491, 501 (1951).

[2] See Christin V. Adkins, "Oklahoma Uniform Prudent Investor Act and Its Influence on Oklahoma Trust Investment Law", *Oklahoma City University Law Review*, 1235, 1238 (1997).

定法的方式放弃了法定名录规则而改行谨慎人规则，美国信托投资法实现了从法定名录规则向谨慎人规则的回归。谨慎人规则在与法定名录规则的交替发展和竞争中取得了完全的胜利，在美国占据绝对优势地位。

美国《谨慎人投资示范法》和美国《第二次信托法重述》在阐述谨慎人规则之时顺便提及某些被认为是适当和谨慎的投资或者不适当的和不谨慎的投资，以为受托人提供较为具体的指引，其原意在于弥合谨慎人规则与法定名录规则之间过于灵活与僵化的隔阂。但此种处理的结果是谨慎人规则在司法实践中异化为类似于法定名录规则的僵化保守的制度，最终背离了 Harvard College v. Amory 案确立谨慎人规则的初衷[1]。此外，谨慎人规则所固有的缺陷也使得其与后来的经济现实格格不入，并未能发挥其保存信托财产本金安全和可能收益的作用。正如美国学者弗拉彻（Fratcher）所指出的那样，在谨慎人规则下，法官一方面告诫受托人在管理信托财产时应如同一个谨慎之人管理自身财产那样谨慎，另一方面却不允许受托人根据 20 世纪的经济要求对信托财产作谨慎的管理，由此导致谨慎人规则与现实经济状况格格不入。[2]自 20 世纪 70 年代初开始，谨慎人规则因其局限性和适用中的异化而遭致多方的质疑与批评。总体而言，学者的共识是回归后的谨慎人规则因其存在如下几个方面的缺陷而变得不合时宜：①侧重对投资组合中的每一项投资的适当性进行单独评价，而非对整个投资组合进行整体评价；②侧重保存信托财产本金的名义价值而非维持其购买力；③完全禁止某些投资；④对某些投资提供"安全港"（即将此类投资视为本身安全的和谨慎的投资）；⑤不允许受托人将管理事务委托他人执行；⑥不允许受托人投资新的投资品种[3]。其中第①②⑤项是谨慎人规则固有的缺陷，体现其脱离现代金融理论和经济现实，而第③④⑥项则完全是法院在

---

〔1〕 See John A. Taylor, "Esquire, Massachusetts's Influence in Shaping the Prudent Investor Rule for Trusts", *Massachusetts Law Review*, 51, 55 (1993).

〔2〕 See William F. Fratcher, "Trustees'Powers Legislation", *New York University Law Review*, 627, 658~659 (1975).

〔3〕 See Jerold I. Horn, "Prudent Investment Rule, Modern Portfolio Theory, and Private Trusts: Drafting and Administration Including the 'Give-Me-Five' Unitrust", 33 *Real Property*, *Probate and Trust Journal*, 1, 7 (1998).

适用中对该规则的异化所致。

（3）美国《第三次信托法重述》中的谨慎投资人规则。尽管 ERISA 以及美国劳工部对该法的解释均未提出完整的谨慎投资人规则的制度框架，但二者均不同程度地将投资组合损失风险与收益的整体评价、投资种类多元化等现代投资组合理论的核心思想融入其中，事实上奠定了联邦立法层面的谨慎投资人规则的基础。更为重要的是，一方面，联邦立法的适用范围仅限于雇员退休基金的管理和投资，而不及于其他形式的私人信托；另一方面，采纳现代投资组合理论对谨慎人规则进行改良和修正的州不过区区十几个，大多数州仍然采用经由美国《第二次信托法重述》和法院解释后的僵化保守的谨慎人规则，甚至还有极少数州仍然停留在法定名录规则的阶段，全国性的信托投资法改革尚不存在。在此背景之下，美国法学会着手对美国《第二次信托法重述》中的谨慎人规则进行修正。1990 年 5 月，美国法学会年会通过了由加州大学伯克利分校的爱德华·C. 哈尔巴赫（Edward C. Halbach）教授担任报告人的美国《第三次信托法重述：谨慎投资人规则》，并于 1992 年正式出版从而取代美国《第二次信托法重述》中有关信托财产投资的部分。美国《第三次信托法重述：谨慎投资人规则》吸收现代投资组合理论的基本内容以及此前的联邦立法和州法中的合理成分，构建了完整的谨慎投资人规则的规范体系。

（二）分散投资义务

1. ERISA 中的分散投资义务

ERISA 第 404 条（a）（1）（C）规定："为了最大限度地降低巨大损失的风险，分散计划资产的投资。但是当不分散投资显然成为慎重的表现时，不在此限。"这是作为"投资"的一项义务，与"谨慎人规则"相辅相成。特别是从现在的谨慎投资人规则来看，它已经被认为是包含在谨慎人规则中的理所当然的义务，谨慎人规则和分散投资义务之间的关系，不存在后述谨慎人规则和法定名录规则之间的对立关系。因此，该条的但书也应灵活解释。并且该条中的"将风险降到最低"，表明并没有考虑与期待回报的关系。如果现在修改这个条文的话，会不会像美国《第三次信托法重述》中所说的那样，为了风险管理而进行合理的分散投资呢？总之，这一条文也必须根据谨慎投资人规则重新解释[1]。

此外，ERISA 在第 404 条（a）（2）中规定了不适用分散投资义务和谨慎人规则的情形，具体指合格个人账户计划（eligible individual account plan）取得、持有适格雇主有价证券（该公司股票等）及动产资产的情况。关于合格个人账户计划，ERISA 在第 407 条（d）（3）（A）以及（B）中作出了定义，简言之，计划类别包括利润分享计划、股票奖金计划、员工储蓄计划、员工持股计划以及货币分配计划，主要的投资对象是适格雇主有价证券。

2. 信托法重述中的分散投资义务

关于分散投资义务，美国《第二次信托法重述》第 228 条规定："只要信托条款没有特别规定，信托法通过使投资种类适度多样化，对领取人承担分散损失危险的义务。但根据具体情况，没有必要进行上述考虑时，不在此范围内。"该条的评论进一步阐述了分散投资的目的："受托人对数亿人负有分散投资——最小化大额损失的风险的义务，因而受托人不应当将过多的信托财产投资于特定证券或者特定类型的证券。"但是，在美国《第三次信托法重述》中，分散投资义务被规定在"谨慎投资人原则"的一般标准的第 90 条（b）中。

美国《第三次信托法重述》首先在前言中写道："风险和收益直接相关，受托人在管理信托财产时有义务进行分析并有意识地确定适合于信托目的、分配要求及其他情况的风险水平。"接着在第 90 条（a）中规定："谨慎投资人规则要求受托人运用合理的注意、技能和审慎，并且不是适用于独立的个别投资而是适用于信托投资组合之下并作为整个投资策略的一部分的投资。"此后又在第 90 条（b）中写道："在决定和实施投资时，受托人承担分散信托投资的义务，除非在这种情况下受托人不这么做。"

如上所述，分散投资义务在美国《第二次信托法重述》中独立于谨慎人规则，而在美国《第三次信托法重述》中被纳入同一条文，这是因为判例法将分散投资义务包含在谨慎投资人规则之中，以明确分散投资义务是

---

[1] 石垣修一：『エリサ法ガイド』東洋経済，62 頁。

谨慎投资人规则中的一个方面。

美国《第三次信托法重述》第90条的评论e则进一步指出,谨慎投资人规则的风险管理机制主要包括两个方面:一是对特定信托的风险承受能力和收益目标作出明智的判断;二是运用合理的注意和技能,最小化或者至少降低信托的非市场风险。前者涉及信托风险收益目标的确定,后者涉及分散化投资问题。

美国《第三次信托法重述》第90条的评论g认为:"影响经济的事件不会以同样的方式影响所有投资的价值,因而有效的分散化不仅取决于信托投资组合中资产的数量,而且还取决于这些资产对经济事件作出的反映之间相互抵消和中和的方式和程度。"

(三)遵守法律及计划规章的义务

1. ERISA 中的遵守法律及计划规章的义务

ERISA第404条(a)(1)(D)规定:"只要不与本章以及第Ⅲ章的规定相矛盾,就必须遵守运营该计划的书面规定以及计划规章。"从该条文的字面意思看,"请遵守计划规章等"的程序规定不过是对全体受信人理所当然的义务规定,但从信托法理中对"投资"的"遵守法律规章的义务"来看,就会浮现出其与投资中的"法定名录规则"的关系等问题。例如,计划在设置了"投资指导方针"的情况下如何处理两者之间的关系就会成为问题。关于该"投资指导方针",只要其不触犯谨慎人规则等其他受信人义务,其法律效果就当然是有效的。

2. 美国《第二次信托法重述》中的遵守法律及计划规章的义务

美国《第二次信托法重述》将对法律及计划规章的遵守义务规定在第227条谨慎人规则的条文中,但美国《第三次信托法重述》将其独立出来规定在第228条中。

美国《第三次信托法重述》第228条规定:"在投资信托的资产时,(a)受托人有义务对领取人遵守规定受托人投资的法律条款;(b)同时享有信托条款明示或暗示的权限;除第168条规定的情况外,受托人要对领取人承担根据指示或禁止受托人投资的信托条款的义务。"这显然是投资中的义务,美国《第三次信托法重述》将其从谨慎人规则中独立出来的条文表明，与前面所说的分散投资义务和谨慎人规则的关系相反，在某些情况下，慎重人原则可以是与其存在对立关系的原则。如条文所示，在美国《第三次信托法重述》中，关于慎重人原则的独立条文被放在了与分散投资义务和慎重人原则的关系相反的位置，该义务有时会与谨慎人规则相冲突。

3. 法定名录规则与谨慎人规则

信托财产的投资规则分为两种：一个是法定名录规则，另一个是谨慎人规则。前者被认为是英国保守主义的产物，后者则是美国自由主义的产物，但随着时代的变迁，法定名录规则逐渐被冷落，谨慎人规则逐渐得到重视。法律或规章（信托条款、计划规章）规定的"有价证券投资仅限于联邦债券""不得投资于不分红股票""债券仅限于 A 级以上"或"外国证券不得超过全部资产的一成"等投资规则，可以说是根据法定名录规则而制定的。

日本等很多国家也在试图脱离法定名录规则，但是在实务中法定名录规则比起谨慎人规则更容易受到青睐，因其能从形式上进行判断，负担较小；而谨慎人规则要求实质性的判断，同时也容易陷入主观判断的泥淖。不管怎样，谨慎人规则以基金管理的各种技术的发展和基金经理的成熟度为前提，故对投资判断提出更高的要求。

另外，法定名录规则逐渐被谨慎人规则或谨慎投资人规则所取代的观点基本上是立法上（或规章制定上）的事，这必须和解释问题分开考虑。毫无疑问，在立法上，谨慎人规则明显占据优势。也就是说，规定"对公司债券的投资仅限于 A 级以上"（以下称"例一"）的法律法规和规章越来越少，而规定"谨慎投资人会进行安全性高的投资"（以下称"例二"）的法律法规越来越多。但是二者在法律解释上却不尽相同。

假设我们可以判断投资 BBB 评级的公司债券比投资 A 评级的公司债券更有利（期待收益差远超两者风险差），但再怎么根据谨慎投资人规则，在"例一"的情形下，投资 BBB 评级公司债券的行为也不可能被正当化，此时只能等待修改法律法规或要求修改规章。但是，如果是"例二"，从解释上看，上述 BBB 评级公司债券的投资就有可能被认可[1]。

---

[1] 石垣修一：『エリサ法ガイド』東洋経済，65 頁。

（四）忠实义务

1. ERISA 中的忠实义务

ERISA 在第404条（a）（1）和（a）中作出了关于忠实义务的规定："受信人必须仅仅是为了参保人和领取人的利益，并且①向参保人和领取人支付保险金；②支出计划管理的合理费用而履行其义务。"这是从正面规定了受信人的忠实义务的一般原则，其目的是"专为参保人和领取人的利益"和"支出计划管理的合理费用"，因此被称为"排他性利益原则"（exclusive benefit rule）[1]。换言之，受信人为了自己的利益或者为了第三人的利益而行动，原则上是不被允许的，这被称为利益相反回避义务。ERISA 除了规定一般的忠实义务，还规定了将其具体化的详细的行为。也就是说，广泛地列举从表面上看有利益冲突可能性的交易类型，并在事前采取预防性的禁止[2]。另一方面，关于该禁止交易，ERISA 有根据第408条（a）"劳动部长的批准"（"个别适用除外"和"类别适用除外"）和该条（b）和（c）"法定适用除外"的规定。另外，根据个别或一定的交易类型，ERISA 规定了各种适用除外的情形。

ERISA 的忠实义务将传统上的忠实义务适用于计划的受信人之上，受信人在计划管理或年金资产管理时不是设立计划的业主，而是需对参保人和领取人承担忠实义务。

2. 信托法重述中的忠实义务和自己执行义务

以下是美国《第三次信托法重述》中规定传统忠实义务的条文。

该法第170条忠实义务（Duty of loyalty）规定："（1）受托人只为了领取人的利益，负有管理运用信托的义务。（2）受托人以自己的资金与领取人进行交易时，负有公平交易的义务，以及将受托人应当知道或应当知道的有关交易的重要事实全部告知领取人的义务。"

---

〔1〕 Langbein & Wolk, supra, note 4, p.678.

〔2〕 根据 ERISA 第406条（a）（1），除了符合 ERISA 第408条豁免规定的情况外，该制度的受领者不得使该制度发生以下利益冲突交易：①制度与利益相关人之间的买卖、交换、租赁；②制度与利益相关人之间的金钱借贷或其他信用提供；③制度与利益相关人之间的动产、劳务、设施；④制度资产向利益相关人转移或被利益相关人使用，⑤违反制度规定的第407条，取得雇主的有价证券或不动产。

这里第 170 条（1）中规定的"只为了领取人"是指，受托人的忠实义务与是否损害信托财产完全无关，只要不是为了领取人而考虑其他的事情即为违反忠实义务[1]。因此，是否违反忠实义务，从表面上看很容易判断，即只要谋求自己的利益或站在利益冲突的关系上，就会被认为是违反忠实义务，不一定需要损害的存在或证明。当受托人因此获利时，须将其利益作为不当得利而"吐"出来。

另外，美国《第三次信托法重述》在第 171 条针对忠实义务规定了可以称为亲子关系的"自己执行义务"："受托人有自行执行受托人的职务的义务，除非是谨慎人，会将其委托给他人。对于信托的管理，在决定是否委托以及委托时对谁进行怎样的委托，委托后监督受托人时，受托人作为受信人行使裁量权，对领取人承担在此种状况下按照谨慎人可能采取行动的义务。"简言之，是指"假如作为谨慎人的判断，受托人可以依据自己的裁量将事务委托给他人"，该条是对自己执行义务的缓和。美国《第二次信托法重述》第 171 条规定："受托人对于认为应该自行处理的信托事务，应对领取人负有自行执行的义务。"由此可知，美国《第三次信托法重述》对美国《第二次信托法重述》作出了比较大的修改。

3. ERISA 中的受信人和自己执行义务

谨慎投资人规则对谨慎人规则的一项重要革新是不再坚持不得委托规则，转而确立了允许委托规则。谨慎人规则严格坚持受托人亲自履行义务，原则上要求受托人亲自管理信托而不得委托他人代为执行。相反，谨慎投资人规则原则上允许受托人将信托管理事务委托他人代为执行，唯一的要求是受托人在决定是否以及如何进行委托、选择和监督代理人时应当履行注意、技能和审慎的义务。

是否将有关投资的权限委任给其他专家，假如进行委托，应委托给什么样的人，对于这一点，作为受托人，有义务作出合理的判断。这意味着，如果一个外行不得不行使投资权限，要么自己学习投资知识，要么需将权限委托给某个专家。而 ERISA 似乎并没有考虑权限的委任。[2]换言之，

---

〔1〕 樋口範雄：『フィデュシャリー〔信認〕の時代』（有斐閣、1998），210 頁。

〔2〕 石垣修一：『エリサ法ガイド』東洋経済，58 頁。

ERISA 规定的受信人裁量权不包含选择代理人的权限。根据 ERISA 第 402 条（c）（2），指定受信人被赋予任命顾问的权限，但假如仅仅是顾问的话就不能说是代理人，此时如果选任了代理人就等于是选任了新的受信人。而且信托受信人或者投资管理人的裁量权并不包括为了特定领域的投资与其签订投资顾问合同的内容。ERISA 规定除非是指定受信人以及基于该法第 405 条（c）（1）任命的受信人可以选任顾问，假如是除上述情况外选任的顾问就应当视其为受信人，此时选任这一顾问的信托受信人和投资管理人就属于超出裁量权范围。[1]

（五）受信人违反义务的责任

ERISA 第 409 条规定了受信人违反义务的责任："（1）当计划的受信人在违反本章规定的责任、职责或义务的情况下，因违反该计划而遭受的损失必须由个人进行赔偿。此外，受信人通过使用计划资产而获得的利益，必须返还给计划。此外，法院认为应当适用的衡平法上的措施或其他纠正措施也必须遵守，其中包括对其受信人的解聘。另外，受信人也会因违反本法第 411 条而被解除职务。（2）如果违反了本章规定的义务是在成为受信人之前或者卸任受信人之后发生的，则该受信人不承担责任。"

由此可见，该条规定了赔偿损失、返还利益、衡平法上的措施其他纠正措施（包括解雇受信人）、违反 ERISA 第 411 条规定的解雇（因成为犯罪者而被解雇）等救济措施。比起信托法明确救济是"衡平法上的救济"的做法，ERISA 则在第 409 条前款中明确记载该救济为"普通法的救济"，即"损害赔偿"，并规定了相当广泛的救济措施。关于该条规定，美国最高法院表示："ERISA 第 409 条（a）是为了保护计划而设定的，损害的填补或恢复不应属于参保人或领取人个人。"[2]

此外，ERISA 针对诉讼的救济方法规定了第 502 条（a）（1）（B）、第 502 条（a）（2）和 502 条（a）（3）的救济。其中，第 502 条（a）（1）（B）和第 502 条（a）（3）是对"参保人或领取人"的救济，而第 502 条

---

〔1〕 石垣修一：『エリサ法ガイド』東洋経済，59 頁。

〔2〕 Massachusetts Mut. Life Ins. Co. v. Russel 473U. S. 134（1985）；石垣修一：『エリサ法ガイド』東洋経済，203 頁。

（a）（2）仅限于对"计划"的救济。

相关条文如下：

第502条（a）（1）（B）：参保人或领取人为了恢复根据计划规定应支付的给付，为了强制执行根据计划所规定的权利，或者根据计划规定明确其将来的权利，可以提起民事诉讼。

第502条（a）（2）：根据第409条，可由劳动部长或参保人、领取人、受信人提起适当的救济。

第502条（a）（3）：投保人、领取人或受信人

1. 命令停止违反本款条款或计划规定的行为或惯例；

2. 为了获得其他适当的衡平法救济，

（ⅰ）为了从该违反中获得救济，

（ⅱ）为了强制执行本款的条款或计划规定。

第502条（a）（1）（B）是参保人或领取人要求恢复给付的诉讼，其前提是该权利存在（受益权）。

第502条（a）（2）是对受信人违反行为（第409条）的"计划救济"，即使参保人或领取人提起诉讼，也是为计划而提起的诉讼，属于代表诉讼形式，其救济措施是损害赔偿及衡平法上的救济。

第502条（a）（3）是对于受信人的违反行为针对"参保人或领取人的救济"，非受信人的违反行为的"计划救济"及"参保人或领取人的救济"规定，因救济措施限于衡平法上的救济，因此，损害赔偿得不到支持。

综上，ERISA不仅针对计划进行救济，还通过诉讼来救济参保人和领取人。

（六）ERISA和受托人责任

1. 引入信义义务的优点

该法之所以规定信义义务，是为了将计划资产信托化，从而彻底保护受领权。美国民众对于信义义务比较熟悉，容易达成共识，因此引入受托人责任有很大的好处。首先，ERISA吸收了信义义务即信托法理，因此没有必要制定详细的内容。极端地讲，只要规定"一切遵照信托法"这一条就

足够了。信托法作为判例法，以充实的判例为基础，而且受托人责任这一思维方式已经渗透到美国社会的方方面面。

因此，ERISA 虽然只列举了五项受信人义务，但信托法中列举的所有义务，基本上都由 ERISA 中的受信者承担。例如，违反信托法上的"分别管理义务、表示义务"，在 ERISA 中被认为违反了谨慎人规则。而且，这一做法在实务中也有诸多好处。例如，在进行计划规章的制定和修订的工作时，包括 ERISA 制定之前，应该有很多基于受托人责任的典范性计划资产运营计划，从中不难找到可供参考的标准模型。再加上信托法的判例丰富，可以预测引起诉讼的问题点，作出事前事后的对策也变得容易。

2. 植入信义义务时的问题点

（1）ERISA 的强制性规范。ERISA 属于养老金法的范畴，并非私法。因此，信义义务的植入这一问题直接关系到"受信人义务是任意性规定还是强制性规定"的问题，与是否可以根据计划规定来减轻受信人义务的问题相关。针对这一问题，ERISA 第 410 条（A）作出明确表示："对本款规定的责任或义务中以免责为目的的合意或约定，因违反公序良俗（public policy）而导致无效。"由此可知，ERISA 通过条文明确了受信人义务为强制性规定，不得通过约定来减轻。[1]

（2）突破资产运营范围的信义义务的引入。信托法理即信义义务的引入范围极为广泛。如果 ERISA 的立法宗旨是信托化，那么只要将计划资产信托化就可以了。但由于信义义务被扩展到整个计划运营，因此存在受托人范畴扩大解释的余地，也包含了受托人的职务和义务之间的不匹配等问题。在 ERISA 上的典型计划中，受信人的职务是立体的三层结构。因此，受信人的职务有差别，所需的注意力能力和专业知识也不同。职务有差距，但仅仅因为都是受信人，要求的义务都一律相同的话，就不一定公平。因此，ERISA 为了修改这一点，在对共同受信人违反义务的其他受信人的责任上，将受信人分为一般受信人、信托受信人、指定受信人，从而规定了共同责任的有无。但是，即使这样也无法消除不彻底的感觉。信托法中共同

---

〔1〕 石垣修一:『エリサ法ガイド』東洋経済，51 頁。

受托人之间的关系，原本是以具有相同注意能力和专业知识的同事之间的关系为前提的，可以说是平面的，因此无论是权限、职务、义务还是责任，都比较容易划分。然而，ERISA 中的共同受信人之间的关系并非这种平面关系，而是多层次、立体化的关系。[1]

第四节　日本受托人责任的传统论

ERISA 将忠实义务、谨慎人规则、分散投资义务、遵守法律及计划规章的义务明确规定为受信人的义务，其判例还规定"包括信托法上的受托人义务"。此外，ERISA 还规定了禁止交易义务（第 406 条等）。在这些义务中，受信人义务的核心始终是忠实义务和谨慎人规则，其他的义务可被视为是由此派生出来的具体义务。

另外，类似 ERISA 规定的以保护领取权为目的的信义义务，是在英美经过多年发展已经成熟并正在广泛适用的概念。而日本也曾经探讨过在现有的日本法律体系中应该如何继受信义义务的概念，这一学术上的讨论对中国同样具有借鉴意义。本节以日本证券投资顾问业协会在 2000 年 10 月成立的"投资顾问业者的注意义务研究会"发布的报告书[2]为中心进行分析。

一、关于信义义务、善管注意义务和注意义务

英美法上的信义义务（fiduciary duty），可以派生出各种各样的义务，应该说是"义务的源泉"的一类概括性的规范，[3]指一方当事人（受益人）依赖于另一方当事人（受托人）的关系，即信任关系所产生的义务。[4]因此，这一义务承载着契约关系上的法律义务和专家的职业道德义务。

---

〔1〕 石垣修一：『エリサ法ガイド』東洋経済，52 頁。

〔2〕 2002 年 8 月 8 日，日本以社团法人日本证券投资顾问业协会·全权投资委托公司的表决权等股东权行使相关的诸问题的研究为目的，设立了议决权等股东权行使研究会，并以研究会为基础制作发表题为《关于全权投资委托公司的表决权等股东权的行使》的报告书。

〔3〕 行澤一人：「投資家保護と法の問題点」，載蝋山昌一 ［編］：『投資信託と資産運用』(1999)，84 頁。

〔4〕 樋口範雄：『フィデュシャリー〔信認〕の時代』（有斐閣、1998）。

与此同时，善管注意义务在历史上很明显地源自德国民法、法国民法等大陆法系国家的民法。日本从明治时代（19世纪60年代至20世纪10年代）就开始采用这个概念，对于善管注意义务的定义传统的理解是"作为善良的管理人应尽到的注意的义务，是指根据行为人的职业和社会地位，通常应尽所期待程度的注意义务"。传统意义上的"善管注意义务"是指在履行该义务时"应尽的注意程度"的概念，并不是指采取某种行为的义务。[1]另外，善管注意义务是指"客观上根据交易的一般观念被认定为相当于管理者的人在其具体情况下应该使用的程度的注意"。报告书中的"注意义务"是以对等当事人之间的交易为前提的概念，是注意程度的问题，并不是作为引出"新的"行为的概念来理解的。[2]因此，"注意义务"不能被简单地理解为"应尽注意的义务"，问题是能否将其假设为附加的义务。如果以包含这些义务的形式来讨论注意义务的扩展或外延，那就是对传统"注意义务论"的现代修正，在某种意义上，这或许就是在讨论信义义务。[3]报告书就两者的关系指出："仅凭委任合同中的注意义务，不足以说明作为投资顾问业者的职责，根据情况需要给予很多特别的关怀……我们应该明白，所谓要求最高程度的注意或诚实的状况，主要是指英美法中所说的要求履行信义义务的状况。"

二、专家责任——传统的专业注意义务论

关于专家应尽的注意义务的程度、水准，一般理解为"精通法律及实务中该领域的标准的专家所要求的程度的注意义务"，但从上述注意义务的标准来看，该注意义务的具体内容应综合考虑该专业人员的种类、对该业务的一般期待水平、该委任合同的内容及签订过程、委托人的社会地位和知识程度等因素来决定。更进一步说，所要求的注意义务的程度会随着时代的变迁而变化。

就资产运营的专业人士的注意义务而言，从以往的专家责任的讨论来

---

〔1〕 参见社团法人日本证券投资顾问业协会官网：http://jsiaa.mediagalaxy.ne.jp.
〔2〕 参见社团法人日本证券投资顾问业协会官网：http://jsiaa.mediagalaxy.ne.jp.
〔3〕 参见社团法人日本证券投资顾问业协会官网：http://jsiaa.mediagalaxy.ne.jp.

看，这与律师、司法代书人、税务师等基本依靠个人力量的"师"业不同。资产运营主要是以法人为主体，可能涉及监查体制的构建等组织的注意义务问题。另外，在通常情况下必须考虑契约相对人背后的实质的最终效果归属方的利益，这一点也与"师"业有差异。虽然以往的专家责任论也适用于资产运营的专业人士，但由于其独特性，他们必须承担与以往不同的"高度注意义务"。

这里的独特性之一是作为资产运营的专业人士，承担着"高度的注意义务"。"高度的注意义务"不仅指义务程度高的情况，还包括应尽善管注意义务的事项范围扩大的方面。另一个是肩负着发展证券市场、确保证券市场的公正性、保护投资者等使命。

三、注意义务和忠实义务的关系

（1）公司法的情况。关于日本《公司法》中董事的"善管注意义务"与该法第 355 条、第 356 条规定的忠实义务之间的关系，目前存在争议。日本《公司法》第 355 条规定："董事必须遵守法令、章程及股东大会的决议，为股份公司忠实履行其职务。"

学说上，日本《公司法》第 355 条、第 356 条的规定采取了英美法中对"忠实义务"的思考方式，忠实义务作为区别于善管注意义务的概念，具体而言，指为"他人利益"工作的人，当自己或第三人的利益与他人的利益发生冲突时，负有必须优先考虑这一"他人利益"的义务（所谓异质说）。

但是大法官在最高法院昭和 45 年（1970 年）6 月 24 日大法庭判决（八幡制铁政治献金事件）中指出："董事的忠实义务是对善管注意义务的衍生，并且只是进一步加以明确，而不是规定了与通常的委任关系所产生的善管注意义务不同的独立的义务。"（所谓同质说）。但是，从同质说的立场来看，善管注意义务中也包含禁止利益冲突的"忠实义务"的要素，在这个意义上，也可以说两种学说没有质的区别。

（2）其他忠实义务和注意义务。过去，有关忠实义务和注意义务的法规计划存在各种问题。例如，关于厚生年金基金的理事，现行的日本《厚生年金保险法》虽然规定了理事对基金的忠实义务（该法第 120 条第 2

项），但并没有规定理事对基金的善管注意义务。另外，相关规定也要求证券投资顾问公司和商品投资顾问公司对顾客负忠实义务，但没有规定要求其负善管注意义务（有价证券投资顾问的核行业的规章计划等相关法律21条，商品投资的核事业的规制法律41条。日本《不动产特定共同事业法》第14条第1项）。但是，2007年9月实行的旨在跨界化、包容性的日本《金融商品交易法》（以下简称《金商法》）对注意义务作出了规定。

四、对英美受托人责任概念的继承

在日本法律中，关于受托人责任的继承方法，学界曾有过热烈的讨论，形成以下学说。有观点认为即使在委任合同的框架中，在该合同发挥类似信托的功能时，信托法所具有的各种特性也可以规范该合同，在此前提下，应该将民法和信托法一并整合，作为私法的一环来理解。这种观点在民法上具有连续性，通过引入民法的体系，试图在日本私法体系中找到受托人责任的一席之地[1]。有学者提出美国法将信托区别于契约的立法宗旨的本质是忠实义务和防止利益冲突，主张这种区别也需要在日本法中发挥应有的功用。[2]还有学者强调今天的委任契约具有各种特性，在现代社会的需求中，其功能分化大致有如下三个方向：①作为回应义务升级要求的信任义务关系；②作为替代社会保障制度的附监督的委任关系，如意定监护制度等；③作为回应组织扩大要求的类似事务处理的委任合同，如NPO（非营利组织）等。其中，"投资顾问业者的注意义务研究会"的报告书将注意义务视为委任合同上的善管注意义务，同时提取受托人责任即信义义务内容中忠实义务的意义，并且在解释善管注意义务时引入忠实义务的意义加以解读。[3]

关于这一点，上村教授认为美国对受托人责任背后的信义义务概念的理解有关于公序良俗的观点，也有认为是契约的见解。不过，将现有的多

---

〔1〕 行澤一人：「投資資金運用機関の投資判断における信認義務」，信託法研究第27号，59頁。

〔2〕 樋口範雄：「フィデュシャリ－［信認］の時代-信託と契約-」（有斐閣、1999年），250~251頁。

〔3〕 参见社团法人日本证券投资顾问业协会官网：http://jsiaa.mediagalaxy.ne.jp。

变的流动性的概念作为静态论植入日本法体系时，首先要假设受托人责任中最严格的"原型"，即在委托人完全没有判断能力的情况下，将一定的事务全权委托给他人的情形。此时如上所述，首先，针对可证明受托人诚实的证据，采取一定的行为，如分别管理、诚实报告等。但如果没有可加以证明的外在证据，就应认定其违反了受托人责任。其次，受托人不能与委托人进行交易，因为这涉及利益冲突。尽管如此，在进行交易的情况下，要对委托人承担无过错的结果责任。最后，受托人通过这种行为获得的利益要无条件返还。[1]

现实中除了这一最严格的"原型"还有诸多种变型，需要在原型的基础上加以应用。[2]

五、年金相关法中的受托人责任

日本年金的相关法律，特别是企业年金制度方面的法律中并没有作为总括性的法律，因此也没有关于受托人责任的一般规定，"受托人责任"这一用语甚至没有出现在条文中。但是，各法律分别规定了类似受托人的义务和责任。英美法中的信义义务即受托人责任的具体义务包括忠实义务、注意义务、自己执行义务、分别管理义务等。其中，忠实义务和注意义务是核心义务，其他义务是从前两个义务中派生出来的义务。因此，本书在后文探讨中将受托人责任分为忠实义务和注意义务，第四章将在上述理论的基础上，对具体的法律进行探讨。

---

〔1〕 上村達男：「投資顧問業者の注意義務研究会報告書の意義」，金融法務事情 1625 号（2001 年），19 頁参照。

〔2〕 上村達男：「投資顧問業者の注意義務研究会報告書の意義」，金融法務事情 1625 号（2001 年），19 頁参照。

日本年金基金的受托人责任

本章对日本 2006 年设立的年金公积金管理运用独立行政法人（GPIF）的治理及受托人责任，以及厚生年金基金的治理和受托人责任、作为企业年金的待遇确定型年金、缴费确定型年金的治理和受托人责任分别进行了考察。

一、GPIF 的受托人责任

（一）GPIF 的治理

1. GPIF 的委托人

厚生劳动大臣是 GPIF 的委托人，作为监督长官，其同时也是上司。而且，与普通基金存在多个客户相比，GPIF 仅以厚生劳动大臣及国民为唯一的委托人[1]。

2. 包括"中期目标"和"基本投资组合"在内的"中期计划"

（1）中期目标和中期计划。与所有独立行政法人一样，GPIF 的主管大臣，也就是厚生劳动大臣制定"中期目标"，但制定的中期目标将由运用委员会审议，这是运用委员会最重要的权限［《年金公积金管理运用独立行政法人法》（以下简称"GPIF 法"）第 15 条第 2 款之二］。中期目标中的"基本投资组合"作为 GPIF 运用方针的核心内容，由运用委员会依权限和义务来制定。[2] 基于此，GPIF 制定在年金资金运用基金中由厚生劳动大臣制作的包含运用基本方针在内的"中期计划"（GPIF 法第 20 条），之后再

---

〔1〕 小幡績：「GPIF 世界最大の機関投資家」（東洋経済新報社、2015），32 頁。
〔2〕 小幡績：「GPIF 世界最大の機関投資家」（東洋経済新報社、2015），45 頁。

由运用委员会进行相关讨论（GPIF 法第 15 条），但是包括基本投资组合在内的中期计划最终由理事长决定，而不是通过运用委员会的决议来决定[1]。中期目标和中期计划通常 5 年制定一次。

（2）安全且有效的运营和运用目标收益率。有关公积金的运用方式的法律规定："公积金的运用专为被保险人的利益而进行长期投资，并且安全且有效率地进行。"（GPIF 法第 21 条）因此，中期目标也设定了"确定以安全、高效、可靠为宗旨的资产构成比例，并以此为基础进行管理"的运用目标（GPIF 法第 20 条）。有关法律规定了"安全且有效率"的运营，这里的"安全"并不是指追求最大限度的回报，而是指基本回避风险，将风险控制在最低限度，即"与国债持平的风险"；"有效率"指的是分散投资。

运用目标收益率是将"安全且有效的运用目标"设为具体的数值的结果，并根据规定的运用目标收益率，决定年金支付水平和年金保险费率。因运用目标收益率起到了检验养老金财政健全性的作用，因此至关重要。但从制定的过程来看，这一计算数值由厚生劳动省负责，并由外部有识之士组成审议会对这一数字进行进一步验证。

关于养老金运用，长期国债的收益率是最重要的，实际长期利率是指用国债利息的名义值（指实际值）减去物价上升率所得的资本市场的数值。与此同时，利润率是实际经济的数字，实际经济中资本的回报称为利润，资本的利润率［GDP（国内生产总值）–劳动分配率/资本的总额］理论上应该与作为金融市场数字的实际长期利率一致。[2]

另外，养老金财政有"入"和"出"两大块。"入"是指保险费，由保险费率和工资总额这两部分相乘来决定。因此，工资的上涨率很重要，而且名义值很重要。"出"是指养老金支付率，对于养老金已经拿到手的人来说，支付金额是不变的。在此基础上进行物价调整，故物价上升率很重要。对于开始领取养老金的人来说，养老金领取水平与工资水平挂钩。因此，工资水平而且是名义工资很重要。总之，除了人口动态，还需要考虑名义工资水平、劳动力率和物价水平。如果工资上涨，"收入"就会相应增

---

〔1〕 小幡績：「GPIF 世界最大の機関投資家」（東洋経済新報社、2015），45 頁。
〔2〕 小幡績：「GPIF 世界最大の機関投資家」（東洋経済新報社、2015），59 頁。

加，但同时"支出"也会增加，所以如果不能很好地填补"支出"增加的部分，财政就会变得困难。在日本的公共养老金中，工资是货币单位。[1]

运用收益率是实际长期利率加上分散投资效果的结果，但必须超过工资上涨率。对于管理整个养老金制度的厚生劳动省来说，这是最重要的运用目标。

为了用公式来表示这一点，通常根据经济理论制作实际经济的模型，推算经济的长期状况。故可根据实际经济的模型推算出实际长期利率。并根据长期统计推算名义利率，即未来实际长期利率+分散投资效果+物价上涨率。

由于名义工资上升率=实际GDP÷被用人数+物价上升率，因此实际运用收益率=名义运用上升率-名义工资上升率=实际长期利率+分散投资效果-（实际GDP÷被用人数）。但这个数字是为了验证养老金的长期可持续性而假设的长期（100年）运用收益率，不是实际的运用收益率，也不是目标。此即养老金的财政健康状况。[2]

从这个公式可以看出，如果实际长期利率不上升，就无法获得运用收益率。[3]而且养老金的运营以实际长期利率今后上升为前提进行运营，故技术层面的问题最大。[4]但是，养老金制度所要求的"安全且高效"的基本理念，与中期目标中的"目标收益率"常常矛盾。[5]

3. 董事长、董事和运用委员会、投资委员会

理事长和运用委员都被任命为厚生劳动大臣。

理事长下设有1名理事以作辅佐，另有2名监事（GPIF法第7条第1项）。要说为什么有一名理事，是因为GPIF的设立旨在消除官僚的降落伞，即废除、整理与政治家和业界相勾结的特殊法人；消除浪费，即从政治、政府中独立，提高透明性，集中精力消除浪费。[6]

---

[1] 小幡績：「GPIF 世界最大の機関投資家」（東洋経済新報社、2015），76頁。
[2] 小幡績：「GPIF 世界最大の機関投資家」（東洋経済新報社、2015），75頁。
[3] 小幡績：「GPIF 世界最大の機関投資家」（東洋経済新報社、2015），108頁。
[4] 小幡績：「GPIF 世界最大の機関投資家」（東洋経済新報社、2015），107頁。
[5] 小幡績：「GPIF 世界最大の機関投資家」（東洋経済新報社、2015），97頁。
[6] 小幡績：「GPIF 世界最大の機関投資家」（東洋経済新報社、2015），43頁。

运用委员会由 11 人以内的委员组成（GPIF 法第 16 条）。运用委员类似于社外董事，由运用委员所组成的会议就是运用委员会。有人指出这有点像董事会，区别在于理事和理事长、运用委员会和运用委员的关系不同。[1]运用委员会有权讨论厚生劳动大臣制定的基本投资组合的权利和义务内容，但最终决定权在于理事长。[2]

另外还有投资委员会，投资委员会是投资的最高决策机构，其除了管理与投资相关的流程，还对实施的个别投资案件进行判断。与之相比，运用委员会的职责是对大框架进行讨论，以过程管理为中心进行监督。在厚生劳动省的审议会上，对养老金进行财政验证时的经济前提研究委员会也会对分散投资的效果进行估算，但这是中立的计算妥当的分散投资效果，而运用委员会是为了在规定的风险中获得最大的回报而绞尽脑汁的机构。[3]

4. 运营机构

作为 GPIF 的心脏，运营机构根据一定的标准选择好的基金进行投资，并且对国内债券、国内股票、外国债券及外国股票等相当于储备的短期资产的类别进行分散投资。

对运营机构来说，最重要的是基本投资组合。从年金公积金的运用来源来看，从交给资金运营部开始就是以国债为中心，年金福利事业团的运用也是通过借入财投资金进行的，公共年金的自主运用也以国债为基础。另外，随着资金运营部的废除，财投债融资通过发行财投债来筹集资金，而 GPIF 就是从接受财投债开始运营的。而且，从金融理论上讲，分散投资的效果也是以国债为基础进行计算的。因此，运营需要以国债为基础，力求分散投资的效果。具言之，从国内债券 100% 出发，以分散效果的有效高回报为目标，而这一目标是通过有效的投资组合，以及中期计划确定的基本投资组合来具体实现的。

这里的问题是：一方面，市场按照市场的逻辑运行；另一方面，作为

---

[1] 小幡績：「GPIF 世界最大の機関投資家」（東洋経済新報社、2015），39 頁。
[2] 小幡績：「GPIF 世界最大の機関投資家」（東洋経済新報社、2015），41 頁。
[3] 小幡績：「GPIF 世界最大の機関投資家」（東洋経済新報社、2015），42 頁。

验证养老金的长期可持续性的中期目标，是在 100 年的时间内所假设的"目标收益率"，不是运营的实际收益率，而这个数字从市场的角度来看是无法实现的、是理想的目标，也是让人混乱的目标。

（二）GPIF 法的规定

2004 年制定的 GPIF 法鉴于公共养老金运用的重要性，完善了相关人员的职责和义务的规定。该法对养老金制度内部人员的受托人责任和运用机构的受托人责任作出了规定，以下将概述相关的主要规定。

1. 年金机构内部人员的受托人责任

（1）GPIF 法的目的。GPIF 法第 3 条规定："根据《厚生年金保险法》及《国民年金法》的规定，对厚生劳动大臣委托的公积金进行管理及运用，并将其收益上缴国库，旨在利于行业稳定运营。"

（2）制定中期计划时的"专业知识"和其他考虑。在决定有关公积金运用的基本方针、从长期的观点出发的资产构成相关事项以及其他事项时，应考虑"一般被认可的专业知识"和"国内外经济动向"。同时，应注意"养老金公积金的运用"对市场及其他市场经济活动的影响，以"安全可靠"为基本原则，分散投资，并且必须符合日本《厚生年金保险法》第 79 条之二及日本《国民年金法》第 75 条的目的。在行政活动中，很多情况下需要考虑专业知识，但此处规定这是一种义务。[1]

（3）有关理事长等管理运用业务的专家的慎重的注意义务、忠实义务以及禁止行为。GPIF 法第 11 条规定了理事长等有关管理运用业务的"专家的慎重的注意义务"，其中提出需要特别注意"年金公积金是从厚生年金保险及国民年金的被保险人处收取的保险费的一部分，并且是将来支付的重要财源"，为管理运用必须"慎重且细心地""竭尽全力"地执行该职务，在执行管理运用业务时"根据具有一般专业知识并做出慎重判断的人在同样的情况下必须给予相应的注意，必须遵守法律、业务方法书等规则，为该人而忠实地履行其职责"。

---

〔1〕 土浪修：「年金法制における運用機関の受託者責任と生命保険会社——「年金 3 法」の受託者責任規定と最近の米国エリサ法判決—」，ニッセイ基礎研「所報」119 巻（通巻第 19 号）（2001），89 頁。

（4）GPIF 高级管理人员和职员的保密义务。除此之外，GPIF 法第 13 条规定了 GPIF 的董事和职员的保密义务，第 14 条规定根据法律规定将其视为从事公务的人员，并适用刑法及其他罚则的规定。日本《国家公务员法》对相关人员规定了保密义务（日本《国家公务员法》第 100 条第 1 项）和惩戒处分（日本《国家公务员法》第 82 条第 1 项），但 GPIF 的高级管理人员和职员还存在禁止"盗用"的情形，违反义务就必须受到处分，其罚则比其他公务人员更重。

（5）对理事长的监督。理事长违反义务的，需承担相应责任。厚生劳动大臣拥有对理事长的人事决定权（GPIF 法第 17 条）。另外，GPIF 在业务开始时，拟定制裁规程，并向厚生劳动大臣申报并公布。当理事长违反义务时，按照制裁规程，对相关人员处以解雇、停职、减薪或谴责处分，并附加其他制裁（GPIF 法第 23 条）。

2. 运营机构的受托人责任

GPIF 根据业务方法书的规定，可以委托金融机关及其他法律法规规定的法人管理及运用公积金业务的一部分（GPIF 法第 19 条）。因此，"管理运用法人为了管理及运用年金公积金，在签订'信托、投资全权委托或人寿保险'合同时，在该合同中应规定，该合同的相对人应履行慎重的专家的注意义务，同时遵守法律及与管理运用法人签订的合同及其他规程，并为了管理运用法人，必须忠实地履行该职务"（GPIF 法第 22 条）。该条规定了运营机构（具体来说是信托银行、人寿保险公司以及投资顾问公司）的义务，而这一义务不论业务形态如何都同样适用。具言之，其前半部分与理事长相同，规定了慎重的专家的注意义务，而后半部分则规定了忠实义务。

在这种情况下，不是直接通过法律规定运营机构的义务，而是通过在与运营机构签订的合同中约定相应义务的方式间接规定运营机构的受托人责任。在对合同内容进行法定时，可以参考《受托人责任手册（运营机构编）》中所采用的《通过合同明确受托人责任》。另外，如果运营机构违反了义务，与是否违反该运营机构相关的合同法和业务无关，GPIF 可以根据合同追究其相应责任。另外，运营机构的运营应符合 GPIF 的宗旨，即"有助于厚生年金保险事业及国民年金事业的稳定发展"。

二、厚生年金基金和受托人的责任

（一）厚生年金基金的治理〔1〕

1. 基金的构成

基金由适用事业所的雇主及其适用事业所使用的被保险人组成（日本《厚生年金保险法》第 107 条）。基金财产由参保人及参保人的雇主各负担一半（日本《厚生年金保险法》第 139 条第 1 款），但根据规章的规定设立事业所的雇主所缴纳保险费的负担比例可相应增加（日本《厚生年金保险法》第 139 条第 2 款）。实际上这是由雇主负担缴费并向参保人支付养老保险待遇。〔2〕

2. 代议员大会

代议员大会是基金的基本议事决定机关，负责规章的变更和预算的批准等（日本《厚生年金保险法》第 118 条）。代议员定额为偶数，由企业和参保人各选任一半（日本《厚生年金保险法》第 117 条第 3 款）。

3. 理事及理事会和"运用基本方针""政策性资产构成比例"

理事接受基金的委托组成理事会，在理事会上对管理运用业务的执行作出决策，由理事长执行（日本《厚生年金保险法》第 120 条）。从理事的构成来看，理事虽然由代议员会议选出，但是是由雇主代表的代议员和参保人代表的代议员以互选的方式各选出相同的人数（日本《厚生年金保险法》第 119 条第 2 款）。据悉，作为基金代表的理事长将从雇主方理事中选出（日本《厚生年金保险法》第 119 条第 3 款）。

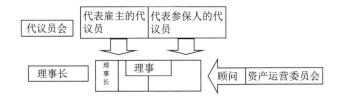

---

〔1〕　因 2023 年日本在对《厚生年金保险法》中的厚生年金基金进行部分删除的同时，对其《厚生年金基金规则》也作出了修改，故该部分法律以 2023 年修改以前的内容为依据（相关说明见本书第 45 页正文）。

〔2〕　若杉敬明：「年金資産運用と受託者責任－年金に期待する株式市場の近代化」，資本市場 144 号（1997），6 頁。

理事长等人决定运用基本方针（日本《厚生年金保险法》第 136 条之 4），并决定其中政策性资产构成比例（日本《厚生年金基金规则》第 41 条之 2）。换言之，即预测经济整体的环境和运用环境，拟定基金独自的运用方针。按投资组合理论来说，就是基金应该决定追求什么样的风险和回报。

到 1998 年 12 月为止，在 5∶3∶3∶2 的运营限制下，与基金的风险承受能力和风险容忍度无关，基本上是根据运营限制，通过资产组合来进行运营。而在 1998 年以后，则根据基金"风险容忍度"的主要因素，即基金"成熟度"、企业的风险承担能力、经营状况以及追加出资能力，来决定与基金相匹配的风险回报目标，并决定实现该目标的资产构成比例，而决定这一资产构成比例就是理事会的职责。[1]

决定这样的政策性资产构成比例，需要专业的知识和能力。运营公共年金的 GPIF 中设有投资专门委员（3 人以内），他们是经济、金融等方面的专家，在审议有关管理运用业务的事项时必须出席理事会（GPIF 法第 17 条），由此建立了以此来确保法人专业性的机制。与此不同的是，厚生年金基金的理事不一定都是资产运营方面的专家。基金以企业为单位组成，理事从代议员中选出，这就意味着基金并不是运用专家，而是因为企业储存了与劳动者管理有关的信息。[2]并且《受托人责任指南》明确规定了关于投资理论和资产运营相关制度等的"自我钻研义务"，可见大部分都是资产运营的外行。[3]

4. 资产运营委员会监事

资产运营委员会由参保人、雇主或理事会，以及外部有学识、有经验的人组成，并向理事会提供咨询建议。另外，资产运营委员会会在代表参保人的代议员大会上通过理事会决定的事项。厚生年金基金的治理虽没有运营规制，但设立了辅佐理事长等人的资产运营委员会，并且为了理事会能适当地执行职务，须向资产运营委员会报告并由资产运营委员会对此发

---

〔1〕 若杉敬明：「年金資産運用と受託者責任——年金に期待する株式市場の近代化」，資本市場 144 号（1997），9 頁。

〔2〕 上村達男：「問うべきはAIJの受託者責任」産経ニュース（2012/3/14）参照。

〔3〕 樋口範雄：「受託者責任とAIJ 事件」NBL976 号（2012）参照。

表意见，而理事会也会派人出席资产运营委员会的会议。[1]

5. 运营机构

根据日本《厚生年金保险法》第 136 条第 3 款第 1 项至第 3 项的规定，年金公积金将资金的运营委托给信托银行、人寿保险公司或投资顾问公司。

（二）原厚生省制定《受托人责任指南》

1996 年 8 月至 1997 年 3 月期间，原厚生省年金运用指导科召开了“关于厚生省年金基金资产运营的受托人责任指南研究会”，制作了报告书并于 1997 年 3 月末公布。

（三）日本《厚生年金保险法》及《受托人责任指南》中有关厚生年金基金的理事等资产运营的受托人责任

厚生年金基金适用 1954 年制定的日本《厚生年金保险法》及部分相关法律法规的规制，同时，根据原厚生省制定的《受托人责任指南》，理事承担以下义务和受托人责任。

1. 日本《厚生年金保险法》的目的

该法的制定目的是“当劳动者遇到老龄、残疾或死亡时支付保险待遇，为劳动者及其遗属的生活安定和福利的提高作出贡献”。

2. 理事的注意义务

日本《厚生年金保险法》没有规定理事对基金的善管注意义务，但是日本《受托人责任指南》明确规定了基于委任、适用或类推适用日本《民法》第 644 条的规定，受托人负有善管注意义务。日本《民法》的规定虽然是任意规定，但从日本《厚生年金保险法》的忠实义务以及其他各种规定来看，理事对基金所负的注意义务不能以特别约定的形式减轻或免除。[2]

如前所述，理事由雇主代表的代议员和参保人代表的代议员以互选的方式选出，原本就不要求具有专业性，基本运用方针的拟定和运营机关选任和监督所需的专业知识也可以通过运营顾问来补充，资产的运营也有义

---

[1] 若杉敬明：「年金資産運用と受託者責任——年金に期待する株式市場の近代化」，資本市場 144 号（1997），14 頁。

[2] 神田秀樹：「厚生年金基金の受託者責任ガイドライン」，ジュリスト 1128 号（1998），31 頁。

务委托给专业运营机构（日本《厚生年金保险法》第 136 条之 3 第 1~3
款）。因此理事有关专业性的内容与运营机构不同，但还是应要求其负有一
定程度的注意义务。[1]

3. 理事的忠实义务和禁止行为

理事应遵守法律法规、规章及代议员大会的决议，"为基金"忠实地履
行其职务（日本《厚生年金保险法》第 120 条第 2 款），为了使忠实义务具
体化，日本《厚生年金保险法》在第 120 条第 3 款第 1 项中作了一般规定，
日本《厚生年金基金规则》第 64 条第 2 款之后又进行了具体规定。并且，
日本《厚生年金保险法》还对实施禁止行为的理事的解聘作出了规定（日
本《厚生年金保险法》第 120 条第 3 款第 2 项）。

4. 理事有选任和监督受托运营机构的义务

具体来说，根据确定的运营方针和资产构成比例，决定各自交给怎样
的运营机构，是年金基金理事或理事会的重要决策内容。依据定性评价和
定量评价两种评价方法，综合判断哪个运营机构能够胜任基金的运营，然
后筛选出该受托机构。并且至少每季度要以市价掌握全体基金的资产构成
比例（日本《厚生年金基金规则》第 41 条第 2 款）。理事负有选任和监督
受托运营机构的义务。

在决定运营基本方针、政策性资产构成比例，选择运营机构时，理事
也需要具备专业的知识和能力，但可以参考作为专业机构的运营顾问的绩
效评价和运营机构评价等作出选择。[2]

因此，运营机构的受托人责任分别适用信托法、信托业法、金融商品
交易法、保险业法。但是，作为厚生年金基金的运营机关应该首先应根据
日本《厚生年金保险法》的目的进行解释，即"当劳动者遇到老龄、残疾
或死亡时支付保险待遇，为劳动者及其遗属的生活安定和福利的提高作出
贡献"（日本《厚生年金保险法》第 106 条）。

---

[1] 臼杵政治：「厚生年金基金における運用関係者の受託者責任——本人、代理人関係から
みた試論」，証券アナリストジャーナル第 34 巻第 11 号（1996），76 頁参照。
[2] 若杉敬明：「年金資産運用と受託者責任-年金に期待する株式市場の近代化」，資本市
場 144 号（1997），10 頁。

5. 资产的管理，即分别管理义务

对于资产管理的处理，日本《厚生年金保险法》并未作出明确规定，《受托人责任指南》则采用了与受托运营机关不同的资产管理运营机关的概念，明确指出即使该机关破产，也应注意保护基金资产。[1]但是，实际上两者同属一个机构的情况不在少数。

6. 分散投资义务

基金应决定以不集中于特定运用方法的方法运用公积金（日本《厚生年金基金令》第39条之15第1款）。对此，指导方针也明确规定了除不进行分散投资有合理理由外，应承担分散投资义务。这里的分散投资义务是指与运用资产构成整体相关的义务，不仅仅指分散专业人员。

7. 理事的责任

关于违反忠实义务的连带责任（日本《厚生年金保险法》第120条第2款），学界的主流观点[2]认为"理事一直以来就其职务的执行适用日本《民法》第644条的规定，对基金负有善管注意义务，并承担违反该义务时的损害赔偿责任，而违反忠实义务的连带责任是根据有关运营业务执行的损害赔偿责任的连带化，是加重了传统民法责任的民法的特别规定"，并解释道"理事的忠实义务是善管注意义务的衍生，是进一步明确化了的义务"。[3]这是根据大法院的"同质说"作出的解释。

三、待遇确定型企业年金和受托人责任

（一）待遇确定型企业年金机制

作为根据2001年制定的日本《待遇确定型企业年金法》（以下简称"DB

---

[1] 神田秀樹：「厚生年金基金の受託者責任ガイドライン」，ジュリスト1128号（1998），30頁。

[2] 厚生省年金局企業年金課：『厚生年金基金制度の解説』，（社会保険法規研究会、1991），267頁；『五訂国民年金・厚生年金保険法改正法の逐条解説』（中央法規出版、2000），207～208頁；「理事の忠実義務は善管注意義務を敷えんし、これを一層明確化したもの」（厚生省年金局運用指導課監修：『厚生年金基金の資産運用関係者の役割及び責任に関するガイドラインの解説』（法研、1997），12頁。

[3] 厚生省年金局運用指導課監修：『厚生年金基金の資産運用関係者の役割及び責任に関するガイドラインの解説』（法研、1997），12頁。

法"）新建立的制度，待遇确定型企业年金机制的特征在于根据公积金的运用结果作为给付资金，当公积金出现不足的情况下，不是减少给付的金额，而是提高企业雇主应负担的保险费金额或者向雇主征收特别保险费来予以弥补。换言之，公积金的运用风险主要由雇主承担（DB 法第 63 条）。待遇确定型企业年金又分为规章型和基金型两种。

1. 规章型

规章型是指根据劳资协议的年金规章，企业与信托银行、人寿保险公司等订立契约，根据契约在母体企业外管理并运营年金资产，支付年金保险待遇。

（1）保险费的缴纳者：企业雇主必须根据规章制度定期缴纳一定的保险费（该法第 55 条第 1 款）。

（2）规章：企业雇主想要实施规章型待遇确定型企业年金时，需要制定规章。关于规章，有由员工过半数组成的工会的要得到工会的同意；没有工会的要得到员工的同意，必须得到代表过半数成员的同意（该法第 3 条第 1 款第 1 项）。尽管缴费人是企业雇主，但必须得到参保人及受益人的同意，其理由是为了受益人等能够对规章制度进行监督。最后，有关规章必须得到厚生劳动大臣的批准，这是行政监督方面的规定。

规章规定了参保人的资格、年金支付的种类、领取的要件以及金额的计算方法、有关保险费的缴纳事项等年金支付的权利义务相关的基本事项（同法第 4 条）。

变更规章的时候，原则上需要工会的同意以及厚生劳动大臣的承认（同法第 6 条），但并没有没有厚生劳动大臣的承认就不能产生规章变更效力的相关规定。[1]

（3）公积金的管理、运营。雇主在每个事业年度的最后一天有义务积累作为支付资金的公积金（同法第 59 条），但公积金的管理、运营不能由雇主自己进行，必须委托资产管理运营机构（同法第 65 条第 1、2 款）。在委托运营时，如果资产管理运营机构是信托公司，就需与雇主签订信托合

---

〔1〕 沢崎敦一：「法律家が企業年金制度を取り扱う際の基本的視座（上）」，NBL945 号（2011），13 頁。

同；如果是人寿保险公司，就需与雇主签订人寿保险合同；如果是投资顾问公司，就需与雇主签订投资全权委托合同（该法第 65 条第 1 项、第 2 项）。但是，投资顾问公司不能成为资产管理运营机构（同法第 4 条第 3 号）。

其中，参保人的人数在 300 人以上或资产额在 3 亿日元以上的情况下，雇主必须制定记载公积金的运营目标、资产的构成、受托运营机构的选任和评价等的运用基本方针（同法令第 45 条第 1 款，同法第 82 条、第 83 条第 1 款）。对于各受托机构，也必须在拟定公积金运用指南的基础上委托交付（同法令第 45 条第 3 款、同法则第 83 条第 4 款）。但是雇主不能向资产管理运营机构指示特定的运营方法（同法第 69 条第 2 款第 2 项）。

（4）分散投资义务。雇主等应致力于以不集中于特定运用方法的方法运营公积金（该法施行令第 46 条第 1 款）。雇主必须设置执行管理运营业务的理事（该法执行令第 46 条第 2 款）。

2. 基金型

根据 2001 年 DB 法，基金型与规章型一同被规定于其中，但是在设立与母体企业不同的具有法人资格的基金的基础上，在基金中管理和运营年金资金，并支付年金保险待遇。由基金这一不同的法人进行制度运营，这一点与厚生年金基金制度相同，但并不代理厚生年金保险的运营。

（1）规章。设立企业年金基金必须制定规章，在取得工会同意的基础上，该设立必须得到厚生劳动大臣的审批（同法第 3 条第 1 款第 2 项）。换言之，规章型的规章由企业雇主来制定，而基金型规章则由基金来制定。对规章的内容在审批时要进行审查（同法第 12 条第 1 款第 1 项）。

规章规定了参保人的资格、年金支付的种类、领取的要件以及金额的计算方法、与缴纳保险费有关的事项等年金支付的权利义务相关的基本事项，这一点与规章型待遇确定型企业年金相同，但在有关企业年金基金组织的基本事项方面却存在差异，如规定了作为独立决策机关的代议员和代议员会议及作为执行机关的理事长、理事、监事等管理人员的事项等（该法第 11 条）。

在变更规章时，原则上必须经过代议员大会定员的 2/3 以上的多数表决，并得到厚生劳动大臣的许可（该法第 16 条第 1 项、第 19 条第 1 项第 1 号）。这一点与规章型不同，即必须得到厚生劳动大臣的许可规章的变更才产生效力（该法第 16 条第 2 款）。

（2）基金组织。基金由企业雇主及其企业雇员作为参保人加入（该法第 8 条）。由雇主出资组成基金的财产，将其累积运用，向参保人支付保险待遇。

代议员大会是基金的基本议事决定机关，对规章的变更、各事业年度的预算、各事业年度的事业报告和决算及规章规定的其他事项等事项进行表决（该法第 19 条）。代议员定员为偶数，从企业雇主和参保人中各选任一半（该法第 18 条第 3 款）。与规章制度相比，增加了雇员作为参保人的发言权。[1]代议员大会有权要求监事对基金业务进行监督，并报告结果（该法第 19 条第 2 款）。

在基金中设置理事及监事作为高级管理人员。理事的定员为偶数，其中一半从雇主选定的代议员中选出，另一半从参保人互选的代议员中选出（同法第 21 条第 2 款）。该法第 21 条第 3 款规定，从理事中选出一人担任理事长，并从雇主选定的代议员理事中选出理事。这与厚生年金基金的理事构成完全相同。

监事指在代议员会议上，从雇主选定的代议员和参保人互选的代议员中各选出一人（该法第 21 条第 4 款）。并且，监事不得兼任理事或基金职员（该法第 21 条第 5 款）。

理事长代表基金并执行其业务（该法第 22 条第 1 款）。基金业务除规章另有规定外，由过半数的理事决定，如有相同人数时，由理事长决定（该法第 22 条第 2 款）。根据理事长的规定，理事可以辅佐理事长，执行有关用于支付保险待遇的公积金的管理及运用的基金业务（该法第 22 条第 3 款）。监事监督基金的业务（该法第 22 条第 4 款），根据监督结果认为有必要时，可以向理事长或代议员会议提出意见（该法第 22 条第 5 款）。

（3）公积金的管理运营。原则上公积金的管理和运营应委托给资产管

---

[1] 久保知行：「年金と経済」30 卷 1 号，33 頁。

理运营机构，但在满足一定条件的情况下，允许企业年金基金自行运营直接投资。委托运营时，企业年金基金与该资产管理运营机构签订信托合同、人寿保险、生命共济合同、与农业协同组合联合会签订合同（该法第 66 条）。与规章型一样，基金必须制定记载公积金的运营目标、资产构成、运营受托机关的选任、评价等的运营基本方针（该法第 45 条第 1 款，该法则第 82 条、第 83 条第 1 款）。而且，对于各受托机构，也必须拟定公积金运用指南并提交备案（同法令第 45 条第 3 款、同法则第 83 条第 4 款）。还须设置运营执行理事（该法令第 46 条第 2 款）。公积金的运营必须根据政令规定，安全且有效率地实施（同法第 67 条）。

（二）DB 法与受托人责任

如上所述，DB 法并没有使用"受托人责任"一词，而是规定了忠实义务，可以说忠实义务就是"受托人责任"的代名词。另外，DB 法也没有使用"注意义务"一词，据推测，这与"厚生年金基金指南"一样，是根据日本《民法》第 644 条规定的受托人在委托时的注意义务发展而来的。

1. 雇主

在规章型企业年金中，雇主必须制定规章制度，并制定记载公积金运营目标、资产构成、受托运营机构的选任和评价等的运营基本方针。雇主必须委托资产管理运营机构运用资产，且在管理规章型年金基金时，对参保人承担受托人责任，具体如下：

（1）雇主必须根据法律，遵守厚生劳动大臣的处分及规章，为了参保人忠实地执行其业务（该法第 69 条第 1 款）。

（2）禁止为了谋求自己或参保人以外的第三人的利益，订立资产管理运营合同（同法第 69 条第 2 款 1 项）。

（3）关于公积金的运用，指示特定的方法，或者接受特殊利益的提供，并与之签订合同（同款第 2 号，法则第 86 条）——从字面上可以看出，指示特定的运用方法与其意图无关，这本身就是违法的行为。

2. 理事

在基金型企业年金中，基金的理事代替雇主执行资产管理的业务。但在 DB 法中，基金的理事在执行业务时，与规章型的情况下雇主对参保人的受托人责任不同，对基金承担的受托人责任作出了规定。

（1）基金的理事应遵守法律、根据法律作出的厚生劳动大臣的处分、章程及代议员会的决议，为基金忠实地执行其业务。

（2）禁止为了谋求自身或基金以外的第三方利益，签订公积金管理、运用相关合同（该法第70条第2款第1项）。

（3）禁止为了谋求自身或基金以外的第三方利益，指示有关公积金运用的特定方法（同款第2项）。

（4）对于基金与理事长利益相反的事项，理事长不享有代表权。在这种情况下，监事代表基金（该法第23条）。

3. 资产管理运营机构

不仅如此，DB法对进行年金公积金管理运用的资产管理运营机构的受托人责任作出了规定。

（1）资产管理运营机构应遵守法律及资产管理运营合同，为参保人员等忠实执行其业务（该法第71条）。

（2）与基金签订基金资产管理运营合同的当事人应遵守法律及基金资产管理运营合同，为基金忠实执行其业务。

四、缴费确定型企业年金和受托人责任

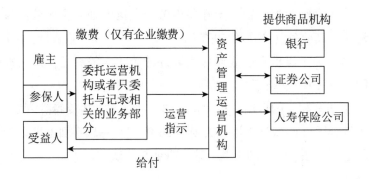

以美国的"401（k）计划"为模型的缴费确定型企业年金，与待遇确定型企业年金一同于2001年引入日本。与以往的企业年金制度不同，缴费

确定型企业年金制度规定，由个人自己负责进行运营个人或雇主缴纳的资金，退休后根据其结果获得保险待遇［日本《缴费确定型企业年金法》（以下简称"CB法"）第1条］。

（一）当事人

当事人包括雇主、参保人、受益人、收益权人等，以及资产管理运营机构与运营相关及记录相关的运营管理机构（企业型年金运营管理业务是指记录相关业务和运营相关业务中的任何一项或两项的业务（该法第2条第7款）。

（二）作为实施者的雇主所需要履行的职责

企业型年金的实施主体是雇主。企业型年金的规章制度的制定在有被保险人等过半数成员组成的工会时由该工会负责，在没有由被保险人等过半数成员组成的工会时，应当取得代表被保险人等过半数成员的同意。该规章必须取得厚生劳动大臣的批准（该法第3条第1项）。另外，规章变更时亦是如此。雇主缴费（同法第19条），参保人对其下达运用指示（同法第25款第1项）。

（三）在管理和运营中要求雇主承担的责任和受托人责任

1. 雇主的职责和义务

雇主在运营企业型年金的时候，必须采取必要措施，让雇员知道并理解规章制度的内容，同时让参保人等，将雇主缴纳的保险费作为其个人的管理资产，由自己指挥运营（同法第22条至第27条）。雇主为了参保人自行负责资产的指挥运营，向其提供有关资产运营的基本资料以及采取其他必要的措施。必要的措施是指，为使参保人自行进行投资判断而进行的投资教育等。此外，还须完善个人管理资产运营相关的运营管理业务体制。

雇主可以自行开展运营管理业务，也可以委托给运营管理机构，运营管理机构也可以将受委托的部分业务再委托给其他运营管理机构（该法第7条第1、2款）。根据该法第22条，可以将提供有关资产运营的规则性资料以及其他必要措施的相关业务委托给运营管理机构（同法第97条）。在选定运营管理机构及资产管理机构后，雇主也不能完全委托给各机构自行开展业务，而要随时监督各机构。例如，即使运用性能相对较差，但由于疏忽劝告不打算变更运用方法的运营管理机构或者变更为其他运营管理机构等，对参保人产生了不可预测的损失时，由雇主承担其责任。[1]

2. 雇主的受托人责任

在执行业务时，雇主必须遵守法令、行政处分、企业型年金规章，须为了参保人忠实地执行该业务（同法第 43 条第 1 款）。具言之，禁止雇主在目的外使用参保人等的个人信息（同法第 43 条第 2 款），为了自己或参保人等以外的第三人的利益，与运营管理业缔结委托合同或资产管理合同（同法第 43 条第 3 款第 1 项），不得作出对参保人等缺乏保护的行为（同法第 43 条第 2 款）。

这个规定是为了企业型年金的合理运营，让参保人个人意识到这是基于自己责任的资产运营，明确规定了完善运营相关手续等义务，严格履行作为运营负责人的雇主责任的各项规定。另外，此处所谓的忠实义务包括受托人责任的注意义务和忠实义务两方面，不应理解为只规定了排除利益冲突的忠实义务。换言之，雇主在运营企业型年金时，必须专为参保人的利益，作为雇主负有按照社会常识要求给予一定程度关注的义务。

3. 对雇主的监督以及违反雇主义务的责任

厚生劳动大臣在运营时对雇主具有报告征收权限（同法第 51 条），对于拒绝报告的雇主可实施相应的罚则（同法第 120 条）。如果认为企业年金违反了有关企业年金的法令、规章或厚生劳动大臣的处分，或者认为企业年金的运营明显不合理，厚生劳动大臣具有监督权限（该法第 52 条），可下达业务整改命令（该法第 52 条第 1 款），但最终可以取消该企业型年金规章的许可（该法第 52 条第 2 款）。

虽然对于民事责任没有特别规定，但如上所述，当雇主在选任、监督时没有给予相当的注意而给参保人造成损害时，能否根据规章追究雇主的责任是需要进一步探讨的问题。

---

　　[1] 橋本基美：「確定拠出年金法案にみる資産運用と受託者責任」，年金と雇傭 19 卷 2 号，25 頁。

（四）运营管理机构的职责和受托人责任

1. 运营管理机构的职责

运营管理业是指从事记录相关业务和运营相关业务中的一种或两种业务的事业（该法第 2 条第 7 款）。雇主可以自行开展运营管理业务，也可以委托给运营管理机构，运营管理机构还可以将受委托的部分业务再委托给其他运营管理机构（该法第 7 条）。另外，所谓的投资教育（同法第 22 条）也可以委托给运营管理机构（同法第 97 条）。

该法限定列举了记录相关业务的内容，具体包括：①记录参保人等的姓名、住址、个人管理资产额等其他事项；②汇总参保人等的运用指示，并将其内容与资产管理机构或联合会联系；③待遇项目的裁定等。

作为与运用相关的业务，该法限定列举了运用方法的选定、对参保人的提示以及与该运用方法有关的信息的提供。因为是限定式列举，故无论哪项业务都不能根据行政法规追加其内容。运用的方法包括：①存入银行的存款；②信托银行的信托；③有价证券的买卖；④支付人寿保险的保险费或生命共济的共济保险费；⑤支付损害保险的保险费等。至少须在其中选定三个（其中一个以上是确保本金的运用方法）并提示给参保人（该法第 23 条第 1 款）。另外，其中三项必须具有不同的风险收益特性（CB 法令第 12 条第 1 款第 1 项，CB 法则第 18 条）。

这种选定后的具体运用由参保人自己负责，但其选定必须基于"有关资产运营的专业知识"（该条第 2 款）。这方面的义务水准，对于金融机构来说，包括选择其他业态的商品时也是理所当然的。但是，这个规定并不局限于金融机构等专家，而是通过立法来规定雇主等选定运用方法时，其注意义务水准应与金融机构等专家的水准具有相同的高度。[1] 选定、提示的详细内容由政府部令规定，并需要公示选定理由（CB 执行令第 12 条第 3 款）。

应提供的信息包括与运用商品的风险相关的信息和手续费等费用相关的

---

[1]　土浪修：「年金法制における運用機関の受託者責任と生命保険会社——「年金 3 法」の受託者責任規定と最近の米国エリサ法判決一」，ニッセイ基礎研「所報」119 巻（通巻第 19 号）（2001），89 頁。

信息（该法第 24 条），详细内容如下：①与运用商品内容相关的信息——利润预测、亏损可能性、资金募集单位、上限额内容以及利息、分红等利润分配方法；②过去十年间的利润、亏损业绩；③参保人等个人管理资产的股份的计算方法；④参保人等选择、变更运用商品时所需的手续费等费用的内容及其负担方法的信息；⑤存款的存入、金融债券和资金信托是否能成为存款保险制度对象的相关信息，有关人寿保险、损害保险的保险费的支付是否成为保险合同当事人保护机构的保护对象的信息；⑥金融商品的销售等相关法律（以下简称"日本《金销法》"）第 3 条第 1 款规定的重要事项有关的信息；⑦参保人等进行运用指示所需的信息。

第⑥项中日本《金销法》第 3 条第 1 款要求根据顾客的属性提供信息，但由于缴费确定型年金的参保人数量较多，很难掌握每个参保人的属性，因此运营管理机构在提供重要事项相关信息时，要事先与雇主进行充分的对话，在一定程度上把握参保人整体的属性，在此基础上提供与全体参保人的属性相符的信息并进行说明。[1]

在选定时，需要与选定的金融机构等进行交涉。如果是本公司的金融商品，理应提供充分的信息和资料。涉及其他公司的金融商品的信息时，也有必要收集信息，并选定最终商品，并为了便于实际投资而提供小册子和交易方法等。另外，为了能够实际实施所介绍的运用方法并实际购买运用商品，不仅是资产管理机构，运营管理机构也需要与经营该商品的金融机构签订信息提供、商品提供的相关合同。[2]

另外，运营管理机构对参保人提示其选定的运用商品时，须事先与雇主签订相关合同，合同内容主要依据日本《金销法》第 3 条第 1 款的规定，约定在未提供相当于重要事项的"重要信息"的情况下，必须对参保人等承担无过失损害赔偿责任以及将"本金损失额"推定为损害额（CB 施行令第 13 条）。

---

〔1〕 松尾直彦：「確定拠出年金制度と金融商品取引法」，商事法務 1871 号，43 頁。
〔2〕 橋本基美：「確定拠出年金法案にみる資産運用と受託者責任」，年金と雇傭 19 巻 2 号，25 頁。

2. 运营管理机构的受托人责任

运营管理机构与雇主签订"运营管理合同"时虽然没有直接与参保人产生合同关系，但在法律上对参保人等负有"遵守法令、主管大臣基于法令的处分及遵守运营管理合同，为了参保人等忠实地执行该业务"的忠实义务（CB 法第 99 条第 1 款）。另外，还规定了禁止挪用个人信息（CB 法第 99 条第 2 款）以及其他具体禁止行为（CB 法第 100 条）。

对于禁止行为，该法不仅规定了禁止对利益相反行为的参保人等约定特别的利益提供，还规定了不是由于应归于自己责任而导致的事故实际发生损失时的损失填补等（CB 法第 100 条第 1、2、3 款）。

根据该法第 100 条第 5 款，仅允许运营管理机构在没有图利目的的情况之下选择、提示本公司提供的运用方法，这里的利益相反需作实质性判断。

并且该法第 100 条第 6 款规定"对参保人提示的运用方法中，对特定的方法进行指示，或者劝告不得进行指示"的运用方法的推荐是禁止的，但这是根据雇主对个别商品的重要事项的说明等信息的提供，并且对参保人提供投资教育，由参保人自己作出投资判断是制度的基础。[1]

日本《关于缴费确定型年金运营管理机构的命令》第 10 条第 1 款禁止运营方法所涉及的产品的销售、推销人员同时开展与运营相关的业务，这是为了避免利益冲突而采取的实际措施。但是，提示和推荐的作用以及责任应该如何分担，今后还需要探讨。如果超出提供经营商品相关信息的范围，对特定的有价证券作出指示，就会受到日本《金销法》的限制，因此需要注意。[2]另外，该法第 23 条第 2 款还规定，运营管理机构有义务履行专家级的注意义务。

3. 运营管理机构的职责、义务和违反义务的责任

运营管理机构实行注册制，雇主及银行等其他政令规定的金融机构经在主管大臣处注册，可以经营缴费确定型年金运营管理业务（该法第 88

---

〔1〕　橋本基美：「確定拠出年金法案にみる資産運用と受託者責任」，年金と雇傭 19 巻 2 号，25 頁。

〔2〕　松尾直彦：「確定拠出年金制度と金融商品取引法」，商事法務 1871 号，42 頁。

条）。拒绝注册的要件包括非法人、运营管理机构取消登记后未超过5年、其他经营的事业被认定为违反公共利益的法人或管理该事业有关的损失危险较困难而被认定为无法胜任开展缴费确定型企业年金运营管理业务的法人（同法第91条）。

另外，主管大臣对运营管理机构具有监督的权力（该法第101条至第107条），除了可以发布业务整改命令，还可以取消注册。部分禁止行为也有相关罚则（同法第118条、第119条）。

对于民事责任该法没有特别规定。与雇主一样，能否以受托人责任为依据追究其责任还是个疑问。

（五）资产管理机构的职责和受托人的责任

1. 资产管理机构的职责

对于应用于支付的公积金，雇主必须与信托银行、人寿保险公司等资产管理机构签订资产管理合同，以保全个人管理的资产（该法第8条）。与资产管理合同的缔结有关的必要事项由政令规定（同法第8条第5款）。经营管理业务可以由雇主自行进行，但资产管理业务必须委托给信托银行等机构。这是在雇主经营破产等情况下，为了从法律上保全缴费确定型企业年金的个人份管理资产而作出的分别管理的规定。另外，厚生年金基金可根据规章规定开展资产管理合同相关业务（该法第53条）。

2. 资产管理机构的受托人责任

资产管理机构与雇主签订资产管理合同（该法第8条第1款、第2款），其虽然与参保人没有直接的合同关系，但是对参保人负有忠实义务。资产管理机构必须遵守法令及资产管理合同，为了参保人等忠实地执行其业务（同法第44条）。此外，对资产管理机构的监督规定尚未出台，也没有规定具体的禁止行为。此时，适用于各自的合同法和行业法。

（六）提供商品的金融机构的责任和受托人的责任

对参保人提供运营相关业务的运营管理机构须选定商品提供机构提供的"运用方法"（该法第23条第1款）。商品提供机构提供的运用商品是资产管理机构运用的对象。参保人与商品提供机构之间不存在直接的合同关系。

　　该法并没有规定商品提供机构的义务和监督的内容。并且虽然没有规定提供商品的金融机构的忠实义务，但由于商品提供机构的故意或过失而使参保人等遭受损失时，应当允许参保人向其追究责任。

五. 小结

(一) 忠实义务

1. 关于忠实义务的总结

　　ERISA 除了规定一般的忠实义务，还规定了将其具体化的详细的行为，而日本现行法律中关于忠实义务所规定的方法是 "A 必须为了 B 忠实地履行其业务"。并且该法还规定了违反忠实义务的具体禁止行为。

依据	谁	为了谁
厚生年金基金（日本《厚生年金保险法》第 120 条之 2 第 1 款）	厚生年金基金的理事	基金
厚生年金基金（日本《厚生年金保险法》第 136 条之 5）	受托运营机构	基金
待遇确定型企业年金（DB 法第 69 条第 1 款）	雇主	参保人·受益人
基金型待遇确定型企业年金（DB 法第 70 条第 1 款）	企业年金基金的理事	基金
规章型待遇确定型企业年金（DB 法第 71 条）	受托运营机构（资产管理机构）	参保人·受益人
基金型待遇确定型企业年金（DB 法第 72 条）	受托运营机构（资产管理机构）	基金
企业型缴费确定型年金（CB 法第 43 条第 1 款）	雇主	参保人·运营指示人
企业型缴费确定型年金（CB 法第 44 条）	资产管理机构	参保人·运营指示人
企业型缴费确定型年金（CB 法第 49 条第 1 款）	运营管理机构	参保人·运营指示人

2. 合同关系与受托人责任

在厚生年金基金和基金型待遇确定型企业年金中，基金与受托运营机构（资产管理机构）签订委任合同；在企业型缴费确定型年金中，雇主与资产管理机构、运营管理机构分别签订委任合同，因此与参保人或受益人没有直接的法律关系。此时，如果根据委任合同只承担民法上的责任，由于建立在民法对等关系之上的委任关系无法在合同签订前事先预测到所有情况并将其写入合同中，结果根据自己责任原则，参保人的利益会受到损害。因此，通过法律规定没有合同关系的运营机构、资产管理机构、运营管理机构对参保人、受益人或基金负有的忠实义务，追究其基于信赖关系的受托人责任，最终结果会变成维护参保人的利益。

3. 与 ERISA 中忠实义务的差异

ERISA 中的"受信人"在管理年金制度和年金资产时，对参保人和受益人负有忠实义务，而不是对设立年金制度的雇主。关于这一点，DB 法规定："理事必须遵守厚生劳动大臣根据法令作出的处分、规章及代议员会议的决议，为了基金忠实地履行其业务。"与 ERISA 的"为了参保人和受益人"不同，DB 法是"为了基金"。因此，当参保人的利益与基金的利益不一致时，例如一部分参保人违反了忠实义务时，只要对基金全体来说没有违反忠实义务，就不能追究理事的责任。比起 ERISA 规定的"个别的"忠实义务，DB 法规定的忠实义务是"集体的"。

此外，根据 ERISA 的规定，制度提供者、受信人、参保人（或受信者）三者分别是信托的委托人、受托人、受益人，是独立的法律主体。因此与之相比，DB 法规定只有基金才被赋予法人资格，理事只是基金这一法人内部的业务执行机构。因此在 ERISA 中，参保人可以自己主张受信人违反忠实义务，并直接起诉之，如此便可以更好地保护参保人。

（二）注意义务

1. 关于注意义务的总结

（1）与忠实义务不同的是，注意义务在各法令中没有总括性的规定。但是，指导方针以适用日本《民法》第 644 条为依据，明确规章型待遇确定型企业年金的雇主、厚生年金基金以及基金型待遇确定型企业年金的理事，以善良管理人的注意为基准管理年金资产，并履行运营业务。

（2）关于运营机构的注意义务，将在第六章中详细叙述。

（3）GPIF、厚生年金基金的公积金，必须遵循资产运营的基本方针，安全且有效地运用（GPIF法第21条、日本《厚生年金保险法》第136条之3第5款、DB法第67条），并规定规章型待遇确定型企业年金的雇主，或者厚生年金基金和待遇确定型企业年金的理事必须努力用不集中于特定运用手段的方法来运用公积金（日本《厚生年金基金令》第39条之15，DB法令第46条第1款）。有关运用的具体注意义务规定在"指南"中。另外，有关提示企业型缴费确定型企业年金的运用方法的一系列规定是为了使参保人进行分散投资而作出的（CB法第23条第1项、CB法令第12条第1款第1项、CB缴费规则第18条等）。[1]

（4）GPIF、厚生年金基金、待遇确定型企业年金大多将资产运营委托给外部的受托运营机构，在选择和监督受托运营机构时，企业年金负有注意义务。另外，在缴费确定型企业年金的情况下，运营管理机构及资产管理机构的选任、监督负有注意义务。

（5）企业型缴费确定型企业年金的资产运营由参保人自己行使，其结果也由参保人自行承担。因此，雇主虽然对资产运营不负有注意义务，但是参保人对雇主"自己负责"的体制的完善负有注意义务。另外，为了让参保人能够秉持"自己负责"的理念进行投资，规定参保人负有"投资教育"的义务，并负有此时的注意义务。或者也可以将其委托给运营管理机构，但在选任、监督运营管理机构时要求其承担注意义务。

2. "客观的"注意标准

ERISA中的谨慎人规则一般被理解为"客观（objective）注意标准"，例如，根据谨慎人规则，如果判断出"为了计划的原因"不会那么做，也属于"谨慎人"级别的忠实义务违反行为，应该比违反"普通人"的忠实义务更为严厉。ERISA所设想的"人物"不是"普通人"，而是"谨慎人"。Prudent这个词，可以说是为了表示比"普通人"更细心的"人物"

---

〔1〕　森户英幸：『企業年金の法と政策』（有斐閣、2003），143頁。

而选择的。[1]

与此相对，围绕日本《民法》第 644 条所讨论的善管注意义务是委托人信赖受托人的知识、经验、能力而委托他人处理事务，是以该信赖为基础而产生的义务[2]。在这种情况下，受托人就其职业、所属领域、经济地位等方面需要履行一般要求的"客观注意义务"。违反上述义务时会被认定为有轻微过失，产生债务不履行的责任。

3. 作为专家的更高一级的注意义务

（1）运营公共年金的 GPIF 设有投资专门委员（3 人以内），由经济、金融等方面的专家组成，在审议管理运营业务相关事项时必须出席理事会（GPIF 法第 17 条），以此确保专业性。这种受托人责任的对象虽然限于管理运营业务，考虑到公共年金自主运用的重要性和规模等，通过反复使用"专业的知识"和"慎重的专家的注意"这样的用语，在立法上提高了理事长等的注意义务的级别。

（2）厚生年金基金的理事不一定都是资产运营专家。基金以企业为单位组成，理事从代议员中选出，这并不是因为基金是运营专家，而是因为企业储存了有关劳动者管理的信息。[3]在指导方针中，关于投资理论和资产运营的相关制度等明确规定了理事的"自我钻研义务"，由此可见，理事大部分都是资产运营的外行[4]。但是，厚生年金基金的理事未必负有作为专家的注意义务。AIJ 事件之前，年金基金（包括厚生年金基金和基金型缴费确定型企业年金）理所当然地被视为特定投资者，但 AIJ 事件后日本修改了法律，除了满足一定的财产要件而进行申报的情况，以及大规模的年金基金以外，原则上年金基金不属于特定投资人。但如果个别年金基金向企业提出申请，就可以作为特定投资人加以对待。日本《金商法》规定，只有得到投资全权委托企业的同意，才能选择以特定投资人的身份接受投资。

---

[1] 石垣修一：『年金資産運営のためのエリサ法ガイド』（東洋経済、2003 年、初版），56 頁。
[2] 我妻榮：債権各論（中巻二），670 頁；幾代通、広中俊雄編：新版注釈民法（16），221 頁（中川）；中川高男：「受任者の善管注意義務」契約法大系Ⅳ（雇傭・請負、委任），261 頁以下。
[3] 上村達男：「問うべきはAIJの受託者責任」産経ニュース（2012/3/14）参照。
[4] 樋口範雄：「受託者責任とAIJ事件」NBL976 号（2012）参照。

但是，如果允许年金基金基于选择自由成为特定投资人的话，法令修改的初衷，即保护顾客的目的有可能达不成，所以修改法律对于厚生年金基金除了有足够的体制整备进行直接投资的情况以外，规定不能向特定投资人转移（日本《关于金融商品交易业等的内阁府令》第 55 条）。

第五章

日本年金基金运营业的受托人责任

第一节　日美关于信托和合同的学说

一、美国法中关于信托与合同关系的学说

在美国，存在着"信托不是契约"或"信托是契约"两种关于信托和契约关系的学说，讨论这一点时，主要参考樋口教授的《fiduciary "信任"的时代》这一本书的观点[1]。首先笔者尝试阐述美国"信托不是契约"这一通说的要点。

（一）通说

通说中的信托与第三方契约的差异有以下三点：

（1）在契约关系中，承诺人只负债务，如果承诺人接受财产，承诺人可以自由处理该财产。但是，对于该财产，受益人没有任何权利，如果承诺人破产，受益人只能获得普通债权人的地位。

与此相对，在信托关系中，受托人不能自由处分信托财产，但受益人对该财产享有权利。另外，当受托人破产时，由于该信托财产具有破产隔离功能，受益人相较一般债权人处于优势地位。

是否存在信任关系是非常重要的一点，具体的一个表现是信息提供义务上的契约和信托的差异，因为与后面的内容有所重复，因此会在后面详细叙述。

---

〔1〕 樋口範雄：『フィデュシャリー〔信認〕の時代』（有斐閣、1998），76 頁以下。

（2）在契约存在的情况下，契约的当事人享有诉讼的权利；但在信托关系中，由于受托人和受益人之间存在信任关系，所以当受托人违反信任关系时，享有起诉权利的是受益人，而委托人没有起诉的权利。

（3）程序和救济方面的差异。契约受益人的权利适用债权时效的相关规定，但信托受益人的权利不适用出诉期限法中诉讼时效的相关规定[1]。

（二）朗格拜教授的"信托即契约"的观点

耶鲁大学法学院教授朗格拜（Langby）在批评"信托不是契约"的通说时，论述了信托宣言和约因法理两个难点。

在讨论信托宣言这一点时，他指出，与日本的信托法不同，委托人对自己所拥有的一定的财产，只要宣布从今天起自己不再是完全的所有者，而是作为受益人的受托人而拥有，信托就成立了。这一信托宣言在英美法律中是被认可的。但契约的成立不仅需要当事人的意思合致，还需要约因，而信托则不需要，故以此作为"信托不是契约"的论据。对此朗格拜教授反驳说，信托宣言在实际中不仅没有发挥很大的功用，从功能上看，也没有起到信托应有的作用。[2]对于这一点，樋口教授评价道："这是一种简单的反驳。这不是理论性的反驳，而是将问题局限在现实中，以此来代替反驳。"根据约因论，在契约关系中需要存在对价关系，而在信托关系中认定无偿行为是有效的。对此，朗格拜教授在理论上并没有提出反对意见，只是提出要观察部分的现实情况，就结束了讨论。

另外，朗格拜教授在这里由守转攻。从"历史的探讨、斯科特学说的探讨、信托与契约功能的比较、比较法视角的探讨"等四个方面进行了论述，总结如下："法人受托人获得报酬接受的信托，在现实中是交易的一种。以往通说会让人产生信托关系中强行规定较多的错觉，但信托形成的入口自由和规定信托内容的自由与契约的场景是共通的，信义法几乎都与合同法一样是任意规定。因此，现在也到了应该构想尊重其意愿的信义法

---

[1]　衡平法上有消灭时效的情况，但其适用会根据衡平法理来决定，要综合考虑权利执行延迟的各种情况和由此造成的现状等，并不是机械地说过几年就会失效。樋口範雄：『フィデュシャリー〔信認〕の時代』（有斐閣、1998），76 頁以下。

[2]　樋口範雄：『フィデュシャリー〔信認〕の時代』（有斐閣、1998），76 頁以下。

的时候，应削弱以法院为中心的公权力的介入。"

（三）塔玛·弗兰科教授"信托不是契约"的观点

对于波士顿大学法学院教授塔玛·弗兰科（Tamar Frankel）的主张，樋口教授表示："我跳出了传统的说明框架，试图从功能性的观点进行反驳。弗兰科教授认为，如果我们愿意将包括信托在内的信任关系称为契约也无碍，但必须充分意识到这是一种不同于美国传统契约模式的'契约'。只要注意到这一点，信托是否也算是契约，就只是语言的问题了。我认为，真正的问题在于认识到差异，这样一来，就应该能够理解建立不同于合同法的信义法这一特殊范畴的必要性。"

总结一下塔玛·弗兰科教授的主张，各种服务提供者的共同点有以下三点：受托当事人的专业性，被授予一定的权限后行使该权限时有无裁量权以及裁量权的程度，在目的之外行使权限或挪用财产的风险。其中专业性强、监管难度大、在提供服务时存在违规行为，从社会角度来看影响巨大，应该通过信托法进行调整。[1]

二、樋口教授关于信托法不同于契约法的见解

在美国，由于契约关系和信任关系形成的历史背景不同，思考方式也不同。

契约法理是以平等的当事人只追求各自利益关系为前提的法律，当事人之间的协议对于契约关系成立具有决定性作用。同时，解除合同更有利于自己的利益时，当事人为了解除合同而支付违约金是法律所允许的。与此相反，信义义务是以信任并依赖具有专业知识的人与人之间的关系为前提的，允许受托人行使广泛的裁量权，同时主要着眼于禁止利益冲突以保护受益人。[2]

樋口教授从五个方面作出了总结：

---

〔1〕［美］塔玛·弗兰科：《信义法原理》，肖宇译，法律出版社 2021 年版。
〔2〕厚生年金基金连合会受托者责任研究会：『受託者責任ハンドブック（運用機関編）』（厚生年金基金連合会、2000），7 頁。

（一）是自我责任还是依赖关系

在美国，合同当事人之间是平等的关系，在与对方达成协议时，明确自己的责任，追求自己的利益是理所当然的。与此相对，在以分工和专业化为特色的信任关系中，受托人相对于受益人处于强势地位，只为受益人谋求利益。

（二）救济方法及内容

在违反契约的情况下，以损害赔偿的形式来确保履行利益，但并没有通过法律来抑制违反契约的行为本身。

相反，在信任关系中，提供了从表面上先判断是否违反，违反时不仅是损失，连不正当利益都全部吐出来的救济办法。虽然有禁止命令、特定履行等救济方法，但这是基于抑制违反信义义务的法律政策的判断。

（三）实体权利义务的内容

在契约关系中，根据与对方的协议，明确、详细地规定权利义务的内容。

在信任关系中，以忠实义务、注意义务为中心承担权利义务，由于受托人具有广泛的裁量权，所以往往不像契约关系那样明确详细地进行规定。

（四）公权力介入的必要性和程度

契约关系是私人自治的手段，合同法的原则是尊重当事人的契约自由，法院也不把社会规范强加给当事人。

信托法是衡平法院对有失正义公平的案件给予救济，并在这种判例的积累下确定的修正法理。因此，公权力介入是信托关系的特色之一。但是，哪种形式的公权力的介入比较理想，还需要具体讨论。

（五）财产着色功能

在信托关系中，财产的着色功能非常重要。

"信托是一种可以创造财产的法律制度，这种财产是委托人无法触及的财产，拥有所有权的受托人亦不能随意处理的财产，受托人的固有债权人不能触及的财产，而且对受益人也包括禁止转让、禁止扣押的条款，从而从受益人处分割的财产。其结果该财产成为委托人的破产、受益人的破产自不必说，就连受托人的破产也不会对其产生影响的财产。因此，如果能确定为信托财产，就可以规避破产风险。[1]

三、日本法中关于其他信托法和契约法的学说

如上所述，在英美国家经过长时间、反复解决具体案例的过程中形成的信义义务的概念，日本法律应该以怎样的形式继承之，对此日本学界引发了激烈的讨论。

最近的研究分为以下几类[2]：贷款信托、贷款信托以外的资金信托、指定资金信托（单元型）、商品基金、企业年金信托、新型个人年金信托/个人渠道、证券投资信托、特定资金信托·基金信托、有价证券的信托、住房贷款债权信托、普通贷款信托、租赁债权信托、土地信托、信托型不动产小额化商品、特别残疾人抚养信托、公益信托、遗嘱信托。这些都是信托银行提供的"信托商品"。如上所述，信托最初在英美作为继承、赠与制度的一环而发展起来，但在日本实际开展的信托业务几乎都是由信托银行处理的"信托商品"。

学者们也提出了各种各样的主张。

（1）神田秀树教授主张区分"商事信托"和"民事信托"，这一内容将在后半部分详细论述，此处省略。

（2）新井诚教授主张[3]信托分为"自益信托"和"他益信托"两种类型。

所谓"他益信托"，是指受托人对财产的管理和处分不是为了委托人的利益，而是为了其他第三方受益人的利益。也就是说，信托财产不仅独立于受托人，而且独立于委托人和受益人。而"自益信托"是指，受托人进行财产的管理和处理时为同一人，即委托人兼受益人而进行的。这种"自益信托"纯粹是委托人个人的财产管理问题，几乎不存在财产实质上独立的契机。此时以委托者和受托人的人际关系为中心，可以说与代理和委任非常相似。

---

[1] 樋口範雄：『フィデュシャリー〔信認〕の時代』（有斐閣、1998），249 頁。

[2] 鴻常夫编：『商事信託法性』（有斐閣、1989）。

[3] 新井誠：「信託法」（有斐閣、第 3 版、2008）。

（3）此外，能见善久教授根据信托的功能，尝试将其分为三种"理念型"：①信托-财产处理模式；②信托-契约模式；③信托-制度模式。[1]

第一种"信托-财产处理模式"是指，以遗嘱信托和遗嘱代替的生前信托等为典型，这种类型的信托重视委托人处理财产的意愿，委托人的意愿就是关于财产处理的设计图。但信托财产一旦离开委托人的手，就不能根据委托人的意思随意变更信托处理方法。在这种类型的信托中，受益人只是按照委托人描绘的设计图来享受利益。

第二种"信托-契约模式"是指，在信托设定阶段，委托人和受托人通过协商，就信托目的、信托财产的管理和处理方法达成一致。在信托设定阶段，不仅需考虑委托人的利益，还要在信托行为中以信托条款的形式反映受托人的利益。在信托中，不仅是委托人，受托人也存在很大的利害关系。例如，商事信托，受托人把信托作为营业来开展，有固有利益的情况就是上述情况。这种类型的信托基本上可以视同契约，信托变更等情况下，基本上是通过信托契约的当事人即委托人和受托人的协议完成的，但是需要受益人的同意。例如，企业年金信托就是其中一种类型。

第三种"信托-制度模式"在功能上接近于设立法人。信托的内容有很多种，有的由委托人主动决定，有的由委托人和受托人协商决定。而且，信托与法人不同的是，可以比较自由地决定其内容。但是重要的是，一旦设定了信托，委托人、受托人的意思就被客观化、制度化了，无法仅靠协议变更。在这个意义上，能见教授认为信托是一种"制度"，并列举了集合投资计划和债权流动计划等就是这种类型信托的典型。

在日本，从以上各种学说的展开可知，无论是现行法还是学说，信义义务与契约法理的关系根据信托的种类而有所不同。

另外在实务中，基本都以债务不履行作为请求理由。但是，这些规定的宗旨、解释和法律效力却并未进一步得到明确。

---

[1]　能見善久：「現代信託法講義（1）」，信託 199 号（1999），8 頁。

第二节　年金基金运营管理机构的受托人责任

一、探讨运营机构受托人责任的意义

在英美法历史上形成的受托人责任这一术语，在日语语境中使用时可大致分为以下四种意义：①推导出一套规则的意义；②默认规则；③作为要求理所当然的行为的根据，倾向于使用"fiduciary"一词；④对不存在契约关系的人提出规则要求。[1]例如，①对于外汇保证金交易业者，在日本除了外汇法之外，没有任何法律限制，但如果定位为"fiduciary"，那到目前为止，可以适用于全权投资委托业者的规则[2]。另外，②默认规则是指在某项义务是否成立存在疑问时，必须由被认定为"fiduciary"的一方负有证明该义务被免除的举证责任。③是当然需要对方去做，但没有明确的依据，只是一直以来都在实施的行为，或者没有依据但一直以来都认为应该实施的行为，而处于两难的境地时能不能义务化的情形，例如日本的契约书没有明确写入责任关系，但如果受托人责任无法落实，责任关系就会出现"空白状态"。[3]在对不存在契约关系的人提出规制要求时，例如，对年金的运用机构对参保人的责任规制就属于这种情形[4]。

日本在受托人责任论的继受过程中，对不存在契约关系的人提出应履行义务的情况，即对年金运营的探讨已经取得了相当大的进展。企业年金基金联合会（旧厚生年金基金联合会）于1996年6月发表了题为《面向确立日本受托人责任（第一次报告）》的报告。这是一份全面指出了不仅针对基金，还包括运用机构在内的受托人责任的意义和问题的报告书，为之

---

〔1〕　①②参见道垣内弘人：「『フィデューシャリー』がやってきた」，証券アナリストジャーナル2000年1月号，47頁。③④参考山中眞人：「『資産運用業者の受託者責任』の日本法下の位置付け」，ジュリスト1258号（2003），158頁。

〔2〕　外汇保证金交易商可以与顾客签订外汇交易的全权委托合同，但札幌地判平成15・5・9金判1174号33頁的判决首次认定了外汇保证金交易商的责任。

〔3〕　島崎謙治：「運用機関の受託者責任について」，Fund Management 2000年夏季号，25頁。

〔4〕　久保淳一：「金融実務を通じて見た米国におけるtrust及びfiduciaryについての考え方」『グローバルな視点での信託と信認関係（トラスト60研究叢書）』。

后的研究奠定了基础。但有关运营机构的受托人责任的具体内容，还有不少内容需期待日后的研究成果。在此之后企业联合会陆续于 1998 年 3 月、2000 年 4 月公布了《受托人责任手册（理事编）》《受托人责任手册（运营机构编）》。而且，2001 年 9 月，日本证券投资顾问业协会还发表了名为《关于投资顾问业者的注意义务》的研究报告。

　　另外，关于受托人的责任，信托银行和投资顾问公司的个别研究在不断深入，人寿保险公司虽然没有投资顾问公司讨论得热烈，但也在一定程度上探讨了受托人的责任。[1]只是，当时投资信托委托业、投资事业组合的业务执行组合员，没有对受托人责任进行探讨，对外汇保证金交易企业也没有拟定相关法律和自主规制团体，因此保险领域没有引入受托人责任的概念。

　　但是，1999 年 7 月公布的金融审议委员会第一部分"中间整理（第一次）"中，对于集团投资计划阐述道："在尽可能实现法制、规则的横断化之际，受托人责任的规则必须具体化和明确化，作为金融服务行业的横向行为规范，积极推动受托人责任的思维方式的落地。"受托人责任被定位为业者规则（金融企业的行为标准）之一。因此，实现对资产运营业受托人责任的统一立法成了重要且紧迫的课题。并且又放宽了运用限制，取消了长期以来的 5∶3∶3∶2 投资限制，废止了以往运用和扩大运用的区分。日本《厚生年金保险法》的一部分修改使得自身运用范围大幅扩大，不断推进运用的自由化，裁量的范围越来越大，责任也进一步增加。换言之，摆脱了"委托运用"，根据自己责任原则进行资产分配的同时，选择运营机构并且对运营机构明确提出应遵守的事项并进行管理，在此基础上要求年金法人及运营机构的高度的受托人责任。因此，明确年金及运营机构的受托人责任的分配成为进一步需探讨的问题。

　　此外，金融 Big Bang[2]的理念之一是，从过去由行政当局主导的事前

---

　　〔1〕　山中眞人：「「資産運用業者の受託者責任」の日本法下の位置付け」，ジュリスト1258号（2003），158 頁。

　　〔2〕　Big Bang 本意是表示宇宙是由于一瞬间的急剧膨胀而诞生的一种假说，意思为"金融大改革"。

调整型规制体系转变为以信息公开和自己责任为前提的事后监视型体系。在这种情况下，作为运营机构自规制的原理、明确受托方责任是必不可少的。比如，须禁止父子公司、兄弟公司的优先订购和客户相关的信息交换等，防止利益相反行为。并且为应对运用手法和金融技术的专业化、高度化等，将业务的一部分再委托给其他运营机构或向其他运营机构提供各种形式的咨询等服务时，所伴随的相互之间的责任关系也有必要进一步明确。

二、运营机构受托人责任中的若干问题

（一）年金受托人责任的特征

说到年金受托人责任的特征，上村教授在《投资顾问业者的注意义务研究会报告书的意义》中指出承担受托人责任存在两种极端的情况，一种是"如果顾客是完全不具备专业性的大众"，"假设只有一个人的情况下，业者会承担全面的诚实义务。在这里进行一定的外在行为被认为是本质性业务，违反的效果也会更加严格"；另一种是"在不特定多数时，中间有一定的专家介入"的情况。在后者的情况下，"与资金的最终提供者直接对应的专家的作用与运营业者的责任之间的关系需要进一步探究"，这说的正是年金的情况。换言之，由于年金的末端是完全不具备专业性的大众，所以即使按照契约来运用年金，由于其具有高度的公益性，也应该让其承担严格的受托人责任。正如上村教授指出的那样，年金基金的顾客和年金管理法人之间存在一定的专家。例如，在年金管理法人中，作为内部关系人的理事与作为外部受托运营机构的信托银行、投资顾问公司、人寿保险公司之间的关系及责任分配就会成为问题。理事虽然是内部关系人，但根据理事长的提名负责业务执行的情况和不负责业务执行的理事，两者的责任也应有所不同。另外，即使是受托运营机构，在授予裁量权时裁量权的合理范围有多大，裁量权超越、滥用时被追究的责任，这些都是问题。

（二）信托法中的受托人责任

日本《信托法》规定，信托是指通过订立信托契约、遗嘱、自己信托的意思表示（也叫"信托宣言"）的方法，特定的人（受托人，日本《信托法》第2条第5款）按照一定的目的（信托目的）对财产进行管理或处

理的行为，或者为达成该目的而采取必要的其他行为（日本《信托法》第 2 条第 1 项）。换言之，信托是为了一定目的，由他人负责管理、处理财产的一种制度，接受信托的人（受托人）以拥有财产（信托财产，日本《信托法》第 2 条第 3 项）的名义，行使排他性的管理、处置权，这是一种具有特色的制度。[1]神田教授在《论商事信托的法理》[2]一文中将这一信托称为"民事信托"，并且在文中呼吁有必要提出与民事信托相对应的"商事信托"的概念，并系统地确立有关"商事信托"之法理的必要性。神田教授定义的"商事信托"是指"受托人所起的作用超过财产的管理、保全或处分的情况"。[3]在今天的日本，实务中普遍应用的信托是商事信托。神田教授认为，商事信托和民事信托在当事人之间存在的需求不同，应根据需求的差异适用不同法理。

神田教授将商事信托与民事信托进行了比较，并就商事信托本质的独立性作出了如下说明："民事信托的本质在于财产的存在和委托人的意思。也就是说，根据以委托人的意思为基础的'信托目的'，受托人为受益人进行财产的管理或处分是信托法所设想的信托的本质特征。与此相对，对于商事信托来说，其本质上是具有某种商业性质的安排，因此，不像委托人意愿很重要的民事信托，应该说是'市场的意愿'很重要。在根据市场的意愿所成立的信托关系中，由谁成为委托人是相对地位来决定的，这样说更接近于实务。因此，商事信托中的信托目的应当理解为遵循市场意愿或适应市场需求的布置、管理和执行。"

本书所讨论的公共养老金和企业年金并非根据民事信托中委托人的意愿管理或处理财产，并由受益人享有其利益，而是根据市场意愿，通过安排管理和执行，将产生的利润分配给受益人，所以按照神田教授对民事信托和商事信托的分类可以说属于商事信托。

（三）信托修改的任意法规

2007 年日本《信托法》被全面修改，此次修改是自 1922 年制定日本

---

[1]　江頭憲治郎：『商取引法』（弘文堂、第 5 版、2009），525 頁。

[2]　神田秀樹：「商事信託の法理について」，信託法研究第 22 号（1998），50 頁。

[3]　神田秀樹：「商事信託の法理について」，信託法研究第 22 号（1998），50 頁。

《信托法》后 85 年来的首次修改，修改了相当一部分内容，能见教授将修改的基本理念总结为三个重要方面。[1]第一，这次修改明确了民事信托和商事信托的共同规则，制定了"概括性的信托法"。第二，以往的信托法中有很多强制性的规定，阻碍了利用信托的自由活动。此次修改明确了信托法也是私法的一种，原则上是任意法规，因此使在这一基础上制定各种各样的信托变成可能。也就是信托法的"任意法规化"和利用信托来"促进自由的活动"。第三是"彻底保护受益人"。此次修改强调了信托法本身的任意法规性，日本《信托业法》第 28 条第 2 款规定："信托公司必须遵循信托的宗旨，实施信托业务时应当尽到善良管理者的注意义务。"这是从业法上规定的"应当"，而且在信托行为的情况下没有规定但书条款，所以当然可以理解为强行规定。但这样一来，对于作为行业实施信托的受托人来说，实际上"信托法的任意法规性"对"彻底保护受益人"的对立图示根本不成立，樋口教授进一步指出："此时，在个别信托中就信托财产的投资运用制定不同的规定本身是否违反了善管注意义务，是一个需要探讨的问题。另外，注意义务在何时被认定为是强行性规定，也需要进一步得到澄清。"[2]由此可知，日本《信托法》的修改会对受托人的责任产生怎样的影响也是值得探讨的课题。

三、信托银行与受托人责任

信托银行在运用年金基金时，分为指定运用和特定运用。指定运用是指灵活运用信托银行的运用能力和管理能力，特定运用是指灵活运用信托银行的事务管理能力，借用信托银行这一容器，管理物品和金钱的商品。[3]

---

[1] 能见善久：「総論（シンポジウム　信託法改正の論点）」，信託法研究 30 号（2005）。

[2] 樋口範雄：「信託法の任意性の意義―米国のプルーデント・インヴェスターールールの実際的機能」『前田庸先生喜寿記念　企業法の変遷』（有斐閣、2009），397 頁。

[3] 神田秀樹、阿部泰久、小足一寿：『新信託業法のすべて』，（金融財政事情研究会、2005），88 頁。

（一）指定资金信托

1. 机制

年金基金将公积金存入信托银行时，属于指定资金信托，在这种情况下，信托银行拥有运营裁量权。很多年金基金都是联合运用指定资金信托，这是将多数投资家的资产联合投资于有价证券等，作为受托人的信托银行拥有运营裁量权的机制。

2. 受托人责任

在日本《金商法》中，除了规制现行的全权委托投资合同相关的业务、投资法人资产运营业及投资信托委托业，还将组成集团投资计划对有价证券或衍生品交易相关权利进行投资运用的业务（所谓的直接投资）作为投资运营业加以规制。投资者以取得的信托受益权相关的信托财产投资或运用于有价证券或衍生品交易相关权利的业务，原则上也作为投资运营业（直接投资）受到日本《金商法》的规制（第2条第8款第15项），在指定资金信托的情况下，因为它属于资产运营业，所以除了日本《信托法》和日本《信托业法》，还适用日本《金商法》。因此，两者的关系会成为问题。

信托公司和兼营信托业务的金融机构作为信托的受托人实施的运营行为，不适用日本《金商法》的行业规制和行为规制（第65条第5款、第33条第8款）。但从彻底保护受益人规则的角度出发，在拥有相同经济属性的金融商品适用同样规则的初衷下，因日本《金商法》修改，并新设了日本《信托业法》第24条之2及兼营信托业务的金融机构等相关法律（以下简称"日本《兼营法》"）第2条之2，对于特定信托合同，在适用日本《信托业法》的规制外，还适用日本《金商法》的行为规制。因此，如果是指定资金信托，则同时适用日本《金商法》和日本《信托业法》的规定。

（1）日本《金商法》的规定。①忠实义务、注意义务。运营业者要为享有运营资产利益的人忠实地进行投资运营，而且要对权利人尽到善良管理者的注意义务（日本《金商法》第42条第1款第2款）。之所以有这样的规定，是因为权利人未必与运营业存在合同关系。②诚实义务。全权投资委托业及其管理人员、使用人必须对顾客诚实、公正地执行其业务（日本《金商法》第36条第1款）。③分别管理义务。将运营财产与运营业者的固有财产及其他运营财产分开管理是运营业者应遵守的事项（日本《金商法》第 42 条之 4）。在内阁府令中，运用财产是货币时，要寄存于开展有价证券等管理业务的其他金融商品交易业者、相关金融机构，信托于信托兼营金融机构进行管理（日本《金商业府令》第 132 条）。④适用性原则。对于金融商品交易行为，要根据顾客的知识、经验、财产状况以及金融商品合同签订的目的来开展业务，不得进行不适当的劝诱以及缺乏投资者保护的行为（日本《金商法》第 40 条第 1 款）。⑤运营报告书的制作和交付。运营业者向权利人报告运营成绩的义务，也属于受托人执行忠实义务、善管注意的内容。日本《金商法》规定，运营业者必须每年根据内阁府令规定的情况制作两次以上的运营报告书，交付给已知的权利者（日本《金商法》第 42 条之 7、日本《金商业府令》第 134 条）。运营业者的运营报告书，除了内容中要包含运营财产的权利者人数在 499 名以下或运营财产时必须提交有价证券报告书的情况，还要提交给内阁总理大臣（日本《金商法》第 42 条之 7 第 3 款，日本《金商法施行令》第 16 条之 14）。

最近发生了运营业者制作并交付虚假运营报告书，从年金基金等顾客处受托资产运营的事件。针对这一事件，立法加强了有关运营报告书的虚假记载并签订合同的惩罚措施（日本《金商法》第 198 条之 2 第 4 项）。

（2）日本《信托业法》的规定。

第一，善管注意义务。修改的日本《信托法》第 29 条第 2 款规定："受托人在处理信托事务时，应尽到善良管理人的注意义务。"与现行法相同，受托人负有善管注意义务。并且同项但书规定"信托行为另有规定时，以其规定的注意为准"，这一规定明确了这是任意性规定。但是，修改后的日本《信托业法》第 28 条第 2 款规定："信托公司必须遵循信托的宗旨，实施信托业务时应当尽到善良管理者的注意义务。"对于这一规定有利说认为是强制性规定，[1]然而，可以根据信托合同来限定信托银行、信托公司的信托业务的范围，如果该限定是在合理的范围内，那么承担善管注意义务的受托人对日本《信托业法》所规定的业务范围也可以作出限定。

---

〔1〕 神田秀樹、阿部泰久、小足一寿：『新信託業法のすべて』（金融財政事情研究会、2005），88 頁。

另外，关于这一点，法务省指出"我们认为委托人期待通过受托人处理信托事务来实现信托目的，为了实现这个信托目的，受托人只是在形式上遵循信托行为的规定是不够的，要了解信托行为规定背后的委托者的意图，即根据信托的旨意来处理信托事务"。[1]因此，"遵循信托的宗旨"是指根据信托设定的目的和事务的性质进行最合理的处理。例如，对于信托行为中所规定的方法，原则上受托人应当遵守，但如果存在无法达到信托最终目的的情况，也允许采取其他方法。[2]由此可见，"信托的宗旨"与契约中的诚信原则一样，为了保护受托人，具有实质上补充信托行为中形式规定的功能。[3]

并且，美国《第三次信托法重述》中关于分散投资义务的规定，虽然没有在修改的日本《信托业法》中作为个别、具体的注意义务加以规定，但这在现代被认为是常识性的手法，已经默认为是善管注意义务之一。除了信托行为另有规定或有特别理由的情况外，如果没有采用这种手法，可能会被追究违反善管注意义务的责任。

第二，忠实义务。修改后的日本《信托业法》第 30 条规定了忠实义务，同时将违反忠实义务的行为作了类型化；第 31 条规定了受益人和受托人或者其他受益人之间的利益冲突行为。并且对利益冲突行为和竞争行为分别规定了禁止的例外，并规定了向受益人的有关该行为重要事实的通知义务。

第三，分别管理义务。修改后的日本《信托业法》第 34 条规定，受托人有义务对信托财产和其他财产进行分类管理，并允许在一定范围内通过信托行为规定分别管理的方法。日本《信托业法》第 28 条第 3 款规定了信托公司完善分别管理体制的义务，而且将该法第 34 条作为完善分别管理体制的义务的基础。[4]

第四，适用性原则。根据日本《信托业法》第 24 条第 2 款的规定，适用上述日本《金商法》的规定。

---

〔1〕 法务省民事局参事官室：「信託法改正要綱試案補足説明」（第 17 信託事務遂行義務について）」，106~107 頁。

〔2〕 日本《民法》第 644 条关于"遵照委任之旨意"的解释参见我妻荣：『債権各論（中卷二）』（岩波書店·1993），670 頁。

〔3〕 能見善久：『現代信託法』（有斐閣、2004），4 頁。

〔4〕 四宫和夫：『信託法「新版」』（有斐閣、1989），221 頁以下。

第五，交付信托财产状况报告书。信托公司对于其受托的信托财产，应当在该信托财产的每一计算期间，制作信托财产状况报告书，交付给该信托财产的受益人。但是，即使不交付信托财产状况报告书给受益人也并不会对受益人的保护产生影响等已经在内阁府令中作出规定的情况下，就不在此限（日本《信托业法》第 27 条 1 款）。

第六，联合投资。关于允许将属于多个信托行为的信托财产联合投资的根据，曾有过以旧法第 28 条但书中有关分别管理义务的内容为根据，还是以对信托行为的规定为根据的争论。在新法下，从第 26 条受托人的权限范围的观点来判断联合投资是否符合信托行为所规定的信托目的，是否属于受托人的权限范围。换言之，从追求规模利益、风险平均化的观点来看，联合投资符合信托目的时，当然可以解释为在受托人的权限范围内，除在信托行为中规定"不得进行联合投资"的情况，可根据受托人的判断来进行。

因此，信托银行实施信托行为时，适用日本《金商法》。忠实义务和注意义务依然是强制性规定，但此时注意义务的内容存在不明确性。在年金的情况下，由于其高度的公益性以及参保人的集团性，应该严格进行解释。

（二）年金特定资金信托的情况

1. 机制

特定资金信托是以有价证券运用为目的，信托财产的运用方法由委托人特定的单独运用的资金信托。这里的"特定"是指受托人对品种、数量、价格、买卖时期等都没有投资判断裁量权的信托。

特定资金信托的结构特征是，在法律形式上采用信托的结构，但委托人（兼受益人）对有价证券的买卖进行决策，并成为其损益的归属者。

在年金特定资金信托的情况下，投资顾问公司是委托人兼受益人，信托银行是受托人。另外，年金基金与投资顾问公司签订投资全权委托合同，并由投资顾问业者向受托人——信托银行下达运用指示。

由于投资顾问公司保留运用指示权，受托人的业务范围仅限于信托财产的保管、计算、委托人的运用指挥内容的执行等。

2. 受托人责任

日本《金商法》原则上禁止金融机构从事有价证券相关行业（日本

《金商法》第33条第1款）。不过，对于信托银行，根据曾经的日本《投资顾问业法》得到许可的可实施全权委托投资业务，所以日本《金商法》也不禁止从事投资运营业，日本《金商法》第33条之8第1款规定登记的金融机构可以开展投资运营业业务。

另外，对于信托财产而言，当投资判断全权委托给投资顾问公司对有价证券作出投资的指示时，日本《金商法》中有关全权投资委托业务的行为规制和日本《信托业法》中对指定权人的行为规制的适用关系需要进一步探讨。对于该问题，日本《金商法》第42条之8规定，日本《信托业法》第4章涉及指示权人的规定在金融商品交易业者从事投资运营业时不适用。因此，如果是年金特定资金信托涉及该问题，则适用上述日本《金商法》的相关规定。

关于日本《金商法》的规定，可以参考指定资金信托的日本《金商法》相关规定。

3. AIJ 事件后的法律修改

日本国内信托银行有义务将①直接从该计算者手中（管理员等）得到的基金的“标准价额”、②锁定有外部监查的基金作为投资对象时从基金处得到的“真实监查报告书”、③与投资全权委托企业向顾客交付的运用报告书中记载的“标准价额”进行核对，将其结果通知给顾客，并进行体制的整备化（日本《关于金融机关兼营信托业务等的法律实施规则》第22条第9项、日本《信托业法实施规则》第40条第9款、日本《关于信托公司等的综合监督指南》3-5-1（5））。

第三节　人寿保险公司的特别账户与受托人责任

关于人寿保险公司的合同，分为人寿保险公司承担本金和一定利率的一般账户团体年金保险合同和顾客承担资产运营风险的使用特别账户的团体年金保险合同（以下称为“特约”）。人寿保险公司使用与一般账户区别开来的特别账户，而这一特别账户又可分为特别账户第一特约和特别账户第二特约。其中特别账户第一特约是指根据人寿保险公司规定的经营方针，将多数契约公积金联合进行投资的特约，特别账户第二特约是指将对个别契约公积金单独进行投资，并将资产分配和有关涉及个别资产的运营方针的当事人的意愿反映于投资内容中的特约。人寿保险公司根据一般账户和特别账户中各契约的特性，建立了保险投保人保护机制。

一、一般账户

将人寿保险公司中保证本金和一定利率的一般账户与信托合同、投资全权委托合同进行比较，在信托合同和投资全权委托合同中，信托银行和投资顾问公司运用客户的资产，其运用成果属于客户，而人寿保险公司提供的一般账户的团体年金保险合同是"保险公司约定支付一定金额的保险金，顾客作为代价支付保险费"的保险合同的一种，其中顾客缴纳的保险费成为保险公司的固定财产。并且信托合同和投资全权委托合同通过受托人责任的机制来保护顾客，而一般账户的保险合同则是通过确保保险公司的财务健全性（＝保险金支付能力）来保护投保者，同时还规定了信托合同和投资委托合同中没有的支付保证制度（安全网），这一点与银行存款类似。而对于人寿保险公司而言，现行法律没有规定受托人责任。

旧厚生年金基金联合会所编制的《受托人责任手册（运营机构编）》是对跨业务形态的运营机构的行为规范的示例，其中对于人寿保险公司以特别账户作为对象，但工作小组认为一般账户不符合受托人的责任，由于意见不一致，就排除在适用对象之外[1]。对于一般账户不符合受托人责任的主张要点整理如下：①保险公司为了保证本金和利率，在相当程度上承担运用风险。②在一般账户中导入的区分会计与特别账户不同，该管理会计的手法并不改变保险公司承担经营风险这一一般账户的基本特性。③利率变更权是基于企业年金没有保险期限规定这一特点而保留给保险公司的合同权限，根据合同适当行使。④受托人责任，特别是分别管理义务和忠实义务（对其他客户优先），违背了一般账户中资产的混同和多数投保人的

---

〔1〕 厚生年金基金连合会受託者責任研究会：『受託者責任ハンドブック（運用機関編）』，（厚生年金基金连合会、2000），16 頁。

公平、均衡处理义务，是不可能执行的。⑤规范一般账户的手段包括行政监督、相互公司的总代会、市场竞争等。⑥美国的 ERISA 也明文规定，将有一定保证的保险排除在受托人责任的对象之外。

二、特别账户

不同于一般账户，顾客承担资产运营风险的变额保险合同，如果着眼于顾客承担运用风险这一实质和功能的话，和委托信托银行或投资顾问公司运用没有本质的区别，因此基于日本《保险业法》第 300 条之 2，适用以下日本《金商法》中投资者保护规则：①广告的限制（日本《金商法》第 37 条）；②签订合同前、签订合同时的书面交付义务（日本《金商法》第 37 之 3、4）；③在一定情况下禁止不邀请劝诱、再劝诱等（日本《金商法》第 38 条第 3 款至第 6 款）；④禁止填补损失等（日本《金商法》第 39 条（不适用但书第 3 款、第 5 款）；⑤适合性原则等（日本《金商法》第 40 条）。但是不适用日本《金商法》中有关善管注意义务、忠实义务的规定。

而在特约合同（特约协定书）中，虽然有"诚实运用义务"的规定，但其意思是遵循客户的本意，根据保险合同使用特别账户的特点和性质，诚实谨慎地合理运用特别账户，为选择特别账户的客户谋取利益，因为该客户信赖人寿保险公司的运用能力，选择包括损失在内的全部运用业绩归都属于自己的特别账户特约的方式。[1]但是，这种诚实运用义务原本是民法原则规则化的产物，与信托中受托人的忠实义务不同。[2]

在判例中，保险公司在运用特别账户时，原告主张保险公司有确保高于银行借款利率的注意义务，并起诉变额保险劝诱行为的违法性。判决中指出鉴于记载（提高运用业绩的效率性、安全性等）的广告宣传单，以及资产运营的成果直接反映在合同当事人领取的额度上的变额保险的机制，

---

〔1〕　厚生年金基金連合会受託者責任研究会：『受託者責任ハンドブック（運用機関編）』，（厚生年金基金連合会、2000），181~182 頁。

〔2〕　土浪修：「年金法制における運用機関の受託者責任と生命保険会社—「年金 3 法」の受託者責任規定と最近の米国エリサ法判決—」，ニッセイ基礎研「所報」19 巻（通巻第 19 号），85 頁。

保险公司"基于诚实信用义务，对特别账户的运用，为了不给合同当事人带来损失而在运用时负有注意义务"。另外，该注意义务是保险公司"在运用特别账户时被赋予了的广泛的裁量权，所以只要没有认定为脱离裁量范围的特别情况，就不会产生违反上述注意义务的问题"。因案件中没有特殊情况，因此不认定人寿保险公司违反了注意义务。[1]但是，法院以诚实信用原则为根据，认定了有关变额保险运用的注意义务。因此，在特别账户的情况下，是否追究受托人责任的问题依然存在。

第四节　全权投资委托业的受托人责任

一、机制

年金基金在委托投资顾问公司运用公积金时，要与投资顾问公司签订全权投资委托合同，同时与信托银行签订年金特定资金信托，进行资产管理。

二、受托人责任

(一) 日本《金商法》的规定

证券投资顾问行业根据 1986 年 5 月的"有价证券投资顾问业的限制等的法律"（以下称日本《投资顾问业法》）而拥有了法律地位，但该法律在 2006 年 8 月 7 日被内阁府总统令废除，于是 2007 年 9 月开始适用日本《金商法》。

投资顾问公司可以：①缔结投资顾问合同，根据投资顾问合同，对基于有价证券价值等或金融商品价值等分析的投资判断提供咨询；②投资顾问合同或缔结全权投资委托合同的代理或媒介（日本《金商法》第 28 条第 3 款）；③缔结全权委托投资合同，基于对金融商品价值等的分析进行投资

---

〔1〕　東京地裁平成 8 年（1996 年）10 月 29 日（生命保険文化研究所編『文研変額保険判例集、第 3 巻』（1999），309 頁。

判断，作为对有价证券或衍生品交易相关权利的投资，以运用金钱或其他财产（日本《金商法》第 2 条第 8 款第 12 项口），根据日本《金商法》第 2 条第 11 款规定的中介业者，需要在内阁总理大臣处登记。[1]

在这里日本《金商法》上的投资运营行业所需的行为规制和对指示权人行为规制的适用关系问题上，日本《金商法》规定当金融商品交易业开展投资运营业时不适用日本《信托业法》，而适用日本《金商法》的规定（日本《金商法》第 42 条之 8）。

具体来说，要负以下责任：[2]

1. 诚实义务

全权投资委托业及其管理人员、使用人必须对顾客诚实、公正地执行其业务（日本《金商法》第 36 条第 1 款）。

2. 忠实义务

全权投资委托业要为全权投资委托合同的相对人忠实地开展投资运营业（日本《金商法》第 42 条第 1 款）。另外，具体的禁止行为也在《金商法》第 42 条之 2 中有规定。

3. 善管注意义务

运营业者必须以对权利人的善良管理者的注意开展投资运营业（日本《金商法》第 42 条第 2 款、日本《民法》第 644 条）。

4. 分别管理义务

日本《金商法》规定，运营业应根据内阁府令的规定，将运营财产和自己的固有财产及其他运营财产分开管理（日本《金商法》第 42 条之 4）。

5. 合法性原则

全权投资委托业在签订全权投资委托合同后，根据该合同进行投资时，根据顾客的知识、经验、财产状况以及签订全权投资委托合同的目的，避免进行不适当的劝诱以损害对投资者的利益（日本《金商法》第 40 条第 1 款）。

6. 交付运营报告书（日本《金商法》第 42 条之 7）

运营业者向权利人报告运营成绩的义务，也属于受托人的忠实义务、

---

〔1〕　川村正幸：『金融商品取引法』（中央经济社、第 2 版），235 页。
〔2〕　高橋康文：『詳解新しい信託業法』（第一法规、2005），207 页。

善管注意义务的一部分。日本《金商法》规定，运营业者必须每年根据内阁府令的规定制作两次以上的运营报告书，并交付给已知的权利人（日本《金商法》第 42 条之 7、日本《金商业府令》第 134 条）。

根据这一法律规定，明确规定了相关业者的忠实义务和注意义务，但是和信托银行一样，注意义务的内容并没有明确。

（二）AIJ 事件后的修改

（1）在全权投资委托业者等向年金基金交付的契约前书面文件和运用报告书等记载事项中，须追加纳入运用资产的基金的机制构成（有无关联关系公司等）、基准价额的计算方法、有无外部审计等［日本《金商业府令》第 96 条、第 107 条、第 134 条，日本《兼营法实施规则》第 19 条、第 31 条之 22，日本《信托业法实施规则》第 30 条之 23、第 37 条，日本《监督指南（金商业者等）》Ⅵ-2-2-2（2）④-⑥、Ⅵ-3-2-3（1）④-⑤，日本《监督指南（信托公司等）》3-5-1（3）、（4）］。

（2）为了强化第三人（如日本信托银行）对运营资产的监督功能，国内信托银行有义务将直接从该计算者手中（管理员等）得到的基金的"标准价额"、锁定有外部监查的基金作为投资对象时从基金处得到的"真实监查报告书"、与投资全权委托企业向顾客交付的运用报告书中记载的"标准价额"进行核对，将其结果通知给顾客，并进行体制的整备化［日本《关于金融机关兼营信托业务等的法律实施规则》第 22 条第 9 项、日本《信托业法实施规则》第 40 条第 9 款、日本《关于信托公司等的综合监督指南》3-5-1（5）］。

（3）年金基金等的受托运营机构即全权投资委托业者等，在掌握年金基金等有可能违反分散投资义务的情况下应通知年金基金。根据顾客的知识、经验等进行风险说明等体制的整备，禁止配合个别指示，禁止提供断定性判断等措施。另外，对于投资顾问、代理业者，应告知与投资顾问相关的利益冲突的可能性等，整备与全权投资委托业者等有关的检查体系。［日本《金商业府令》第 117 条第 1 款第 34 项、第 123 条第 1 款第 28 项、第 130 条第 1 款第 12 项至第 14 项，日本《兼营法实施规则》第 22 条第 10 款、第 23 条第 2 款、日本《保险业法实施规则》第 53 条第 1 款第 11 项，日本《信托业法实施规则》第 40 条第 10 款、第 41 条第 2 款，日本《监督指南（金商业者等）》iii-2-3-1（1）、③Ⅵ-2-2-5（4）、Ⅶ-2-2-2（1）③，日本《监督指南（信托公司等）》3-5-1（2）、3-5-2，④日本《监督指南（保险）》Ⅱ-3-5-1-2（12）〕。

三、实务中通过合同明确责任关系

如上所述，作为年金基金运营机构的信托银行和全权委托投资业（人寿保险公司的特别账户除外）负有注意义务、忠实义务、分别管理义务、销售时的适当性原则、报告书的制作和交付义务。因此，在日本，关于运营机构的受托人责任，在现行法制下，以民法关于委任的规定为基础。并且基金在起诉运营机构时，基本上也以债务不履行为请求理由。但是，判例、学说的积累仍然不充分，关于运营期间的受托人责任，现行金融法制规定的宗旨、内容仍然很模糊。因此，为了避免在现实中出现基金理事和运营机构之间的"责任空白"，必须以民法中有关委任的规定为基础，通过契约明确责任关系。此时，旧厚生年金基金联合会编制的《受托人责任手册（运营机构编）》值得参考，以下是其中规定的相关条目的内容。[1]

（一）评估、选定运营业、签约

1. 重要事项的说明

运营业者在签订契约时，必须向基金公司提供关于投资对象资产、商品的结构、风险、回报特性等充分的信息，并进行准确的说明，同时明确契约内容。

2. 提示过去的运用表现

运营机构在提示过去的运用表现时，为了不误导基金，必须经常进行真实公正的表示和充分的公开。

3. 运营程序

运营机构在签订合同时，必须对运营流程的内容及想法、与运营方针、

---

〔1〕 厚生年金基金连合会受託者責任研究会：『受託者責任ハンドブック（運用機関編）』，（企業年金基金連合会、2000），30~91 頁。

运营体制的关系及整合性等进行充分的说明。

4. 运营体制

运营机构为了进行适当的运营，在整备体制的同时，有必要事先对基金经理和组织体制进行充分的说明。

另外，由于组织的重新评估等原因，在变更运用哲学、手法、风格、运用流程、体制、主要基金管理人等的情况下，需要事先进行充分的说明。

5. 运用的再委任处等的选定和管理

运营机构在要求运用手法的高度化、专业化和业务运营的效率化的背景下，有向其他运营机构等重新委任资产的运用以及征求意见的情况。在选定再委任方时，有必要将该资产的运用业绩与自己公司进行比较，确认其有利性。就再委任而言，虽然责任是由再委任方的运营机构来承担，但由于实质上委托了相当一部分的运用过程，所以要求对信用风险、资产管理体制、报酬的处理等进行充分的调查和判断。另外，即使选定后，也有必要定期对再委任方进行定量、定性方面的评估。

对于咨询建议，必须根据与实际运营决策的依赖程度以及对运营绩效的实际影响程度等，适当地选择和管理建议来源。

6. 基金指示内容的确认

运营机构在收到来自基金的关于运用方针和投资对象资产等的提案或指示时，对其内容进行合法性确认，对于提案或提示的内容，运营机构就妥当性进行斟酌，确定是否对该基金来说合适。如果认为没有，则向基金说明其意思和理由并进行协商。

7. 在选定运营机构、签约时对母体企业的干涉

基金理事等有义务为参保人和受益人的利益履行职务。在基金选定运营机构或修改合同时，运营机构以与母体企业的交易关系等为理由，对母体企业进行影响基金决策的干涉，很有可能妨碍选定适当的运营机构。

(二) 投资的基本原则

1. 遵守运营基本方针、运营指南等

运营机构必须遵守基金提出的运用基本方针和运用指南等。基金和运营机构在对运用内容的理解不充分的情况下就开始运用，或者运营机构内

部出现合作失误等，须充分注意不要与基金的运用基本方针和运用指导方针等发生差异。另外，由基金表示的运用方针上的指示内容与投资方针书等发生不一致的情况下，运营机构应事先对基金进行说明，并在与基金协商的基础上，优先考虑运用方针等的指示内容。

2. 进行适当的风险管理

运营机构须对投资组合进行适当的风险管理，以便在基金所了解的假设风险的基础上将收益最大化。运营机构承担了超出预想的风险，使基金承担了意想不到的过大风险时，对于这种风险管理的欠缺须充分注意。另外，在平衡型合同中，如果实际投资组合的资产构成比例超过模型投资组合的资产构成比例允许的背离幅度，应当要求其说明理由，并确认其合理性。

3. 追求中长期的总回报

运营机构须充分把握年金资产中长期运营这一特性，为了提高其总回报而进行运营。但是，由于急剧的市场变动，可能会超过指示的资产配置的允许范围。在这种情况下，运营机构必须迅速向基金报告，并就今后的应对方案进行协商。

（三）投资对象的选定

1. 资产分配

运营机构必须遵守基金根据运用指引等指示的资产分配。另外，基金也有必要确认是否在一定的允许范围内。但是，由于急剧的市场变动等，可能会超过指示的资产配置的允许范围。在这种情况下，运营机构必须迅速向基金报告，并就今后的应对方案进行协商。

2. 现金流管理

运营机构必须从确保支付费用等现金流量的流动性的角度出发，充分注意现金头寸的管理，防止发生资金短路。另外，基金在原则上指示全部投资的情况下，必须避免以待机资金的名义获取超过支付等所需资金的现金头寸。

3. 分散投资

在基金资产的运用上，进行分散投资是基本的注意义务的一部分。因此，运营机构必须充分注意适当的分散投资，以免资产类别和品种出现偏差。但是，分散投资只要确保基金的全部资产就足够了，因此，例如在特殊化型或准特殊化型运用的情况下，基金下达指示不受上述限制。另外，分散投资有两种情况，一种是指资产类别的分散，另一种是指品种等的分散。

4. 新投资

运营机构想要投资新的资产类别或风险收益特性不同的商品时，需要注意该投资对象资产或商品的风险收益特性、流动性、有无基准管理、是否有适当的市价评估及洗价频率等。对于公司内部的管理体制等，必须进行充分的调查和分析，同时取得基金的同意。反之，即使基金要求进行新的投资，如果调查分析的结果认为对基金来说不适合进行投资，也希望对其理由等进行充分的说明。

5. 金融衍生品交易

运营机构在没有取得基金同意的情况下，不得进行对受托资产的标的资产价值产生重大影响的衍生品交易和信用交易等。关于金融衍生品交易和包含该要素的交易，必须事先对基金公司就其内容等进行充分的说明，在获得同意的基础上进行。

6. 意识到自己公司的股票、关联公司的股票、公司债券、投资等的取得

运营机构优先取得本公司或关联公司发行的股票等，会形成利益冲突。为了符合基金的运用指引等，谋求业种、品种等适当的分散，在认为有必要时，在不违背基金利益的情况下，也允许买入关联公司的股票。但有必要事先充分说明投资判断合理的理由，在得到同意的基础上进行。因本公司股票的取得比关联公司的利益冲突的可能性高，所以如果没有合理的理由，应该避免取得本公司的股票。

7. 政策投资

运营机构在考虑本公司或关联公司的融资、交易扩大等与运用效率不同的情况下取得股票，因属于基金的利益冲突，故应禁止。

8. 不公正待遇

为了确保基金之间的平衡性，应该充分注意交易中价格的合理性、利

润和成本的合理分配。

9. 顾客之间的交易

基金之间进行资产交易，有可能对某一方顾客造成不利影响，原则上不应进行。在对顾客双方都有好处的情况下，以可验证的合理价格进行交易等公平交易，并应该事先征得顾客双方的同意。另外，由于联合投资的情况下，事实上很难事前得到全体顾客的同意，因此，为了实施顾客间的交易，需事先将公司内部规定等文件化，同时需要作出对其遵守状况进行定期监查（检查）的体制。

10. "选股模型"

在年金运营中利用模型进行股票选择时，考虑股票的流动性和交易执行成本是不可或缺的。并且，在建立品种选定模型时，在反映这一点的同时，需事先对基金进行模型的前提条件等的说明，以取得基金的同意。

（四）买卖的订货、约定

1. 招标证券公司的选定

运营机构在选定证券公司时，要对其信用、买卖执行能力、事务准确性、调查能力等制定一定的评价标准，并综合考虑这些因素后再选定。

2. 兼营带来利益冲突

运营机构的自己交易问题比起向关联公司订货，出现利益冲突的可能性更高，因此如果进行自己交易需事先规定明确的规则，在严格确保交易的公正性的同时，需事先得到基金的同意。

3. 买卖订单约定

运营机构对订货方负有最佳执行义务。特别是向亲子、关联证券公司订货，很有可能产生利益冲突，因此需要特别留意。

4. 交易执行成本

在交易执行成本中，除了买卖委托手续费和税金等"容易把握"的成本，还有市场影响成本、时机成本、机会损失成本等"难以把握"的成本，在整个交易执行成本中所占的比例不小。由于股票买卖委托手续费的自由化，往往只关注买卖委托手续费的多寡，但考虑到交易所集中义务的废除和证券公司自己执行交易的扩大，交易渠道、交易手法变得复杂、多样化的状况，运营机构需要对基金进行最有利的成本综合管理。

5. Soft dollar [1]

运营机构应该专门考虑基金的利益以进行运营，使用 Soft dollar 获得自己或相关公司的利益属于利益冲突。另外，如果确保了最佳执行，并且作为对象的服务等的用途明确，能够明确地为基金带来直接利益的话，理论上可以认为使用 Soft dollar 不构成利益冲突，但这种情况下也要事前对基金进行充分的说明和信息公开。另外，需要注意的是，实践中很难验证执行成本的正确管理以及是否确保了最佳执行，以及判断使用 Soft dollar 的利弊得失。

6. 短期交易、周转买卖

年金资产是进行长期运营的，不考虑年金资产的这一特性而进行周转买卖，应该避免承担不必要的成本和风险。

7. 日元周转、外汇滞留

运营机构为了追求总回报的最大化，要综合考虑运营费用。在避免不必要的外汇滞留和日元周转的同时，也要充分注意外汇交易和当地保管等成本，努力削减其成本。

8. 银行账目借贷

信托账户与银行账户之间的交易，应在确保合理交易条件的情况下进行，以免产生利益冲突。

9. 本行外汇

运营机构在选择订购方时，必须考虑最佳执行方案。因此，不应仅以结算简便等理由使用本行汇兑，而应在与其他银行进行比较、向本公司的银行结算部门订货最为有利等正当理由的情况下使用。

10. 运营结果的报告

基金在委托运营机构运营时，根据运用指南等向运营机构指示运用风格、基准、容许的追踪错误等，但运营机构对于运用结果，不单单是收益率，还需确认实际的投资行为是否遵循了这些运用指南等。因此，在制作运用结果的报告时，必须充分公开必要的信息，并正确、易懂地进行说明。

---

〔1〕 译为"软美元"，又称"证券互惠行为"，是相对于"硬美元"来说的，指基金管理人使用经纪业务为条件来获取经纪商提供的服务。

另外，关于收益率，运营机构为了使基金准确分析其原因，必须公开必要的信息。收益率虽然需要以市价为基准计算，但从评价运营机构的运营能力的角度来看，也应该公开不受现金流量影响的时间加权收益率。

11. 运用风格的变更

基金根据自己的资产规模和管理运营体制的实际情况构筑管理人结构，根据运用指南等对各运营机构指示运用风格委托运用。因此，运营机构应忠实地遵守这一指示，在不了解基金的情况下，不能擅自改变运用方式。

12. 法令及违反合同的报告

运营机构在遵守法令等规定的同时，还必须忠实地遵守包括运用方针在内的合同。为此，在整备公司内部的法律遵守体制的同时，为了不发生因事务处理的失误而违反合同的情形，需整备有组织的事务处理体制。另外，假设有违反法令和合同等的行为时，必须迅速向基金报告，并根据其内容和程度采取适当的应对措施。

13. 股东表决权的行使

运营机构应该为了增加委托人基金的利益，行使股东表决权。股票虽然是以资产管理机构的名义持有，但实际的所有者是将其作为委托者的基金，从受托人责任的观点来看，运营机构适当行使股东表决权，以求股票价值的增大。

14. 股东优待物

资产管理机构应当对股东权益中可兑换的资产进行兑换，存入基金，并明确其处置规则。

15. 资产管理体制的整备

资产管理机构为了在切实进行资金结算等业务的同时保全基金资产，进行有组织的资产管理体制的整备是不可缺少的。具言之，需整顿内部牵制体制和独立的法令遵守负责部的检查体制，以便对不正当行为的监视和对事务失误等准确地进行检查。另外，对于这种管理体制的整备和遵守状况等有必要接受外部的监查。

16. 分别管理

从基金资产的保全以及防止违反忠实义务的观点来看，资产的分别管理是资产管理机构重要的义务。以信托为例，信托财产和固有财产必须明确分离。另外，信托财产相互之间，由于运用形式的性质上或者托管机构的系统上的原因，以及费用和效果等，有时很难进行资产的分别管理，但即使在这种情况下，每个委托人的账簿上也要进行明确的计算，并及时恰当地核对合计与资产金额。

17. 约定比对、设立结算

资产管理机构为了在核对约定和结算时不发生事务差错，需努力整顿体制。另外，假设发生了事务差错，在迅速向基金报告的同时，有必要根据差错的内容和程度采取适当的应对措施。

18. 企业行为

资产管理机构需要以分红、股票分割、公司合并等方式，对股票和公司债券的价值发生变动的企业行为迅速、准确地收集信息，防止机会损失，同时正确把握运用成果。

19. 保管人、托管机构的选定和管理

在海外投资中，如果管理人或托管机构破产，资产保全等就会出现问题，因此资产管理机构在选择管理人或托管机构时，要充分确认托管机构的信用度和事务处理能力等。另外，海外资产的管理和结算方法有存证方式和当地结算方式。考虑到交易的规模和成本等因素，并不是说一律采用当地结算方式比较合适，但是从资产保全的角度来看，需要留意是否有以证券公司的名义混藏保管的问题。

第五节　年金基金与年金运营业受托人责任的关系

一百多年前，发达国家就设立了年金基金。采用事前积累方式的雇主虽然能由自己直接负责年基金的管理、投资，但由于其大部分不是年金基金管理、运用的专家，因此将大部分管理、运用的业务委托给了外部机构[1]。与此相同，日本也将年金基金的管理运用委托给专业的信托银行、

---

〔1〕　アントン・ヴァン・ヌーネン著、大輪秋彦訳，『フィデューシャリー・マネジメント—年金ガバナンスをサポートする新たなソリューション』，（金融財政事情研究会、2000），8頁。

保险公司、全权投资委托业。如上所述，上村教授对于这种年金的特征，认为受益人是"不特定多数的情况下"，"中间存在一定的专家"，这一专家是指与资金的最终提供者直接对应的专家和管理人员，此时两者之间的责任关系需要进一步探讨。在探讨这个问题时，可以参考投资顾问业界于2001年9月发表的《关于投资顾问业者的注意义务》的研究报告。[1]

一、研究报告的背景

投资顾问业者从1990年被解禁厚生年金基金领域，开始进入公共年金市场[2]，在提高运用能力的同时，也使投资者对投资顾问业的信赖度与日俱增，从而成了一大资产运营势力。投资顾问业务发源于英国，发展于美国，日本的投资顾问业务与英美一脉相承。从英美的历史来看，其在制定《投资顾问业法》[3]时，根据英美法律的fiduciary duty即信义义务规定了忠实义务。而日本的全权投资委托合同是民法上的委任合同，因此可以理解为适用日本民法的善管注意义务（日本《民法》第644条）。但是，有关"善管注意义务"的判断非常模糊，善管注意义务的程度和范围也未必明确。因此在日本法上，以英美法律的信义关系为依据的投资顾问业法中，注意义务与民法上的"善管注意义务"是什么关系，注意义务是否包含在善管注意义务中等问题并不十分明确。并且当时业界虽然从遵守忠实义务的观点出发，完善了防止利益冲突的自律规制，[4]但在注意义务方面却未探讨得十分充分。基于这一背景，日本证券投资顾问业协会在2000年10月

---

〔1〕　社团法人日本証券投資顧問業協会：「投資顧問業者の注意義務について」（「投資顧問業者の注意義務研究会」報告書），载社团法人日本証券投資顧問業協会官网：http://jsiaa. mediagalaxy. ne. jp.

〔2〕　运用方法采用特金的方法，即GPIF与投资顾问公司根据投资委托合同签订运用资金的信托合同，同时与信托银行签订进行证券管理业务的资产管理型信托合同。

〔3〕　投资顾问业务发源于英国，发展于美国，日本的投资顾问业在行为本身上与英美没有什么区别，但英美在制定《投资顾问业法》时，使用了fiduciary duty的概念。社团法人日本証券投資顧問業協会：「投資顧問業者の注意義務について」（「投資顧問業者の注意義務研究会」報告書），23頁，载社团法人日本証券投資顧問業協会官网：http://jsiaa. mediagalaxy. ne. jp.

〔4〕　关于1991年所谓的损失补偿问题，业界通过在排除利益冲突行为的同时遵守忠实义务的自律规定来努力恢复顾客的信赖。

成立了"投资顾问业者的注意义务研究会",经过 14 次的研讨会,于 2001 年 9 月发布了名为《关于投资顾问业者的注意义务》的研究报告。

二、关于投资顾问的注意义务

报告书针对引入 fiduciary duty 概念的投资顾问业法上的注意义务指出 "注意义务的内容可以理解为单纯的委任合同上的善管注意义务,其具体意义要根据该合同的性质、签订合同时的状况来评价",并对投资顾问业的业务作出了如下分类:

第一,对等当事人之间的交易,即委托人本身有一定的见识,也有能力向顾客发出具体指示,但仍将一定的业务委托给投资顾问。[1]在这种情况下,投资顾问业者的注意义务是"最低限度"的注意义务,即"委托人最好努力阐明委托的宗旨……其他的自己执行、信息提供、分别管理则被吸收到业务执行是否符合委任宗旨的判断中。这种委托关系主要是任意性规范的调整范围"。[2]

第二,资金提供者除了提供资金,不具备其他专业知识,将一切业务委托给投资顾问。在这种情况下,"作为得到全面信赖的业者,自己执行、提供信息、保管财产、分别管理等都是为了显示自身的诚实性的责任和义务,这不仅是委托人的责任,也是业者自身的免责责任。在这种情况下,明确合同内容的责任主要在于业者方。此时,充分履行能够证明外在诚实性的责任和义务才是业者的本质责任。"[3]

第三,在上述两种极端情况之间存在多种多样的情况,应灵活应对。

总之,根据情况不同,投资顾问业者所要承担的注意义务也不同。因

---

〔1〕 社団法人日本証券投資顧問業協会:「投資顧問業者の注意義務について」(「投資顧問業者の注意義務研究会」報告書),40 頁,载社団法人日本証券投資顧問業協会官网:http://jsiaa. mediagalaxy. ne. jp.

〔2〕 社団法人日本証券投資顧問業協会:「投資顧問業者の注意義務について」(「投資顧問業者の注意義務研究会」報告書),40 頁,载社団法人日本証券投資顧問業協会官网:http://jsiaa. mediagalaxy. ne. jp.

〔3〕 社団法人日本証券投資顧問業協会:「投資顧問業者の注意義務について」(「投資顧問業者の注意義務研究会」報告書),40 頁,载社団法人日本証券投資顧問業協会官网:http://jsiaa. mediagalaxy. ne. jp.

此，报告书指出："首先要努力了解该合同是在要求何种程度的注意或诚实义务。"并指出，这些投资顾问公司的责任是"适应多种市场，并自己判断自己的角色和责任，这是作为在资本市场上担当一定职责的业者的独特责任……这里所说的注意义务，即指应执行与委托人所委托的宗旨相一致的业务内容，也包括在此之前，对自己所处的状况作出适当判断，并根据该状况选择对应的注意事项的义务"。[1]

三、年金基金理事责任和投资顾问业受托人责任的关系

报告书在分析投资顾问业者的注意义务时，使用了作为两个理念型的概念，上村教授总结如下[2]："第一类型"是"由具有高度专业性的顾客全权委托，在这种情况下强调顾客的自己责任，此时哪里不清楚时可以询问顾客，分别管理和自己执行义务都是合同的问题"。这种类型是针对前述第三种分类的假设，"将其法定的意义在于，使违反注意义务为理由的行政处分和自主规制机构的制裁的发动变得容易"。然后是"第二类型"，即第三种分类中的第二种状况。具体来说，"顾客是完全不具备专业性的大众时，假设只有一个人的情况下，业者承担全面的诚实义务。在这里实施一定的从外部可以判断的外在行为是业者的本质特征，自然违反时的效果也变得更加严格"。"第三种类型的顾客是不具备专业性的大众，在不特定多数的情况下，中间会有一定的专家介入，此时这种资金的最终提供者和直接对应的专家的职责和运营业者的责任之间的关系需要进一步探讨。本书的研究对象——年金基金的理事和受托机构即投资顾问公司之间的关系就相当于这种关系。这是指"虽然合同相对人是专业人士，但背后有多数人的情况……此时的注意义务是根据年金基金的资金的公共性程度，作为资本市场的参与者的注意义务"，"如果是完全的专业人士之间的交易或许是

---

〔1〕 社团法人日本証券投资顾问业协会：「投资顾问业者の注意义务について」（「投资顾问业者の注意义务研究会」报告书），40 页，载社团法人日本証券投资顾问业协会官网：http://jsiaa. mediagalaxy. ne. jp.

〔2〕 上村达男：「投资顾问业者の注意义务研究会报告书の意义」，金融法务事情 1625 号（2001），20 页。

可以被允许的问题，但如果是与专业人士背后的最终需求者之间的交易就可能不被允许"。

对于这个问题，上村教授提出了报告书没有提及的个人见解，他说："在这种情况下，作为投资顾问业者，在理解基金理事的职责，并期待基金理事履行其职责的同时，应认识到这一契约最终的受益者是投资顾问业者背后的老百姓，这样的契约具有高度的公益性。因此，如果基金理事在没有履行一定职责的情形下，也有可能从对最终受益人负责的角度出发，使其补充或完善其职责。在这个意义上，年金基金理事和投资顾问业者两者的关系可以说是既各司其职，又为了实现最终目的而相互协助和补充。"

小　结

一百多年前，发达国家就设立了年金基金。采用事前积累方式的雇主虽然能由自己直接负责年金基金的管理、投资，但由于其大部分不是年金基金管理、运用的专家，因此将大部分管理、运用的业务委托给了外部机构。因此，从年金基金的公积金来源来看，原本应该由年金基金承担的责任，由于将一部分业务委托给了外部，使得年金基金和运营机构应该同时对年金参保人负责。因此，笔者也赞同上村教授指出的"两者的关系可以说是既各司其职，又为了实现最终目的而相互协助和补充"。另外，从一百多年前发达国家的讨论来看，他们从一开始就不把年金基金认定为年金运营的专业人士，但是在日本，AIJ 事件发生之前，就默示地认定了其年金运营的专家的身份。但是在 AIJ 事件发生后，首次通过法律更改了年金基金作为非专业人士的立场。

从日本的年金基金来看，正如第三章中所总结的那样，运营公共年金的 GPIF 下设有经济、金融等方面的专家即投资专门委员（3 人以内），在审议管理运营业务相关事项时要出席理事会（GPIF 法第 17 条），由此建立了确保专业性的机制。并且，根据一定的标准选出优良的基金，让其运用的 GPIF 的心脏部门即运营部也在机制上得到了确保。

另外，厚生年金基金的理事在 AIJ 事件之前，将年金基金（包括厚生年金基金和基金型给付确定型企业年金）理所当然地视为特定投资人，但 AIJ 事件发生后，日本对相关法律进行了修改，让满足一定财产条件的年金基金自行作为特定投资人进行申报，但在没有申报的情形下，除大规模的年金基金外，年金基金原则上不属于特定投资人。

由此可知，作为管理运用公共养老金的 GPIF 可以说是报告中的专业人士，但厚生年金基金和待遇确定型企业年金如果没有特别申报，就不属于特定投资人，换言之，就不是报告书中提到的专业人士。因此，根据报告书中的观点，基于是否专家这一身份属性的不同，作为合同相对人的年金运营业者的责任也不同这一点来看，GPIF 和其他情况下年金运营机构的责任应该有所不同。具言之，在 GPIF 的情况下，由于双方都是专业人士，所以仅凭委任合同就可以解决，因此委任的本意只需向 GPIF 确认即可，而年金运营业者也只要遵守合同中所约定的内容即可。但如果对方是厚生年金基金时，因为两者之间的关系是一方依赖另一方的信托关系，确认合同的义务就是年金运营业者的责任，并需要承担比契约规定的内容更为严格的注意义务。这里所说的严格是指在没有违反合同的情况下，也有可能根据忠实义务和注意义务追究年金运营业者的受托人的责任。

但是，考虑到其他因素如强制缴纳保险费、公益性最强、公积金规模最大、对资本市场的冲击最大等 GPIF 的诸要素的话，与厚生年金基金等场合相比，GPIF 代替年金运营业的责任的比重就变大了。

第六章

关于年金基金和运营业者的案例分析

第一节　信托银行年金信托合同中的联合运用义务、资产组合遵守义务

一、事件概要

（一）当事人

第一审被告 Y：三菱 UFJ 信托银行

上诉人：被 Y 吸收合并前的日本信托银行

第一审原告 X：兵库县乘用自动车厚生年金基金

（二）案情概要

X 在 1970 年 4 月左右，将 Y 和其他几家公司作为共同受托人，缔结了以 X 作为委托者兼受益人的年金信托合同。由于 1997 年参保人员减少引起的保险费收入减少等，产生了巨额的公积金亏空，因此在代议员会上 X 决定采用高回报[1]的运用手法来解决公积金不足问题。10 月 30 日，上述共同受托人变更为以下几个受托人[2]。其中一个受托人日本信托银行[3]，主张受托的 30 亿日元全部买入由 225 个成分股生成的日经平均股价算出的

---

〔1〕　1996 年度厚生年金基金修正的平均综合收益率为 3.65%，在当时的经济形势下很难达到 8% 的运用收益率。

〔2〕　三菱 UFJ 信托银行、东洋信托银行、三井信托银行、日本生命保险相互会社、第一生命保险相互会社、住友生命保险相互会社和承继前上诉人日本信托银行等。

〔3〕　日本信托银行提出的运用方法是将 X 受托的 85 亿日元，按照国内债券、可转换债券 40%、国内股票 25%、外国债券 10%、外国股票 13%、其他 7% 的比例来运用，X 获得了高收益率。降低安全性较高的国内债券和可转换债券的比率，提高股票的比率，决定以国内债券和可转换债券 26%，国内股票 41%，外国债券 3%，外国股票 24%，其他 6% 的比率进行运用。

股价指数联动的日经平均指数债，进行单一信托，并将最大收益和最大损失限制在20%的范围内。受托人东洋信托银行[1]提出较高收益率的投资方案，Y提出降低业务委托报酬的提议。同年12月1日，X将之前信托给共同受托人的财产中的30亿日元委托给Y运用，针对Y设定了3年收益率为24%（年利率约8%）的目标。与此同时，共同受托人中的三井信托银行、安田信托银行及大和银行辞去了共同受托人的职务。

与此同时，X于12月1日与Y签署了《关于年金信托合同的信托财产运用比例的备忘录》。该备忘录第1条规定"在X对Y以运用指南提示运用比例时，Y尊重其宗旨进行运用。"第2条规定："在X对Y没有提示运用指南的情况下，Y以Y的年度资产组合为基础，在Y所规定的运用比例的上下限范围内进行运用。"第3条规定："上述运用比例以信托财产的月末市价为基准。"第4条规定："另外，在上述两种情形下，X可以将另外记载运用比例的确认书交付Y。若X变更该确认书的运用比例，将再次以书面形式通知Y。"

之后，各个共同受托人变更为单独与委托人缔结年金信托合同，1999年10月1日，X与Y缔结了新的年金信托合同（以下称为"本案年金信托合同"）。本案年金信托合同第5条第1款规定："委托人可以向受托人提示有关信托财产运用的基本方针及运用指南，有提示的情况下，受托人需要与委托人协商进行运用。"第2项规定："该信托财产可投资运用于下列财产。"随后列举了须联合运用的各种养老金投资基金信托受益权和单独运用的投资对象。

并且1999年还制定了《年金投资基金信托（股票账户）条款》（以下称为"本案条款"），作为本案年金信托合同受托的运用于年金投资基金信托（股票账户）的财产所适用的条款。本案条款第3条规定："信托财产与运用方法相同的其他信托合同进行集合投资。"另外，本案条款第8条第1款规定："在签订该信托时，如果还没有运用方法相同的其他信托合同的话，将相当于将1万日元的金额作为一个单元账户，将其整数倍的财产作为

---

[1]　东洋信托银行提出的运用方法是，从X受托的30亿日元中，将相当于30%的9亿日元主要采用单独运用的方法投资于国内股票上运用。

信托财产的金额进行委托。"本案条款第 8 条第 2 款规定："此外的情形下，将受托人承诺之日的计算基准价格的金额作为一个单元账户，将其整数倍的财产作为信托财产的金额。"本案条款第 8 条第 4 款规定："在本条款中计算基准价格是指用已经受托的运用方法相同的信托财产的净资产总额除以计算日的总口数所得的价额。"

Y 在 1997 年 12 月 1 日至 1999 年 11 月 12 日期间，如之前所提议的，从 X 受托的 30 亿日元中，将 29.905 亿日元运用于日经平均指数债。1999 年秋季左右，随着股票行情的恢复，Y 预测出售日经平均指数债可以确保相当程度的利益，于是在得到 X 的同意后出售了日经平均指数债。此后，X 继续委托 Y 运用信托资产。当时，在 X 的资产中，集合投资的部分只有年金基金投资信托贷款账户的 1764 万多日元。

X 对 Y 的信托原本以日经平均指数债的运用为目的，但 Y 在 1999 年度运用信托资产时采用的基本资产组合是标准型平衡模型（期待收益率 5.19%、风险 9.34%）和稳定型平衡模型（期待收益率 4.38%、风险 7.61%）两种，与 X 强烈要求的 8% 的期待收益率相差甚远。于是，作为 Y 的受托运营部调查员诉外春山一夫（诉外 B，具体负责投资组合经理负责 Y 的资产运营）制作了期待收益率超过 8% 的三种基本资产组合方案，于 1999 年 11 月 19 日对 X 邮寄了名为"基本资产组合的相关提案"的书面材料。Y 在上述材料中提到的基本资产组合有平衡型、二资产准特化型、特化型三种类型，其中二资产准特化型和特化型的期待收益率都很高，但风险也非常高，所以 Y 推荐运用平衡型（期待收益率 8.04%，风险 12.63%）的资产组合。平衡型资产组合为：国内债券 15%（上限 17%，下限 13%），国内股票 45%（上限 52%，下限 38%），外国债券 15%（上限 17%，下限 13%），外国股票 25%（上限 28%，下限 22%），短期资产等被定为 0%（上限 5%，下限 0%），但对于是单一投资还是集合投资却没有提及。

1999 年 11 月 24 日，X 内部召开事业运用委员会议对此进行了讨论。会议结束后，X 的常务理事甲野三郎（诉外 A）给诉外 B 打了电话，表示采用平衡型。但是，当时并没有指示修改资产组合和集合投资，X 和 Y 之间也没有提到这些话题。到 2000 年 1 月 31 日为止，X 的信托财产运用全部采

用联合运用方式。2000 年 2 月 9 日，Y 召开了 1999 年度第三季度运用报告
会议，向 X 报告了从以前的特化型运用转变为平衡型运用的情况和运用业
绩，但当时是在转换为平衡型资产组合的过程中，因此需要先把在贷款账
户运用的不到 5 亿日元转移到其他资产上。2000 年 2 月，当时股票行情很
好，虽然 Y 的运用业绩中单年度收益率超过 14%，但 X 指出与其他公司相
比，单年度收益率及过去两年的运用业绩趋于落后，强烈要求在剩下不到
一年的时间里把收益率提高到 14%。

受此影响，Y 考虑到为了在剩下的近一年达到超过 14% 的高收益率，需
增加对升值预期股票的运用，于是 2000 年 2 月 15 日，作为本案年金信托合
同的受托人，Y 将基金信托在受托财产的年金投资基金信托（贷款账户）
中运用的不到 5 亿日元集中投资于一个 IT（互联网技术）相关股票品种的
年金投资基金信托（股票账户）中（以下称为"19 基金"，即"第二信
托"）。

2000 年 2 月一开始，Y 没有成立集中运用于 IT 相关股票的年金投资基
金信托（股票账户），但在 IT 相关股票的一部分股价大幅上升的行情下，X
以外的厚生年金基金也提出锁定高成长品种追求高回报的投资手法的需求，
于是 Y 新设了 19 基金，首先运用 X 的受托财产 5 亿日元开始了 19 基金的
投资。另外，截至 2000 月 2 月，委托给 19 基金的财产集中投资于 IT 相关
的 4 只股票，但该 4 只股票在 X 的信托财产中所占的比例均停留在 10% 以
下，在本案年金信托合同解除之前从未发生过违反该合同第 5 条第 8 项规定
的情况，该规定限制超过信托财产的 10% 投资于同一公司的股份。

投资结果为，X 的资产构成比例（以市价为基准）为国内债券 6.8%、
国内股票 58.5%、外国债券 17.4%、外国股票 15.9%、贷款等 1.4%。此
后，国内股票的比例持续下降，在表示解除本案年金信托合同的同年 7 月末
占到了 50.8%。另外，19 基金在 2000 年 2 月末产生了估价利润，但之后由
于 IT 泡沫的崩溃，产生了估价损失。

在 2000 年 5 月 18 日对接的时候，X 查明 19 基金运用的股票品种数少，
除 X 以外没有其他厚生年金基金的信托财产，故 X 主张 Y 违反了本案条款
规定的集合投资义务。本案年金信托合同解除之前，X 以外的厚生年金基金

的信托财产没有投资于 19 基金中。2000 年 9 月 14 日，X 和 Y 解除了本案年金信托合同，但是投入 19 基金的 5 亿日元，只收回了 2 亿多日元。

二、法院判决

（一）判决要旨

原审 ｛平成 15·3·12 神户地方法院第 6 民事部判决、平成 13 年（2001 年）［和］第 455 号损害赔偿请求事件｝[1]下达了被告向原告支付8670 万日元以及从 2000 年 9 月 15 日起按年 6 分的利率支付利息的判决，对此，二审 ｛平成 17·3·30 大阪高判民事三部判决，平成 15 年（2003 年）［内］1195 号损害赔偿请求上诉、附带上诉事件｝[2]撤销了原判决，驳回了 X 的全部请求。

（二）判旨

X 主张基于协议、默示、条款负有集合投资义务，但 Y 违反了资产组合义务。对此，一审和二审判决分别作出了不同的判断。

1. 争议焦点 1：关于违反集合投资义务

（1）是否成立明示的合意。

一审判决为："……1999 年 11 月 24 日，A 和 B 的回答是在解除日经平均指数债后决定 X 的资产全额运用的局面下作出的，并且 A 和 B 分别是投资负责人或投资专家。在这一立场上，考虑到受托人应该熟知厚生年金基金所信托的资产几乎都与其他基金的信托金集合，分散投资于多个项目来运用这一事实，上述做法值得肯定。A 以要求全部资产的联合运用为宗旨，对资产运营提出了寻求平衡型运用的提示，B 对此也充分理解，说明 B 对联合运用没有异议并要求进行协商。这从本案中从投入 19 基金后，Y 并没有否认联合运用义务等方面也可推测。如此一来，最晚在 1999 年 11 月 24 日的时候，Y 就已经有了以联合运用方式运用 X 委托的财产的义务。"

与此相对，在二审中，X 主张在 1999 年 11 月 24 日与 Y 达成协议，以

---

〔1〕 金融·商事判例 1167 号（2003），21~32 頁。
〔2〕 判例時報 1901 号（2005），48~59 頁。

联合运用的方法运用信托财产。

"1999 年 11 月当时，Y 针对 X 提出了特化型、二资产准特化型、平衡型三种基本资产组合方案，这三种方案……完全没有提到单一运用还是联合运用的方法……X 对实现 3 年内每年 8% 的投资收益率这一目标抱有强烈兴趣，虽然预期收益率会受到采用上述三种基本资产组合中的哪一种的影响，但不会取决于是选择单一运用还是集合运用。可以指出并非由做什么所左右的事情等，除了以上诸点之外……X 为了证明自己的主张，援引了 2000 年 8 月 8 日甲野理事和继承前上诉人关西营业部长丁原梅夫之间的电话对话内容的书面材料，证明丁原部长表示承认联合运用的协议。但是，仔细研究上述对话内容，甲野理事要求丁原部长提交确认联合运用协议的文件时，丁原部长为了回应甲野理事的要求，回答了'是'。事实清楚，不能采用上述书证作为证明被上诉人主张的证据，也没有其他足以支持被上诉人主张的证据。因此，不能认可 X 的上述主张。"

（2）基于违反默示协议的联合投资义务。

在一审判决中，Y 指出 X 向 Y 要求 3 年 24% 的高收益率，实际上，在 1999 年度第三季度报告会上，X 也具体指出 Y 的运用成绩不佳，要求更高的收益率。考虑到 X 以高回报为目的，曾向 Y 要求对日经平均指数债进行投资等情况，X 不可能仅仅要求 Y 以稳定的联合运用方式进行投资。还有考虑到第三季度运用报告会上 X 的应对这一点，我们可以看出 Y 对 X 默示的意思表示，即如果有事先的说明，X 可能会允许单一运用的方法。另外，如果取得 X 同意的话，Y 也可以采用非联合运用的方式进行投资，考虑到这一点，当时双方采取基于 X 特别认可的单一运用的方法，可以说与前项的联合运用义务不矛盾。对于 X 主张 Y 没有履行联合运用义务的争议点，法院回应："……本案中没有足够的证据可以证明 Y 在投入 19 基金时有事先的说明和 X 的同意，因此 Y 的不违反联合运用义务的主张当然没有依据。"

对此在二审中 X 主张，本案年金信托合同进行联合运用是惯例，既然选择了平衡型资产组合，就同意以联合运用的方法进行运用。

"……根据年金信托合同所受托的财产，是以单一运用还是联合运用的方法来运用并没有法律规定，只要年金信托合同没有规定或运用指南没有指示，就由作为受托人的信托公司来决定……在本年金信托合同中，作为投资对象单一运用的股票、国债、贷款等和联合运用的年金投资基金信托收益（股票账户和贷款账户）等只是并列列举，没有规定单一运用的限制和以联合运用为原则等。一般来说，在信托金额较少的情况下，联合运用的比例会比较高，但即使信托金额较少，也有单一运用的情况。实际上，X自己，从1997年12月起约2年的时间内，不仅把信托给Y的财产几乎全部用于日经平均指数债单一运用，而且把信托给东洋信托银行的财产的一部分，也单独运用于国内股票。虽然可以指出，但从这些方面来看，很难认定年金信托合同中存在以联合运用为宗旨的惯例。不能因为X选择了平衡型资产组合，就达成了以联合运用的方法运用的默示协议……"

（3）关于基于本条款的联合运用义务。

在一审判决中，Y指出与X之间的本案年金信托合同第5条第2项主张该合同作为财产运用方法有单一运用和联合运用两种情况，因此Y没有仅限于联合运用的义务。在第1项中，关于运用方针的基本指示是由委托人来下达的，因此根据该条第1项的提示，既然联合运用成为义务，那么该条第2项列举的单一运用也可以成立。对此可以理解为否定，以该条第2项为根据的Y的主张没有理由。

因此，"……Y有义务将X受托的全部财产进行联合运用，在对19基金进行投资的2000年2月15日的时间点上，应该说Y也负有这个义务。……另外，在本案中，仅根据甲野理事与春山调查员的交换才能认定Y的联合运用义务，因此，根据其他成立根据的当否，即平衡型运用是否意味着联合运用，根据默示的意思表示联合运用。对于使用义务是否发生，根据条款是否产生联合运用义务，没有必要进行判断，因此不予判断"。

另外，关于联合运用的具体内容，"……Y主张如果将来其他基金也可以参与，那么联合运用义务就已经完成了，但这一主张实质是说可以单一运用全部委托财产的行为，这实际上违背了将财产交给Y进行联合运用的宗旨。因此很容易就可推知X无法接受。倒不如说，Y单一运用X的资产时，当事人之间应该事先协商好要得到X的同意。因此，就本案的联合运用义务而言，具体要求从其他基金中投入一部分资金，随之仅以X获得的单一资金设立 19 基金，并进行投资的 Y 的行为应该说属于违反联合运用义务的行为"。

对此，在二审中，"……本案条款第 3 条规定，信托财产与运用方法相同的其他信托财产联合运用。另一方面，新设立年金投资基金信托（股票账户）的情况下，有可能仅从一个厚生年金基金受托的财产开始运用该年金投资基金信托（股票账户），因此第 8 条第 1 项中 '在签订该信托合同时，如果还没有签订运用方法相同的其他信托合同，以 1 万日元为一份，以其整数倍的财产作为信托财产的金额' 的规定……"

2. 争议焦点 2：关于违反资产组合义务

在这一点上，X 对于 Y 所下达的构成比例的指示只是作为中心值或上下限等选择运用形式时的参考，并且在之后的实际运用中并不能约束 Y。这表明，资产构成比例明显违反了 X 的指示，但 Y 在此之前从未被 X 指责或提示。对此，原审判决如下：

"……根据 X 和 Y 的本案年金信托合同第 5 条第 1 项，委托人享有关于运用方针的提示权，综合考量 1999 年 11 月 24 日甲野理事向春山调查员提示资产组合的比例和春山调查员没有发现 X 要求对其进行特别协议的情况，Y 当天产生不能积极地违背 X 指示的比例进行投资的义务。

……基于信托契约的投资运营行为需要受托人作出迅速灵活的投资判断，不能完全受当事人指示的约束，这一点是显而易见的，因此从信托契约的性质来看许可受托人在一定程度上拥有自由裁量权，这种情况下只有债务不履行在明显脱离受托人合理裁量范围的情况下才会被追究责任。并且不违反裁量范围的主张是为了对基于违背指示比例追究责任的抗辩，同时也是关于受托人判断内容的主张，所以应由被告承担举证责任。

由此可见，对 19 基金的投资导致大幅度超过国内股票指示比例的结果，这一点 Y 也很容易认识到，所以很明显可以认定为是积极违反资产组合比例的投资，……因此应基于违反资产组合尊重义务承担债务不履行的违约责任。"

对此，在二审中作出了如下陈述：

（1）关于本案通知是否存在。

"……①厚生年金基金向信托公司指示资产组合（资产构成比例）时，通常会向信托公司交付叫作运用指南的书面文件，但 X 却并没有向 Y 交付相关书面文件。②X 专门以 Y 违反联合投资义务为由解除本案年金信托合同，在合同解除之前，却一次也没有向 Y 主张本通知的存在和资产组合尊重义务的违反。③X 在提起诉讼前寄去的内容证明邮件中，也一直主张 Y 违反联合投资义务。④X 在提起诉讼后，也一直主张 Y 违反联合投资义务，只是是在提起诉讼一年后首次主张 Y 违反资产组合遵守义务，并提交了上述各书证作为证据。⑤X 在提起本案诉讼后的早期阶段提交了证人甲野理事制作的 2001 年 7 月 3 日的报告书，其中记载了修改为平衡型资产组合的决定，但并没有记载向 Y 作出有关通知的内容。再加上春山调查员的反对证言，上述书证不能作为证明被上诉人主张的证据，证人甲野理事的证言不能完全相信。……另外，Y 指出的陈述部分，考虑到 Y 在提起诉讼后主张在 1999 年 11 月 24 日变更资产组合……仔细研究春山调查员的证言内容，春山调查员一直很明显地否认本案通知的存在，所以上述陈述部分不能作为证明 X 主张的证据采信，除此上述证据以外，没有足以认可 X 主张的证据……"

（2）关于是否违反以平衡型资产组合为前提的资产组合遵守义务。

"……Y 接到 X 的电话通知，表示选择 X 提出的三种基本资产组合中的平衡型资产组合，因此其是否违反了平衡型资产组合的遵守义务是问题的关键。……2000 年 2 月 9 日召开的第三季度报告会上，Y 作了同年 1 月末向平衡型资产组合的转移情况和资产构成比例的报告……暂且先用贷款的 55 180.9358 万日元的运用出现了问题……强烈要求实现超过当时运营业绩（单年度收益率超过 14%）的运用收益率……对此，Y 提议设立年金投资基金信托（股票账户），并集中投资于 IT 相关股票，X 没有提出异议，也没有对资产构成比例提出任何质疑或意见……Y 没有将资产构成比例作为问题，在提出本案诉讼超过一年之后，才通过本案通知指示修改平衡型资产组合，并主张违反了资产组合遵守义务。……从这些方面来看，应认为 X 是在认识到可能会超过平衡型资产组合中国内股票的比例时，为了达到超过当时实际运用业绩的运用收益率，暂且先用贷款的 55 180.9358 万日元运用于国内股票。

……另外①根据资产的不同种类市价的变动情况也不同，并且市场也会产生急剧变动，因此信托财产的资产构成比例超过指示的资产构成比例范围的情况并不少见。②这种情况下的对应方案有定期修正、修正到可容许范围的上下限、修正到可容许范围的中心值、根据行情走势等方法，这些方法的选择大多由信托公司全权负责，实际上，X 和 Y 也没有对此制定应对方法。③5 亿日元投入到 19 基金的 2000 年 2 月时的国内股票的比例，虽然比平衡型资产组合的国内股票的比例上限高出 6.5%，但是次月以后国内股票的比例持续下降，在表示解除本案年金信托合同的同年 7 月末，平衡型资产组合的国内股票的占比从 52% 下降到 50.8%，照这些诸点来看，不能因为 2000 年 2 月国内股票的比例超过了平衡型资产组合的国内股票的上限值，就立即断定 Y 怠于遵守平衡型资产组合的义务。……根据以上讨论，法院认为诉讼请求中，违反资产组合遵守义务的损害赔偿请求没有理由，因此驳回原判决……"

不能认定 X 和 Y 之间达成了联合投资信托财产的明示或暗示的协议，也不能认定合同条款中的联合投资义务，而且 X 主张的 Y 违反联合投资义务与其损失之间不存在因果关系，也不能说 Y 懈怠了遵守 X 指示的资产组合的义务。

3. 争议焦点 3：损害

（1）因违反联合投资义务造成的损失。

原审判决为："……19 基金的涨落率约为 42.34%，但如果投资在基金中成绩最差的 18 个基金，其涨落率也不到 25%，因此相当于占 5 亿日元的 17.34%，即 8670 万日元应算定为基于违反联合投资义务的损失额。"

在二审中，"……19 基金集中投资于……IT 相关的股票品种，结果 19 基金刚成立，IT 相关的股票品种的股价就暴跌……以 IT 相关股票为中心进行投资的其他公司的国内股票投资信托也没有对 IT 相关股票进行集中投资，因此 IT 相关股票的股价暴跌对其他公司的影响有限。综上所述，19 基金的经营业绩低于其他基金的经营业绩的原因是 19 基金集中投资于 IT 相关的股票品种，因此 X 主张的违反联合投资义务和 19 基金的运营业绩低于其他基金的运营业绩之间不存在因果关系"。

（2）违反资产组合义务的损害。

在原审判决中，对于 X 因 Y 违反资产组合义务而造成的损失，计算方法是将实际超出 X 指示的国内股票比率的 50% 的部分投资于国内债券部分的投资结果与实际投资结果进行比较得出数额。对此法院作出了如下判断：

"……X 因 Y 违反资产组合义务而产生的损失，超过了 X 指示的国内股票比率（50%），对国内股票投资的相当部分，假设将多出的部分投入到比率中不足部分最多的国内债券部分，并应该将假设的投资结果与实际的投资结果进行比较后得出结论……所以以 X 主张的方法作为计算损失的方法比较合适。本资产组合的提示具体规定了资产组合的上限和下限，但这些不能被理解为无条件地允许达到上限和下限的投资，因此在本事实关系下，不足的部分以及超过部分的计算，应该以指示的资产组合的中心值为基准进行计算。……以此计算，如果将上述金额投资于国内债券，2 月末到 8 月末之间，获得了上述金额约 0.3% 的收益，同时避免了约占上述金额 42.55% 的损失（投资在国内债券时，避免了可能遭受的暴跌），上述 23 532.207 万日元的投资中，约 42.85% 的部分（如果投资于国内债券，可能获得的收益约 0.3%，加上 19 基金合计投资损失的 42.55% 的比例），相当于 183.4708 万日元，认定为根据违反资产组合义务的损失额。

当然，如果采用这种计算方法，等于在计算过程中部分认可将本案 5 亿日元的一部分投入到 19 基金中的做法，但如果对 X 的主张进行合理解释，X 就会指出上述违反联合投资义务的行为与违反资产组合尊重义务的主张不同，应将其作为独立的请求进行主张，这可以理解为在主张违反资产组合尊重义务的情况下，不主张违反联合运用义务。……另外，假设由于违反了先前认定的联合投资义务，不能采取以部分投入 19 基金为前提的计算方法，简而言之，"Y 在遵守资产组合比例的同时，将全部资产进行联合投资的结果"和"根据本次投资的结果"之间的差额，再加上"参考成绩最差的基金，联合投资的成绩为-25%"。正因为如此，才要将其计算在本案中。以本案为例，计算违反资产组合义务的 23 532.207 万日元投入国内债券，剩下的 26 467.9793 万日元进行联合投资（成绩为 -25%），上述合计额 43 453.6011 万日元与将这 5 亿日元全部投资到 19 基金时的差额是基于违反资产组合义务的损失金额。因此，X 因 Y 违反联合投资义务的行为而遭受的损失为 8670 万日元，因违反资产组合尊重义务的行为而遭受的损失为 183.4708 万日元……不过，X 对于违反资产组合义务的损害，以 8670 万日元为限度提出损害赔偿请求，所以对于 Y 违反资产组合尊重义务，在这个范围内 X 的请求才可得到支持。"

二审认为"……X 因 Y 违反资产组合义务而提出的损害赔偿请求没有理由"。

三、案例研讨

（一）该判决的意义

判决是对信托银行惯常使用的年金资产的联合投资手法，就联合投资义务和资产组合遵守义务的履行情况与产生后果所作的裁判例。判决的意义在于承认了信托银行的实务惯例。无论从理论还是从实务上看，该判决都是具有参考价值的。在这一判决作出之后，政府在修改法律时规定了联合投资义务。判决从正面论述了厚生年金基金和投资运营业者的受托人责任的责任分配问题，并探讨了厚生年金基金和作为运营专家的信托银行会产生怎样的责任，对同类型的案例起到了参考的作用。

对于一审判决，有人指出，[1] 从事实认定引导出债务不履行的判断，可谓是煞费苦心。对此，二审通过与一审完全不同的事实认定，取消了一审正面肯定的信托银行违反联合投资义务和资产组合义务的判决，否定了信托银行的责任。具言之，关于违反联合投资义务，一审判决认可双方已经达成了明确协议的基础上，Y 存在违反联合投资义务的行为，而二审判决根本没有认可联合投资的协议，并认为联合投资属于信托银行的自由裁量问题。并且因厚生年金基金一直以来都是单独投资，因此即使是 30 亿日元左右规模的厚生年金基金，也不存在履行联合投资的义务。而就违反资产

---

〔1〕　浅井弘章：「判批」银行法务 21、630 号（2004）3 月增刊号，89 页。

组合义务的问题，一审判决在认定资产组合通知存在的基础上，认为信托银行积极地实施了与之相反的投资。但二审判决在事实的认定上就没有认可通知本身的存在。另外，即使认可需履行遵守资产组合的义务本身，本案也并不存在违反该义务的情况。

（二）对争议焦点的探讨

厚生年金基金在运用年金公积金时，制定了记载运用目的及其他厚生劳动省令规定事项的基本方针，提示信托公司作为年金信托合同的相对人根据协议按照该基本方针的宗旨来运用（日本《厚生年金保险法》第136条之3第2款）。并且，日本《厚生年金基金规则》第41条第2款规定"厚生年金基金对于年金信托合同所涉及的资产，应当努力以适当的方法长期维持资产构成比例"，第42条规定将年金信托合同的资产的构成事项作为基本方针应该规定的事项之一，并明确"厚生年金基金对提示信托公司应按照基本方针的宗旨运用时，必须交付记载有关基本方针事项的书面文件"。基于上述各规定，厚生年金基金一般通过"运用指南"作出指示。由此可知，厚生年金基金根据与信托公司的协议，应以书面形式向信托公司表明包含资产构成相关事项在内的基本方针，而在本案中，厚生年金基金疏忽了书面的资产构成比例的提示，这是引起此次诉讼的原因之一。

另外，对于采用联合投资还是单独投资的方法，法律并没有明确规定，年金信托合同或运用指南对此也没有明确约定，因此可由作为受托人的信托银行自行判断。这时，信托银行根据日本《厚生年金保险法》的宗旨"加入人员及曾加入的人员（以下称为'加入人员'）退休后支付保险待遇，以此来谋求加入人员的生活稳定和福利的提高，基金为了保护加入人员的受托权，安全且有效地进行资产的运用"，是否尽到受托人的责任是问题的关键。

1. 关于违反联合投资义务的问题点

在一审和二审中，法院在认定是否违反联合投资义务时，首先查明联合投资义务是否属于日本《厚生年金保险法》所规定的义务内容，在日本《厚生年金保险法》没有规定的情况下，再查明是否在协商一致的情况下，在合同条款或备忘录中约定，以此来判断是否违反联合投资义务。

一审判决考虑到"在投资专家的立场上，厚生年金基金信托的资产大部分与其他基金的信托金合并，分散投资到多个项目上"的业务惯例，认为从基金资产规模来看，联合投资更容易分散投资于多个项目，由此风险也会递减，因此，联合投资义务与分散投资义务有直接关系。但是，虽说联合投资义务便于分散投资，但并不是说联合投资就一定会分散投资，单独投资就一定不会导致集中投资。可见，一审判决对所谓的联合投资的"入口"问题和分散投资义务的"出口"问题进行了混淆。[1]

对此，二审判决主张："采取单独投资和通过年金投资基金信托的联合投资中任一种方法，涉及的是对不同委托人的信托财产是否进行分别管理的问题，与信托财产的投资对象（股票品种等）的选择和预期收益以及利息的高低无关。所以并不是说单独投资时，投资对象（股票品种等）受到限制，期待收益率较高；而利用年金投资基金信托的联合投资时，可以对多个投资对象（股票品种等）进行投资和运用，期待收益率变低。"

联合运用资金信托可以定义[2]为："受托人接受委托的以谋取利益为目的的资金信托，是将不共同的多数委托人的信托财产以信托合同为基础联合投资的信托。"就明确联合投资的依据而言，有观点认为是旧日本《信托法》第 28 条但书以金钱的分别管理义务，对此通说认为是信托契约说。根据信托契约说，旧日本《信托法》第 28 条在涉及信托财产和受托人的关系时，作出了遵守忠实义务的强制性规定，而对于多个信托财产之间的分别管理部分却没有相关强制性规定，因此可以通过特别约定排除适用。[3]若站在通说的立场上讲，在本案中，需要投资人对联合投资团的参与达成合意，并在联合运用指定资金信托的合同（包括条款、备忘录）中明确记载相关内容。[4]并

---

〔1〕　池田秀雄：「判批」银行法务 21、620 号（2003），53 页。

〔2〕　三菱信托银行信托研究会：『信託の法務と実務』（三菱 UFJ 信托银行、第 5 版、2008），99 页。

〔3〕　四宫和夫：『信託法〔新版〕』，86~87 页；山下陽久：「企业年金信托」，载鸿常夫［编］：『商事信託法制』（1998），99 页。站在同样的立场上整理的问题点可参考松岛岩尾：「信託財産の分別管理について」，信研 7 号（1983），65~84 页。对此，大阪谷博士以分别管理义务的宗旨是保护受益人为由，认为该条全部为任意规定，参见大阪谷公雄：「信託法第 28 条（分别管理）は强行法规か」，信託 61 号（1965），4~5 页。

〔4〕　三菱信托银行信托研究会：『信託の法務と実務』（三菱 UFJ 信托银行、第 5 版、2008），99 页。

且根据日本《兼营法实施规则》第 5 条第 1 款第 12 项，对于营业信托，需要以信托契约的书面形式明确联合投资的合意，但在本案中这一点变得模糊不清，因此引发了一系列问题。

从这个观点来看，一审判决首先判断是否达成联合投资的合意是合理的，但是二审判决却完全没有提及单独投资还是联合投资的事实认定，排除了明示联合投资义务的合意并判断"年金信托合同存在联合投资的惯常做法的说法无法得到支持"，并主张"在年金信托合同中即使 X 选择了平衡型资产组合，也不能说已经达成了以联合投资的方式进行运营的默示协议，以否认根据默示合意主张违反联合投资的行为"。并且基于本案格式条款的规定认为，"根据格式合同的明确规定，缔结合同时已经事先预测到会存在只有特定的厚生年金基金受托的财产投资于年金投资基金信托（股票账户）的情况，因此很难理解为必须同时运用多个厚生年金基金的受托财产"。据此，本案格式条款的规定也否定了违反联合投资的义务。[1]

但是，根据适用于运用受托机构的新日本《信托法》（2007 年）第 26 条明文规定，只要没有信托行为的限制，受托人在信托目的的范围内应该享有管理、处分信托财产的权限。由此可见，像本案以获得财产利益为目的的信托，为了追求有效投资而采取联合运营的手法，可被视为追求信托目的的合理行为。即使没有约定信托行为，为了实现规模效益，从追求风险的平均化这一点来看，可以根据受托人的裁量进行联合投资。[2]这样一来，本案中是否违反了联合投资义务，就不需要判断协议的有无，所以也不用考虑明示的协议、默示的协议以及格式条款的协议。只要没有厚生年金基金禁止联合投资的指示，就可以根据受托运营机构的裁量来联合投资。因此，有无联合投资的问题实则可以置换为是否违反"在信托目的的范围内，为有利于受益人的利益而管理、处分信托财产"的注意义务问题。从30 亿日元规模的年金基金的投资几乎都是联合运用的行业惯例来看，在没

---

〔1〕 楊林凱：「判批」，新井誠等編：『信託法実務判例研究』（有斐閣、2015），171 頁；佐藤智晶：「判批」，ジュリスト 1315 号（2006），206 頁；井上健一：「判批」，ジュリスト 1347 号（2007），76 頁。

〔2〕 拝原宏明：「信託財産を合同運用する場合の留意点」，金融法務事情 1791 号（2007），13 頁。

有特别协议的情况下，联合投资被视为注意义务的履行事项之一。二审判决指出，在其他基金没有参与该基金投资时，即短暂地单独运营该基金，是因为 19 基金刚成立不久 IT 泡沫就崩盘了，因此没有进行联合投资的有责性被阻却了。即使在法律修改后，也不能认定信托银行违反了联合投资义务。

2. 关于违反资产组合义务的争议焦点

在这一点上，一审判决首先承认了该通知的存在，即认为产生了遵守资产组合的义务，随后指出"19 基金的投资导致大幅超过了国内股票的指示比例。因为即使是前被告，也很容易认识到这一点"，以此认可了信托银行的责任。一审判决提到了以下三点：虽然没有交付书面运用指导方针，但认可了双方合意的存在；"明显偏离受托人合理裁量范围的情况"指的不是偏离中心值，而是偏离该上下限的范围；以及资产组合的遵守义务以及背离资产组合时的纠正方法虽然在基本方针和运用指南中明确作出规定并提示，但并没有以书面形式通知信托银行。[1]

二审判决以以下三个理由否定信托银行违反资产组合尊重义务：一是基金方没有向信托银行交付书面材料；二是基金方强烈要求达成单年度收益率超过 14% 的目标，但由于市场的急剧变动等，资产组合超过规定比例允许范围的情况并不少见；三是收益率可以采取定期修正、修正到允许范围的上下限、修正到中心值、根据行情走势等方法进行调整，这些方法都由信托公司来选择。

本案中即使基金方强烈要求达成单年度收益率超过 14% 的目标，作为投资运营专家的受托运营机构，也不应盲目服从，而是要向基金方明确高风险高回报的事实，以争取得到基金方的理解。另外，由于市场的急剧变动等原因，资产组合超过所指示的比例允许范围的情况并不少见，在这种情况下，需要采用定期修正、修正到允许范围的上下限、修正到中心值、根据行情走势等方法进行调整，这些多由信托公司全权负责，本案中也以并没有事先规定应对方法为由否定了信托银行违反资产组合尊重义务。但是，没有事先规定应对方法并不意味着就没有违反资产组合尊重义务，投

---

〔1〕　佐藤智晶:「判批」，ジュリスト1315 号（2006），207 頁。

资运营的专家必须拿出自己采取纠正措施的相关证据来证明自己尽到了注意义务。换言之，这里存在举证责任倒置的问题，信托银行没有明确证据的情况下应被认定为违反资产组合义务。

3. 有关损害赔偿责任的争议焦点

二审判决否定了信托契约中债务不履行的责任，因此也没有提及损害赔偿，但是一审判决对于违反资产组合尊重义务的损害额度规定了计算标准。

（三）其他争议焦点

基金的理事长等工作人员根据日本《厚生年金保险法》的宗旨，即"加入人员及曾加入的人员（以下称为'加入人员'）退休后支付保险待遇，以此来谋求加入人员的生活稳定和福利的提高，基金为了保护加入人员的受托权，安全且有效地进行资产的运用"，并需要制定运用的基本方针。

日本《厚生年金保险法》第 136 条第 3 款规定，在制定运用基本方针时，应根据基金的成熟度、积累水平、雇主的保险费负担能力、经营状况等具体情况，在基金自己的判断下制定。此外，基金必须根据自己的判断，努力确定最适合基金组织的资产构成比例（以下称为"政策性资产构成比例"）。关于政策性资产构成比例，根据 ALM（资产负债管理）分析的积累状况、对未来现金流量的预测、对未来各资产的风险和收益、相关系数的预测等对未来资产及负债变动进行预测。根据基金的个别情况，在可接受的风险范围内，选择能够获得最大回报的资产构成的方法等，以科学合理的方法来适当地确定。

年金 ALM 的方法有好几种，基金一般采用模拟 ALM 的方法。具体来说，首先要设定作为资产方的投资对象的资产类别（即通常有短期资产、国内股票、外国债券、外国股票）的预期回报、风险、相关系数等前提条件，此外，有时也设定制约条件等。另外在负债方面，使用年金数理上的基础率等来预测将来的数理债务和责任准备金等负债，还要预测缴纳的保险费、保险待遇等现金流。

然后将各资产的前提条件、有效的前沿资产分配、负债和现金流量的预测输入计算机，进行虚拟运用。由此得出的输出是不足发生的概率、不足的金额、与此相关的积累水平等，根据这些结果考虑风险容忍度，选择适合每个基金的资产配置的过程。

总而言之，基金作为受托人，有义务根据情况向经营顾问等外部机构寻求分析和建议，并认真制定政策资产组合。

照这种实务情形来看，X 在 1999 年度第三季度的运用报告会上指出，Y 的运用远远落后于单年度收益率最高的东洋信托银行，在全财年的运用收益率没有达成 24% 的目标时，强烈要求把回报率提高到 14%。该基金在制定政策资产组合及目标回报时，是否考虑了该基金的风险容忍度值得怀疑。另外，即使为了解决厚生年金基金积累金不足的问题而采取高风险高回报的投资策略，如果在制定收益率的一开始就确定了高风险高回报的投资方针，无法达成的话追求更高的风险和更高的收益，就严重违反了厚生年金基金"安全且高效"的运用目的。因此，有可能追究理事长及基金受托人的责任。

另外，根据指南，关于受托运营机构的选任，在考虑受托运营机构擅长的运用方法的同时，不仅要对运用业绩进行定量评价，还要对投资哲学、运用体制等进行定性评价，以进行综合评价。[1]在本案中，为了运用日经联动债券而委托 Y 进行投资，但在投资于日经联动债券后又继续委托 Y 进行投资，这一操作从基金选择运用受托机构上也可以说存在违反注意义务的可能性。

(四) 总结

关于联合投资义务，根据新日本《信托法》（2007 年）第 26 条的明文规定，受托人在信托行为没有限制的情况下，在信托目的的范围内享有管理、处分信托财产等权限。由此可见，如果像本案这种以获得财产利益为目的的信托，为了追求有效的运用而采取联合运用的手法，可以说是为了实现信托目的的合理行为。即使信托行为中没有明确作出规定，也可以为了实现规模效益，同时降低风险，从有利于受益人利益的角度出发，允许受托人酌情进行联合投资。这样一来，在没有厚生年金基金联合运用的具体指示的情况下，联合投资就可以通过受托运营机构的裁量来判定是否违反了本

---

[1]　金融·商事判例 1167 号（2003），25 页。

案的联合投资义务。因此，该问题实则可以置换为是否违反"在信托目的的范围内，为有利于受益人的利益而管理、处分信托财产"的注意义务的问题。

实务中，记载资产组合的指引应该交付书面文件，变更内容时也应该交付书面文件。并且，由于市场的急剧变动等原因，资产组合超过所指示的比例允许范围的情况并不少见，在这种情况下，需要采取定期修正、修正到允许范围的上下限、修正到中心值、根据行情走势等方法进行调整，这些选择大多由信托公司全权负责。在不存在明确规定采取何种应对方法的情况下，作为专业运用人员，必须拿出证据来证明自己采取的纠正手法是尽到注意义务的，但这里产生了证明责任倒置的问题。如果没有任何证据，其可能会因违反注意义务而导致违反资产组合义务。

另外，厚生年金基金必须"安全且有效地运用资产"，但在制定运用基本方针时，要根据基金的成熟度、积累水平、雇主的保险费负担能力、经营状况等具体情况，作出适当的判断。因此，本案中高风险高回报的运用收益率的制定有违反善管注意义务的可能性。

并且，选任受托运营机构时，在考虑受托运营机构擅长的运用方法的同时，不仅要对其运用业绩进行定量评价，还要对其投资哲学、运用体制等进行定性评价，以进行综合评价。但是，在没有根据这一步骤选定受托运营机构的情况下，从选定基金受托运营机构起就有违反注意义务的嫌疑。

第二节　年金运营业者在全权投资委托合同中的资产组合遵守义务[1]

一、事件概要

（一）当事人

X：大阪家具厚生年金基金

案外人 A：X 的常务理事，兼任执行年金支付等公积金的管理及运营机

---

〔1〕　大阪地方裁判所平成 18 年（2006 年）7 月 12 日判决、平成 16 年（2004 年）（ワ）第 10915 号。

构基金业务的运营执行理事

丙川：X 当时的理事长，A 家具的会长，没有年金和社会保险方面的经验，所以没有常驻在 X 的事务所

Y：第一劝业资产管理公司，投资顾问业者

案外人 B：X 存在三菱 UFJ 信托银行的 10 亿日元的投资判断负责人

案外人 C：投资组合管理部长

案外人 D：大阪分店长

案外人 E：大阪分店店员

（二）案情概要

截至 2002 年，X 向 5 家信托银行、1 家人寿保险公司委托公积金的投资，签订了信托合同和保险合同。但是由于日本国内股票市场的低迷，2000 年到 2002 年的运用业绩连续负增长。为此，在 2003 年 2 月 3 日召开的财政运用委员会上，X 与两家投资顾问公司（Y 和 UFJ 资产）签订了年金投资全权委托合同，分别委托 10 亿日元投资；②运营模式以平衡型运营。当日，X 与 Y 之间，就本受托资产的运用缔结了年金全权投资委托契约；2003 年 4 月 1 日，X 与三菱 UFJ 信托银行之间缔结了年金特定资金信托契约。

根据该合同及年金全权投资委托合同细则（以下简称"本合同细则"），X 就本受托资产的运用，全权委托 Y 进行基于有价证券价值分析的全部投资判断（本案投资全权委托合同第 2 条），并将投资所需的权限委托于 Y（本案投资全权委托合同 3 条）。但是，有关该合同中规定的受托资产的金额和有关运用的特别指定事项等，在 X 和 Y 达成合意的基础上，作为本合同细则所规定的内容（本案投资全权委托合同第 6 条），而有关资产运营的比例，在原告有指示的情况下应根据规定来运行［本合同细则 2 (2)］。

另外，在该委员会上，X 对于委托 Y 运用的 10 亿日元表示，先采用国内股票比例小、债券比例高的低风险稳定型运用，如果国内股票市场行情好的话马上提高国内股票比例。并且，2003 年 2 月 20 日举行的第 81 次代议员会议通过了该事项。如上所述，虽然财政运用委员会和第 81 次代议员会议通过了该事项，但仅决定了新签约的投资顾问公司的选定和运营模式

采用"平衡型"，对于基金构建期限的设定没有特别规定。

之后，Y 接到 X 与之签订年金投资全权委托合同的通知，2003 年 2 月 26 日，投资组合管理部长案外人 C 和大阪分店长案外人 D 访问了 X 的事务所，对 X 针对 2003 年度的市场行情进行了预测，并向案外人 A 交付了根据上述预测制定的资产组合的"资产配置计划"。

该资产配置计划中国内外股票的构成比例比国内债券小，中心值（本计划或本指引中的投资对象的基本市价构成比例）基本上是低风险型，但是容许背离幅度大，因此也可以根据市场行情加大国内股票的配置比例等进行中风险型的运用。案外人 B 最初向案外人 A 提议采用低风险型的投资方式，案外人 A 同意了该提议，于 2003 年 3 月 24 日起草了题为《关于投资顾问业者的资产分配计划》的书面文件，并附加了从本计划中摘录的写有资产组合的书面材料请求丙川作出的决定，当天丙川阅读了 15 分钟左右的本案草案后，批准了决定。但是得到丙川批准的本案草案中还没有关于基金构建期间的设定。

接着，案外人 B 基于该计划和该草案，提出了题为《关于资产配置指引》的书面草案。案外人 A 于 2003 年 3 月 26 日，从案外人 B 处收到了本案指南书面的提示，在该指南上加盖了自己保管的丙川登记完毕的印章，就此表明本案指南已经向 Y 作出了提示。

另外，本指南书面文件与之前的书面文件不同，其对基金构建期间的设定为"自 2003 年 4 月 1 日起适用本资产分配准则。并且将 2003 年 4 月 1 日至 2003 年 5 月 31 日认定为过渡期间"。此后，案外人 A 在基金构建期间的设定内容没有再得到批准。

直到 2003 年 5 月 31 日时点，该受托资产的资产组合是国内债券 15.8%、国内股票 8.6%、外国债券 4.3%、外国股票 0%、短期资产 71.3%，与最初的资产组合大相径庭。二者处于分离状态，受托资产的大部分仍被分配到短期资产中。

案外人 B 在 2003 年 5 月 29 日打电话给案外人 A，预测国内外的股票和债券会下跌，因此控制了国内外债券和国内外股票的比例，2003 年 5 月 29 日时点，出现了资产分配情况与指南相背离的状态，案外人呢 A 听到后对案外人 B 说"知道了。"

Y 在 2003 年 6 月 11 日，向案外人 A 发送了记载实际资产组合与本指南所示比例背离的运用报告书。然后，案外人 A 在同月 25 日，向访问 X 事务所的案外人 D，对完全没有投资于外国股票一事表示了不满。

X 和 Y 在 2003 年 7 月 25 日召开季度会议，由案外人 B 向案外人 A 交付了题为"本案报告"的书面材料，本案报告第 1 页的"1 综合（1）运用业绩的季度"部分记载着"基金构建期间参考"。在上述的季度展望中，案外人 A 对案外人 B 等人说："5 月份应该还有重组的机会吧""虽然还有 3 个季度，但很难挽回。我想至少能保持到原有的程度就好了。"

案外人 A 在 2003 年 9 月 17 日的 X 的理事会上，做了主旨发言称"Y 签订了在同年 5 月 31 日之前构建资产组合的合同，但是并没有这样做，被告违反了合同"。

X 于 2003 年 11 月 5 日召开财政运用委员会，听取案外人 B 及案外人 E 的情况，案外人 B 及案外人 E 出席。在会议上，案外人 B 表示："特别是在上半年国内股票上涨 30% 左右的情况下，我认为与其他公司相比表现得比较差，这一点非常重要。"但并没有提及关于延长本案的协议。

案外人 A 和原告己田委员长、案外人 B 和案外人 E 于 2003 年 11 月 20 日，在 X 的事务所进行了面谈，当时 Y 提出了将资产组合变更为高风险、高回报的方案。并且本案资产组合遵守义务违反成了问题，但案外人 B 陈述了 X 与 Y 延长协议的意思。

X 讨论了 Y 的提案之后，于 2003 年 12 月 3 日对 Y 提示了变更指南。与本指南相比，变更指南降低了国内债券的配置比例，主要提高了国内股票的配置比例，所以应该说是超高风险型。而且，在提出变更指南后，随着国内股票市场的好转，加入了很多国内股票的 Y 的运营业绩急剧提高，Y 的实际运营收益接近 10 亿日元。

另外，X 受国内股票市场利好的影响，2003 年 7 月 3 日和同年 11 月 18 日在 UFJ 信托银行和 UFJ 资产之间也适当地变更了资产组合，制定了提高国内股票比例的投资指南。作出调整后这些资产组合虽然显示出国内股票中心值都是 34% 到 35%，但并没有到国内股票中心值为 50% 的超高风险型。

2004 年 1 月 28 日，X 对 Y 表示于 3 月 31 日与其解除全权投资委托合同。同年 3 月 31 日，投资全权委托合同解除时，包括本金在内的最终实际运用金额为 109 707. 9000 万日元。

基于以上事实，X 对 Y 提起了诉讼。

二、判决要旨

（一）主文

驳回原告的请求。

（二）法院对争论焦点的判决

X 主张 Y 没有遵守本投资全权委托合同中指南所规定的资产构成比例，给 X 造成了损失（2003 年 5 月 31 日根据本指南构建了基金，同年 12 月 3 日以后，假设根据变更指南构建基金时的推算值和被告实际业绩值之间的差额为 2692. 6 万日元），并以债务不履行为由提出了损害赔偿请求。

对于 X 的请求，Y 表示①资产构成比例的暂时背离属于投资顾问业者的裁量范围；②与享有延长基金构建期限（从 5 月 31 日延长至同年 7 月末）权限的案外人 B 达成了协议；③即便 Y 违反了本次资产组合的遵守义务，也并没有因此造成损失。法院对这一主张作出了以下判断。

1. 如果被告对本受托资产进行偏离本资产组合的运用，是否承担债务不履行的责任？

"投资全权委托合同中，投资顾问业者需要具备优秀的专业背景，配合流动的市场作出迅速灵活的判断，所以像被告这样的投资顾问业者应该有一定的合理裁量权。但是，根据《受托人责任手册》和相关法令（参照日本《厚生年金保险法》第 136 条之 4、日本《厚生年金基金规则》第 41 条之 5 第 1 款第 1 项、第 42 条第 1 款、第 4 款），资产分配限制被取消，运营变得专业化、分散化。在不断发展的过程中，厚生年金基金在考虑风险和回报的基础上，在制定政策资产组合的同时，还必须向各受托机构提示具体的资产组合。本投资委托合同在资产运营比例方面规定，原告对运营机构有指示的情况下被告要遵从该指示，因此作为投资顾问业者的被告的合理裁量权也不能说是无限制的，被告需要遵守本案投资全权委托合同中原告提示的资产组合比例，因此 Y 有遵守 X 提示的资产组合的义务。然后，关于被告的合理裁量范围，通常情况下，没有特别理由，以背离资产组合的上限或下限的值运用受托资产是违反资产组合遵守义务的，因此认定 Y 债务不履行的主张成立。并且，在本案中，在基金构建期间的最后一天即 2003 年 5 月 31 日时实际的资产组合，变成了与本事件资产组合背离的状态。因此，被告不能免除因违反资产组合遵守义务而导致的债务不履行的责任。"

2. 原告与被告是否达成了将基金构建期的最后期限从 2003 年 5 月 31 日起至同年 7 月末的合意（以下称为"本案延长协议"）？

（1）案外人 A 的权限。

"……案外人 A 在与 Y 设定基金构建机构时，显然没有事先得到代议员会、理事会、财政运用委员会以及丙川的批准……从事实来看，基金构建机构的设定并不包括在常务理事的委任事项中，但是在 X 中，案外人 A 具有单独决定基金构筑期间设定的权限。……①如上所述，甲野拥有设定基金构建期间的权限。②该人具有上述（1）ア项的经历，兼任执行年金资产管理及运用相关业务的运用执行理事和常务理事。根据该人作为原告的立场，并考虑到甲野作为常务理事实际上是全权负责一般事务的人，因此可以认可甲野有权限决定基金构建期间的延长事宜。"

（2）关于本案延长协议是否成立。

"……⑤如上所述，甲野在与乙山的对话中说：'我明白了。'这句话的意思是多义性的，在甲野以被告违反本标的资产组合尊重义务为问题的事实背景下，仅以上述这句话表示甲野对基金构建期限延长申请的同意的意思欠妥当。⑥基金构建期间设定时其内容以书面形式明示，但关于延长期限的协议并没有特别书面形式确定，根据上述诸点，不得不说，上述'明白'理解为甲野对乙山提出的延长本案的申请的认可是不够的。另外，上述（6）イ项认定的，2003 年 7 月 25 日的本报告第 1 页中'基金构建期间参考'的记载，根据当时甲野等人与乙山的交流，不能以此作为认定本案延长协议成立的有力证据。综上所述，由于本案的延长协议不成立，被告无法免除因违反本案资产组合的遵守义务而导致的债务不履行的责任。"

（3）损害的发生及其金额。

"本案中 X 主张的损失是如果遵守基金构建期间的话就可以得到的本案推算值和被告实际业绩值之间的差额。即与在同一期间运用相同金额的资金的 UFJ 资产的实际业绩值相比，Y 实际业绩值落后约 8000 万日元，根据这一点，无论是否遵守基金构建期间，为了挽回与 UFJ 资产的落后，一定会提示变更指南，所以计算推算值的时候，2003 年 6 月 1 日到同年 12 月 2 日是根据原指南进行资产计算，同月 3 日开始到 2004 年 3 月 31 日是根据变更后的指南进行资产计算，因此应该以此假设为前提来计算本案原告估计值和被告实际值之间的差额。……但是，甲野兼任与公积金管理及运用有关的基金业务的运用执行理事，在本法庭上表示：'如果按照本指南进行资产配置，则资产组合就不能与变更指南完全相同。与变更指南相比，国内股票的比例应该更低。……'④如上所述，甲野表示在 2003 年 7 月 25 日的季度预测值时，是很难挽回的，只要在一定程度上恢复就可以了。由此，甲野认为在上述时间点之前，被告的实际业绩值和由于与其他公司的业绩值之间产生了约 8000 万日元的差距，因此可以认定被告今后将很难挽回上述差距，结合这一点考虑，在本案中，不管被告是否遵守了基金构建期间，其为了挽回与 UFJ 资产的实际业绩值的差距而提出超高风险型的变更指南，这一点很难被认可。根据上述说明，应当认定被告提出低风险型资产组合方案的可能性较高。

对基于资产组合运用本受托资产时的推定的损失额（以下称为'推定损失额'）进一步讨论……②兼任运用执行理事的甲野在法庭上说：'如果在本案中遵守基金构建期间，国内股票的构成比例可能会保持在与其他公司相同的 34% 左右。'根据上述内容，推定资产组合中国内股票的比例为 34%。③考虑到根据被告的估算，假设遵守基金构建期间的情况下，可能达成的推算值低于被告业绩值，被告虽然违反了上述资产组合的遵守义务，但即使没有违反，假设提示了最后内容的估计资产组合也会有超过被告业绩值的结果是显著困难的，因此，最终不能认定被告违反上述义务导致了原告的损失。

综上所述，原告的诉讼请求不成立，故驳回，依主文判决。"

三、案例研讨

（一）本案判决的意义

本案中，由于有关资产组合构建期间的延长协议，其成立模棱两可，因此需认定被告在此期间是否违反了资产组合的遵守义务。

投资顾问业者必须遵守基金提示的基本方针和运用方针，对此负有注意义务。[1]并且，有关资产运营比例的资产组合，在实务中以指南的形式由年金基金提出，但这个指引不是法律上的规定，也不是合同本身的约定。然而，在实务中，年金基金的行业惯例认为指南是合同的一部分。[2]因此，如果投资顾问业者违反了指南的内容，没有遵守所提示的资产组合方案，属于违反注意义务要被追究责任，也会因债务不履行而产生损害赔偿责任。本案在判断是否违反资产组合遵守义务上有一定参考价值，而且在实务中可作为如何将资产组合作为指导方针的参考案例。

（二）争议焦点的判断

1. 关于争议焦点 1

法院首先从年金基金和投资顾问业者的受托人责任的关系角度出发，考虑到投资顾问业者作为资产运营专家的立场和应根据流动性市场作出迅速灵活的判断，认可投资顾问业者享有一定的裁量权。这是从专业资产运营的角度以及根据资本市场的特征作出的判断。

随后根据《受托人责任手册》和相关法令，应当考虑到厚生年金基金的风险和回报来制定政策资产组合，并在受托期限内分别指示具体的资产组合。如果年金基金就具体的资金组合作出指示，投资顾问业者就应遵从，并在其范围内享有裁量权。换言之，虽然投资顾问业者是专业投资人士，但并不意味着他们拥有无限制的裁量权，而是在规定范围内拥有一定

---

〔1〕　社团法人日本証券投資顧問業協会：「投資顧問業者の注意義務について」（「投資顧問業者の注意義務研究会」報告書），34 頁，载社团法人日本証券投資顧問業協会官网：http://jsiaa. mediagalaxy. ne. jp.

〔2〕　社团法人日本証券投資顧問業協会：「投資顧問業者の注意義務について」（「投資顧問業者の注意義務研究会」報告書），36 頁，载社团法人日本証券投資顧問業協会官网：http://jsiaa. mediagalaxy. ne. jp.

的裁量权。在本案中，考虑到实务中大多都会设定资产组合的上限或下限，决定将裁量权的范围设定为"上限或下限"。本案中的资产组合基本上是低风险型，根据市场行情也可以进行中风险型的运用，从这一点判断可以想到，2003年5月31日时间点的偏离幅度，已经大大超过了容许偏离幅度。[1]

因此，如果投资顾问业者脱离了裁量权，是否马上就会追究其违反注意义务导致的债务不履行的损害赔偿责任呢？考虑到资本市场的特征，投资顾问业者只是暂时超出了年金基金指示的资产配置范围并不违背委任的意旨，且只要是暂时的脱离，就属于投资顾问业者判断的裁量范围之内。[2]在这种情况下需判断其偏离（在本案中是资产组合与指导方针的背离）是否为暂时的，且是否违反委任的意旨。

关于这一点，本案法院认为"在没有特别理由的情况下，以背离的数值运用受托资产属于违反资产组合遵守义务的行为"，但对"是否违反委任意旨"的判断换成了"是否有特别事由"的判断。因此，这里发生了举证责任的转移。具言之，原告方有责任证明背离的事实，被告方则有责任证明背离时有无特别事由。本案对于"特别事由"的判断并不明确。

实务中很多情况下会设定"再平衡期间"，换言之，只要在次月的一定期间内恢复到允许限度内即可。但如果在本案中设置"再平衡期间"，那么资产组合的遵守义务就很有可能不被认可。

另外，在本案中，在制作指导方针等的时候，投资顾问业者的投资组合经理首先要预测市场行情，并根据该预测向年金基金提出资产组合的建议。年金基金根据提案提出指导方针的做法对中国的年金基金实务也有一定的参考价值。

2. 关于争议焦点2

本案中，基金构建期间是Y根据本案计划及指南而设定的，但案外人A

---

[1] 石田清彦:「本件判批」，ジュリスト1390号（2009），142页。

[2] 社团法人日本証券投资顾问业协会:「投资顾问业者の注意义务について」（「投资顾问业者の注意义务研究会」报告书），37页，载社团法人日本証券投资顾问业协会官网：http://jsiaa. mediagalaxy. ne. jp.

在没有得到理事长等人同意的情况下，擅自盖章，以此作为 X 向 Y 提示了指南的事实。对此，法院认为，案外人 A 作为执行年金资产的管理及运用相关业务的运用执行理事和常务理事，实质上全权负责原告的一般性事务，因此承认了 A 有权限。因此，对于基金构建期间的延长问题，其是具有权限的。

X 主张"设定基金构建期间时，以书面形式明示了其内容，但对延长协议并没有特别制定书面内容"，以此否认了延长基金构建期间的协议。

关于案外人 A 是否具有设定基金构建期间的权限，应由理事会作出有关执行管理运用业务的决策，理事长代表基金执行管理运用业务。并且，理事（常务理事、运用执行理事等）根据理事长的规定，可以辅佐理事长，执行管理运用业务（旧日本《厚生年金保险法》第 120 条）。从理事长的情况看，法院赋予辅佐理事长的常务理事以管理运用业务权限的判断是合理的。只是因为事后没有向理事会报告，常务理事有可能因为违反注意义务而产生任务懈怠责任。

并且，关于基金构建期间的延长，既然涉及违反资产组合义务和有关损失金额认定重要事项，其内容必须以书面形式明示。就这一点而言，"投资顾问业者"属于日本《金商法》上的投资咨询、代理业者（同法第 28 条第 3 项）或投资运营业者（同法第 28 条第 4 项），因此其作为金融商品交易业者，会被质疑违反了在签订合同前的书面交付义务与签订合同时的书面交付义务，而违反该规定的情况下其可能成为行政处罚的对象。[1]另外，由于基金构建期间存在时间风险，所以在不能事先确定明确日期的情况下，作为受托人正确的做法应该是将此情况报告给年金基金并取得理解。但在本案中，Y 对基金需构建到什么时候没有做任何说明，可以说是作为运用专家没有履行向基金方的报告义务。之后的 6 月 25 日、7 月 25 日与 9 月，案外人 A 和 X 不断指责被告在资产组合背离的情形下没有按照所指示的资产组合进行调整，因此法院判决其应承担不履行债务责任是正确的。

---

〔1〕　池田秀雄：「本件判批」，银行法务 21 670 号（2007），40 頁；石田清彦：「本件判批」，ジュリスト1390 号（2009），143 頁。

3. 关于争议焦点 3

法院提出了"原告推算值"与"被告实绩值"的差额这一判断框架，但问题是如何认定"推算值"与"实绩值"。

X 的"原告推算值"与在同一期间运用相同金额资金的 UFJ 资产的实际价值相比，约落后 8000 万日元，为了挽回这一损失，其提出了变更指南，因此将该值定为 8000 万日元。对此，法院针对 X 的"不论是否遵守基金构建期间，一定要提示变更指南"的主张，提出 50% 的高风险型变更方针的理由时，一方面肯定了"在延长基金构建期间的问题上，双方的意见存在分歧"的事实，另一方面表明如果遵守基金构建方案的话，即使变更了这个指南，Y 也会提出更低风险的资产组合方案。笔者认为该案是由于没有遵守基金构建期间而导致了损失，所以应该以遵守为前提来决定估计值。因此，考虑到其他运营机构也变更了指导方针，故在本案中将股票的比例设定为与其他公司相同的 34%，在这种情况下，将短期资产纳入容许背离幅度的上限 20%，将剩余的资产按照国内债券、国内股票、外国债券、外国股票的中心值进行分配，可见法院的这一判断是合理的。但是，从法院认定的原告推算值低于被告实绩值的实际情况来看，不能认定因 Y 违反上述义务导致 X 产生了损失，这一结论多少让人感到有些疑惑。换言之，如果在提出变更指南之前的时间内遵守基金构建期间，那么用原告推算值和被告实绩值来计算损失金额时结果可能会有所不同。[1]

四、总结

从年金基金和投资顾问业者的受托人责任的关系角度出发，考虑到投资顾问业者作为资产运营专家的立场，以及需要适应流动性市场要求迅速灵活判断，应赋予投资顾问业者一定的裁量权。那是否只要投资顾问业者脱离了裁量权，马上就会被追究违反注意义务导致的债务不履行的责任呢？考虑到资本市场的特征，投资顾问业者只是暂时超出了年金基金指示的资产配置范围并不违背顾客委任的意旨，且只要是暂时的脱离，就属于投资

---

[1] 石田清彦：「本件判批」，ジュリスト 1390 号（2009），143 頁。

顾问业者判断的裁量范围之内。[1]在这种情况下需判断其偏离（在本案中是资产组合与指导方针的背离）是否为暂时的，且是否违反委任的意旨。本案中，法院认为"在没有特别理由的情况下，以背离的数值运用受托资产属于违反资产组合遵守义务的行为"，但其对"是否违反委任意旨"的判断换成了"是否有特别事由"的判断。因此，这里发生了举证责任的转移。具言之，原告方有责任证明背离的事实，被告方则有责任证明背离时有无特别事由。

在实务中，设置基金的"再平衡期间"是可取的。因此，在制定指导方针时，投资顾问业者的投资组合经理首先要预测市场行情，再根据预测向年金基金方面提出资产组合，年金基金根据提案提出指导方针。

延长基金构建期间也是违反资产组合义务和认定损失金额的重要事项，必须以书面形式明示其内容，在不能事先确定明确日期的情况下，作为受托人正确的做法应该是按时将这一事实报告给年金基金，积极沟通，以争取得到基金的同意。

另外，法院提出的"原告推算值"与"被告实绩值"的差额这一判断框架也将成为今后同类案件的参考。

第三节　信托银行的年金信托注意义务、分散投资咨询义务[2]

一、事件概要

（一）当事人

X是根据日本《厚生年金保险法》（以下称为《厚年法》），以九州地区经营加油站、石油销售事业的事业法人426社设立事业所于1971年2月1日许可设立的厚生年金基金（以下称为"基金"）。

---

〔1〕　社团法人日本証券投資顧問業協会：「投資顧問業者の注意義務について」（「投資顧問業者の注意義務研究会」報告書），37頁，載社団法人日本証券投資顧問業協会官网：http://jsiaa. mediagalaxy. ne. jp.

〔2〕　損害賠償請求事件，大阪地判/平成22年（2010年）（ワ）第18097号。

Y 是日本《金销法》规定的金融商品销售商。

（二）案情概要

1971 年 4 月 7 日，X 作为委托人兼受益人，Y 等 6 家公司作为共同受托人，签订了年金信托合同（以下简称"第一合同"）。

Y 自签订第一合同以来，作为受托机构的总监事，一直参与 X 的业务运营。

截至 2002 年 8 月，Y 基于第一合同及原告制作并提示给被告的第一合同所涉及的运用指针（包含运用指引），将从原告处受托的财产投资于"传统四类资产"（国内债权、外国债权、国内股票、外国股票）。

X 于同月 29 日聘用了 X 的熟人乙山年金运用研究所的代表理事乙山春男（以下简称"乙山"）为年金运用顾问。聘用乙山后，X 解除了与第一合同共同受托人三井信托银行及瑞穗信托银行的信托合同，变更了资产构成比例，增加了另类资产（指传统四类资产以外的资产，包括不动产投资信托"J-REIT"和不动产基金等）的比例。

X 在 2003 年 9 月 29 日的理事会及代议员会议上通过了对不动产基金的出资决议，受此影响，X 和 Y 在同年 10 月 17 日签订了变更第一合同内容的合同，出资对象包括不动产基金。

Y 在 2004 年 6 月，向乙山介绍了从事投资顾问业务及投资业务的股份有限公司达·芬奇顾问公司（以下简称"达·芬奇"）的负责人丙川夏彦（以下简称"丙川"），此后乙山给 X 推荐了达·芬奇组建的私募不动产基金。

X 于同年 7 月 26 日在资产运营委员会中通过丙川了解到了达·芬奇组建的私募不动产基金——"办公室基金Ⅲ"，便决定投资于"办公室基金Ⅲ"。后同年 9 月 22 日，X 的理事会及代议员会同意向"办公室基金Ⅲ"出资 25 亿日元，并向 Y 提交了同意书。

X 以无法与三菱 UFJ 信托银行沟通为由于 2005 年 8 月 1 日解除了与三菱 UFJ 信托银行的信托契约。同月 13 日，X 将该公司受托的信托财产转移给了被告，因此同日以后，Y 单独成了第一合同的受托人。

同年 9 月 27 日，X 与 Y 签订了第二合同，其中 X 为委托人兼受益人，

Y 为受托人，信托财产为 25 亿日元。在第二合同中，作为委托人的 X 可以向作为受托人的 Y 提示有关信托财产运用的基本方针和运用指引，在 X 作出提示的情况下，受托人应根据与委托人的协议进行运用，但是没有规定 Y 对 X 基金所涉及的全部资产（以下称为"基金资产"）进行分散投资的建议义务。

根据第二合同设定的信托为单独运用指定资金信托（以下简称"指定单"）。X 在第二合同的运用指针中对有关资产构成比例中的不动产基金指定为 100%。

Y 基于第二合同将受托的 25 亿日元出资于"办公室基金Ⅲ"。

X 于同年 11 月 29 日向 Y 提交了出资于达·芬奇组建的私募不动产基金"3 号基金"（opportunity 型私募不动产基金）的同意书。随后 Y 从受托的资产中，向"3 号基金"出资了 50 亿日元。

2006 年 3 月 11 日，X 向 Y 提交了向达·芬奇组建的私募不动产基金"办公室基金Ⅳ"（core 型私募不动产基金）出资 45 亿日元的同意书，Y 于同月根据第二合同从受托的资产中向"办公室基金Ⅳ"出资 45 亿日元。

X 在同年 4 月 28 日向 Y 提交了向"3 号基金"追加出资 50 亿日元的同意书，Y 在当天根据第二合同从受托的资产中向"3 号基金"追加出资 50 亿日元。X 在同年 10 月 26 日的资产运营委员会上，提出向达·芬奇组建的私募不动产基金"4 号基金"（opportunity 型私募不动产基金）出资 150 亿日元，并向 Y 提交了同意书，Y 在同年 3 月根据第二合同从受托的资产中向"4 号基金"出资 150 亿日元。X 于同年 12 月 8 日向 Y 提交向"4 号基金"追加出资 150 亿日元的同意书，Y 根据第二合同从受托资产中，连同上述出资合计，向"4 号基金"累计出资 329 亿余日元。

X 于 2007 年 3 月 20 日向 Y 提交了向达·芬奇组建的私募不动产基金"core 基金 I"出资 62 亿日元意旨的同意书，Y 基于第二合同将受托资产中的 62 亿日元出资于"core 基金 I"。

X 于 2008 年 7 月 11 日向 Y 提交了向达·芬奇组建的私募不动产基金"5 号基金"（opportunity 型私募不动产基金）最多出资 100 亿日元的同意书，并与达·芬奇缔结了对"5 号基金"出资额 100 亿日元的隐名合伙合同，进行了对"5号基金"的出资确认。不过，根据2011年2月10日的终止合同，X没有实际出资就解除了合同。

X向Y支付了"办公室基金Ⅲ"的信托报酬3424万日元，"3号基金"的信托报酬2亿日元，"办公室基金Ⅳ"的信托报酬5223万日元，"4号基金"及"core基金Ⅰ"的信托报酬近4亿日元。

X从"办公室基金Ⅲ"处获得14亿多日元，从"办公室基金Ⅳ"处获得52亿多日元，从"3号基金"处获得14亿多日元，共计80亿多日元的利润。

但X从"4号基金"处只收回了115亿多日元，蒙受214亿多日元的损失，从"core基金Ⅰ"处只回收14亿日元，蒙受了47亿多日元的损失，损失金额共计261亿多日元。

因此，X对Y提出以下诉讼请求：①X认为Y为了X基金资产整体应进行分散投资，主张Y基于2006年4月28日、同年12月8日以及2007年3月20日的各增额合同或增额指示所作的受托违反注意义务，应根据债务不履行或侵权行为承担损害赔偿责任，支付263亿多日元及延迟损害金，第二请求为支付209亿日元及其延迟损害金。②Y将本应稳定运营的年金资产的75%在5年至8年的运营期间内，投资到不动产的价值仅下跌20%至30%左右就有全额出资本金承受受损风险的高风险产品中，违反了注意义务，根据债务不履行或侵权行为承担261亿多日元的损害赔偿责任。③Y在签订第二合同和各增额合同时，没有对个别私募不动产基金的杠杆风险[1]作出具体说明，从而违反了注意义务，根据侵权行为承担263亿多日元的损害赔偿责任。

二、判旨

驳回X的全部请求。

（一）争议焦点1：是否违反咨询义务

（1）日本《厚年法》、日本《厚生年金基金令》及日本《厚生年金基

---

[1]　私募不动产基金将投资家的出资资金以外的外部借款作为不动产的资金，从而提高利润率。但是，由于借款的偿还优先于出资的返还，所以有损失扩大的危险。

金规则》规定："为实现日本《厚年法》第 1 条规定的以下立法目的，即对劳动者退休残疾或死亡进行保险待遇支付，为劳动者及其遗属的生活安定和福利的提高等作出贡献，规定基金资产的分散投资义务。为此，基金应自行制定基金资产的构成比例以及选任受托运营机构事项等的基本方针，并制定运用指南交付给运营机构，受托运营机构有义务根据本方针的宗旨，遵守基金指示的运用指针，在被委托的范围内，根据与基金的协议进行运用。对于受托运营机构，没有要求其对超出委托范围的全部基金资产进行分散投资并提供咨询的义务。"厚生劳动省的运用指南就管理运用业务规定，基金的理事有义务尽到社会常识上所要求的程度的注意，特别是理事长等必须尽到"精通管理运用业务的人"通常达到的注意程度执行业务，并且当理事长等认为自己缺乏制定基本方针的能力时，可向年金运用顾问等寻求咨询建议。

（2）在第二合同中，由于没有关于 Y 对全体基金资产的分散投资义务的咨询义务的规定，因此，旧日本《信托法》第 20 条、第一合同、第二合同规定的受托运营机构 Y 所承担的善管注意义务未超出 Y 的受托范围，不包含对基金资产整体分散投资的建议义务。对于民法上的委任，在委任人的指示不恰当的情况下，一般理解为受托人不应盲目遵从其指示。但根据上述日本《厚年法》等的规定，在年金信托的情况下，却并没有对此作出同样的理解。美国的 ERISA 规定了"共同受托人的责任"，指出如果基金制定的基本指针出现错误（基金有违反受托人责任的行为），受托运营机构就要向基金指出问题，并视情况要求基金作出调整，但日本的《厚年法》的规定与此不同。

（3）"金融厅以 AIJ 事件为契机，修改有关金融商品交易业等的内阁府令，而相关规定并非义务规定，而是努力义务规定。①2012 年 9 月 4 日，日本《金商法》规定，作为基金受托运营机构的信托银行，以基金向各受托运营机关通知总资产金额为前提，在掌握信托银行有可能违反基金分散投资义务情况时，对基金等负有通知义务。一个受托运营机构从该基金处接收相当一部分资产时，如果已知晓自己运用的资产有违反分散投资义务的可能性就有义务向基金通报，并表明因此可产生行政处罚的后果。②修改日本《兼营法实施规则》第23条第2款，规定了指定单受托人对基金资产分散投资的通知义务。并且在监督方针中规定，如果履行了通知义务，基金分散投资义务违反的可能性仍未消除，受托人应履行'协议义务'，并以'受托人辞职'为前提。"这不仅是针对监督方针，还包括对内阁府令的修改。一般社团法人信托协会在厚生劳动省设置的有识之士会议上，作为对 AIJ 事件后突显问题的处理，规定了受托运营机构对全体基金资产提供分散投资相关的建议义务。从这一点来看，现行法律中不存在上述建议义务。

（4）X 在平衡型运用的第一合同中规定"关于新的另类资产组合时的风险特性，与 X 有充分的事前协商义务"的运用方针，并向 Y 提示，但是在特化型资产组合提案、第二合同中却并未规定上述内容，因此上述运用指南不适用于第二合同，不能以上述运用指南为依据认定上述建议义务。另外，即使 Y 知道 X 在整个基金资产中的资产构成比例，也不会影响上述结论。

（5）X 在第二合同中，没有就 X 的基金资产整体的资产构成比例问题向 Y 做过咨询，也没有提出过建议，更没有机会知晓，所以也无法要求 Y 基于诚实信用原则履行建议义务。

（6）假设 Y 有义务对 X 的基金资产整体的资产构成比例提出建议，也不能说 X 的基金资产整体的资产构成比例在当时的情况下完全不合理。根据厚生劳动省的指导方针，如果有不分散投资的合理理由，也可以不分散投资。

（二）争议焦点2：拒绝受托的义务

如上所述，既然建议义务不被采纳，X 提出的作为其延伸主张的拒绝受托义务也无法得到支持。

（三）争议焦点3：作为受托运营机构有无注意义务

1. 受托运营机构的注意义务

年金信托的受托运营机构根据自己的判断和责任来进行资产运营。因此，受托运营机构有权进行投资判断，只要不脱离被赋予的裁量范围或滥用裁量权，就不应认定其违反注意义务。

2. 运营经理的分散义务

在投资私募不动产基金时，受托运营机构并没有义务必须投资于同一经营经理经营的不动产基金，以及必须分散投资于多名经营经理经营的不动产基金。假如是同一经营经理的话，以类似不动产作为投资对象的情况较多，但不能将此作为不动产的分散投资问题来探讨。

3. 与其他私募不动产基金的比较检讨义务

受托运营机构在对私募不动产基金进行投资时，不承担与其他具体的私募不动产基金进行比较研究的义务，其只需要关注投资一般私募不动产基金，以及是否存在对该私募不动产基金有不利影响的因素，因此应认定 Y 在投资 D 基金时也进行了适当的尽职调查。

4. D 基金有无破产隔离

关于破产预防措施，Y 确认了在公司章程或隐名合伙合同中限制 SPV（特殊目的实体）的营业内容，规定了借贷等的上限，以及 SPV 的母公司和运营经理之间（防止利益冲突行为）的隔离措施采用了私募不动产基金中经常使用的 sameboat〔1〕的出资结构，认为破产隔离在出资方面已经达到了没有问题的程度。因此不能得出 Y 的判断不合理的结论。

X 主张，由于 D 基金没有进行破产隔离，导致出现了现实化的弊端，但不能以此作为 Y 投资判断失误的理由。

5. D 基金是否高风险

X 主张，D 基金与同一时期组建的其他私募不动产基金相比，是风险极高的不动产基金，但并没有证据证明 D 基金与同一时期组建的其他私募不动产基金相比风险极高。

X 主张，有关调查结果表明 D 组建的不动产基金比其他私募不动产基金风险更高，但 X 的主张不能被采纳。

---

〔1〕　这里的 sameboat 出资是指不动产投资法人（Rite）的资产运用公司、赞助商（资产运用公司的大股东）购买并持有该投资法人的投资。sameboat 出资比例根据投资法人不同而有所差别。sameboat 出资是使不动产投资法人的投资主、资产运用公司、赞助商的利害关系保持一致的措施之一。

（四）争议焦点 4：个别私募房地产基金是否违反风险说明义务

1. 已确定投资对象时的说明义务

指定单是指客户指定信托资金的运用范围，将运用委托给受托运营机构，受托运营机构在指定的范围内，根据自己的判断进行运用的信托，因此对个别投资产品的投资受托运营机构可自行决定。但如果该判断偏离指定的范围或滥用裁量权，受托运营机构将承担相应的责任。从这种指定单的结构来看，作为受托运营机构的 Y 对作为顾客的 X 不需要就具体的商品承担逐一的说明义务，即使在签约时就已经决定了各自的投资商品，这一点也不会发生变化。

2. 私募不动产基金的风险说明义务

X 在第一合同中，由自己做主，指定私募不动产基金作为运用对象，至少在第二合同签订前，应认识到私募不动产基金中除了出资人的出资，还引入了其他借款作为资金，以及借款的偿还优先于出资的偿还，再加上对杠杆风险本身的理解，对于一般人来说也并不困难。因 2005 年到 2007 年间，一般人也能从订阅的投资金融信息报纸和各种商业杂志的报道中了解私募不动产基金的杠杆风险。基金必须了解每个投资产品的一般风险特性，自行制定基金资产整体的资产构成比例，必要时需要向年金运用顾问等寻求建议。如果 X 聘用 B 作为年金运用顾问，则 Y 并不对 X 承担基于第二合同中的风险说明义务。

三、案例研讨

（一）本案例的意义

本判决就年金信托合同中受托人的义务，包括咨询义务、拒绝受托义务投资对象已确定时的说明义务以及私募不动产基金的风险说明义务都进行了否定，还否定了投资对象的分散义务。另外，在 AIJ 事件后的法律修改中，承袭了该案件判决中所讨论的相关内容。

（二）关于争议焦点的探讨

1. 关于争议焦点 1

有关争议焦点 1 的法院的判决指出民法上的委任，在委任人的指示不恰当的情况下，一般理解为受托人不应盲目地遵从其指示。但根据上述日本《厚年法》等的规定，在年金信托的情况下，却并没有对此作出同样的理解。但由于如何理解委任合同中的善管注意义务和日本《厚年法》中的受托人责任的关系的方式不同，这一问题的结论会大相径庭，在探讨这一点时可以参考投资顾问业界在 2001 年 9 月发表的《关于投资顾问业者的注意义务》的研究报告。

日本《民法》第 644 条所规定的善管注意义务是指，受托人应根据已达成协议的委任合同的宗旨，尽到善良管理人的注意处理委任事务，这一点已经明确。

所谓"遵照委任的旨意"，是指根据委任合同的目的和该事务的性质来进行最合理的处理，因此，即使委托人给予了指示，如果其指示不适当，受托人也要向委托人报告并要求变更。在紧急情况下，只要符合委任合同的宗旨，即使违反委托人的不适当的指示，也可以处理相关事务。事务处理的范围也可作出同样解释，具言之，即使在合同中已经确定了事务处理的范围，但如果不超过这个范围，就不能达到委任的目的，那么受托人就可以处理超出这个范围的事务。换言之，受托人应该在多大程度上遵从委托人的指示，应该根据委托人和受托人各自应对委任目的和事务所具有的知识、才能以及委托人对受托人的信赖程度来决定。[1]这里的注意义务是指，在该领域中，作为专家具备通常能力的人，在该状况下，应尽到的一定程度的注意义务，称为"善管注意义务"，在已经负有某种义务时履行该义务应尽到的一定程度的注意，是注意的程度的问题。[2]

对于民法中的善管注意义务和受托人责任的关系有两种观点，一种认为两者性质不同，另一种认为两者性质相同，并且善管注意义务可以包含受托人责任。报告实质上是将受托人责任作为注意义务的扩展形式来讨论的。具言之，报告将注意义务作为委任合同上的注意义务来理解，并将受

---

〔1〕　我妻栄：『債権各論（中）』卷二，671~673 頁。

〔2〕　社団法人日本証券投資顧問業協会：「投資顧問業者の注意義務について」（「投資顧問業者の注意義務研究会」報告書），4 頁，载社団法人日本証券投資顧問業協会官网：http://jsiaa.mediagalaxy.ne.jp.

托人责任及其内容中的忠实义务单独提取出来。报告以表示平等即对等的委托关系为"最低限度",指出此时明确传达"委任"的宗旨很重要,这种委托关系主要是任意性规范的调整范围。另一种是委托人完全依赖受托人的关系,被完全信赖的人需要全面展示自己的诚实,并以此为自己的责任和义务。在这种极端情况下,即使客户具有一定水平的专业性,但其自身也受第三方一定的业务委托,需承担相当水平的注意义务或受托人责任,此时也需要一边理解这些末端的资金提供者的性格,一边执行业务。即使合同相对人是专家,在其背后有很多个人的情况下,作为资本市场的承运人,"投资顾问业者"有时也会要求其对资金的公共性程度给予相应的关注。这意味着,如果是专家之间的交易,或许某种程度的问题是可以接受的,但如果是与专家背后的最终需求者之间的交易,就有可能不被允许。

对于这个问题,上村达男教授提出了报告没有提及的个人见解,他说:"在这种情况下,作为投资顾问业者,在理解基金理事的职责,期待基金理事履行其职责的同时,也要认识到该合同是为了基层的受益人,而且应认识到这样的合同具有高度的公益性。因此,如果基金经理没有履行一定的职责有可能需要从对基层受益人的角度出发要求其尽到职责。在这个意义上,两者的关系可以说是既各自负有各自的职责,又为了实现最终目的而相互协助和补充的关系。"[1]因为本案是 AIJ 事件以后的判例,所以明文规定,除非厚生年金基金自己申请为专家,否则视为非专家。因此,厚生年金基金和信托银行属于一方全面依赖另一方的信托关系。在这种情况下,信托银行有义务将合同内容明确化,但在此之前信托银行应当判断自身所处的状况,并据此为年金基金及其基层受益人的最佳利益履行受托人责任。

《受托人责任手册》[2]也规定,信托银行在收到顾客关于运用方针和投资对象资产等的指示时,需要确认该指示内容在有关资产运营的法令中的合法性。另外,根据顾客的运用基本方针,如果该指示等明显存在问题也

---

〔1〕 上村達男:「投資顧問業者の注意義務研究会報告書の意義」,金融法務事情 1625 号 (2001),20 頁。

〔2〕 厚生年金基金連合会受託者責任研究会:『受託者責任ハンドブック(運用機関編)』 (厚生年金基金連合会、2000)。

需要确认其妥当性。换言之，厚生年金基金的情况也应该理解为"受托人不应该盲目地遵从其指示"。但是，法院认为日本《厚年法》规定基金对基金资产整体负有分散投资义务，受托人在基金决定的框架下，在受托的范围内对个别的投资判断承担责任。

从本案中 Y 所处的状况来看，2005 年 8 月 1 日 X 解除与三菱 UFJ 信托银行的信托契约，同月 13 日，该公司将受托的信托财产移交给被告，因此同日以后，Y 成为第一合同的单独受托人。因此，Y 处于能够把握整体资产状况的地位。换言之，Y 很容易就了解到基金资产整体处于没有分散投资的状态，因此，尽管第二合同没有规定分散投资义务，Y 当然负有分散投资的建议义务，因此如果其怠于履行该义务，就会承担相应责任。

2. 关于争议焦点 2

在争议焦点 2 中，Y 将基金全部资产的 75% 投入到了高风险商品中，该商品的投资对象为不动产，其价值在 5 年至 8 年的运营期间下跌了 20% 至 30% 左右，有全额本金受损的风险。这明显违背了作为日本受托人义务来源的谨慎投资人规则[1]的第一个规则："必须谨慎地运营整个投资组合。"这一行为不仅违反了日本《厚年法》第 136 条第 3 款"根据政令，必须安全且有效率地进行"的规定，也违背了厚生年金为了"参保人的生活安定和福祉提高"的法律目的（同法第 106 条）。但是，法院并没有从正面判断 Y 是否违反了注意义务，而是根据脱离"被赋予的裁量范围"或"滥用裁量权"作出投资判断的框架作出判断，该框架是引用了东京地判平 9·12·17（判例时报 982 号 181 页）判决的判断框架。法院对"裁量权的偏离"的判断提出了一般的判断标准，指出"该投资判断与当时的客观状况以及法律或约定规则相比是否明显缺乏合理性"；还针对判断"是否明显缺乏合理性"，提出了具体的判断标准："是否存在能够实现相同投资目标的替代方案，替代方案的风险明显更低，一般的投资顾问是否理所当然地考虑了该替代方案？"东京地判平 9·12·17 的判断框架是考虑到"裁量权的偏离"或"滥用裁量权"等明显违法的情况而制定的标准，但信托应该以"什么

---

〔1〕 即"按照专业的投资人在所处的环境下都会采取的措施去行动"。

是对顾客最大的利益"的积极的立场开展业务。也有人指出，以这种积极的态度开展业务时，也未必能从违反注意义务的情况中跳脱出来，这一观点也同样适用于本案。[1]

也就是说，在本案中，继续投资高风险高回报的投资商品，这已经明显违背了厚生年金基金的目的，甚至可以说，作为年金运营机构的信托银行是为了厚生年金基金的目的而运营这一点自不必多说，是完全违反了善管注意义务。

3. 关于争议焦点 3

本案例有关指定单运用资金信托事先指定运用的范围，将运用委托给受托运营机构，受托运营机构在指定的范围内，根据自己的判断进行运用。对个别投资商品的投资由受托运营机构自己判断，只有对该裁量发生偏离或滥用裁量权时，受托运营机构才承担责任。因此，法院否定了受托运营机构对每个具体商品的说明义务。但是对于私募不动产基金一般风险（杠杆风险）的说明义务，法院指出基金必须了解单个投资产品的一般风险特性，自行制定基金资产整体的资产构成比例，必要时需要向年金运用顾问等征求意见。B 作为顾问被聘用，因此 Y 对 X 在第二合同中不负有说明上述杠杆风险的义务。对于这一点，如果是专家之间的交易，这一结论是可以接受的，但如果是与专家背后的最终需求者之间的交易，就有可能不被允许。如上文所述，厚生年金基金并非专业机构，信托银行应该考虑到其末端的投资人，根据厚生年金基金所具有的公共性程度给予相应的关注，并认真对待。在本案中，既然投资了这种高风险高回报的投资商品，理所当然应对商品履行说明义务。

（三）争议焦点以外的问题点

在此次事件中，利益受损最大的是作为实际受益人的参保人和受益人，而具有重大利害关系的是加入基金并负担制度保险费的企业。但是，既然厚生年金基金将运营机构作为被告追究受托人责任，那么，上述相关人员

---

〔1〕 社団法人日本証券投資顧問業協会：「投資顧問業者の注意義務について」（「投資顧問業者の注意義務研究会」報告書），44 頁，載社団法人日本証券投資顧問業協会官网：http://jsiaa. mediagalaxy. ne. jp.

就不会作为诉讼当事人出现。这类问题由制度缺陷导致，应该通过立法来解决。

小　结

根据这一判例，修改了日本《兼营法实施规则》第 23 条第 2 款，并在第 6 款中规定，信托银行作为指定单的受托人有义务通知基金分散投资基金资产。另外，日本《监督指针》3-5-2 规定，信托公司作为受托人为了履行通知义务需要进行体制整备。即使履行了通知义务，信托公司在违反基金分散投资义务的可能性没有消除的情况下，需要求委托人在协商的基础上变更运用指针，并且不惜辞去受托运营机构的职位，笔者认为这对中国立法有很大的启发。

另外，针对非专家的年金基金与投资运营专家，考虑到年金基金的公共性和最基层的受益人，应追究最严格的受托人责任。此时，需要运营业者事先确认合同内容，判断所处的状况，并根据其状况承担为基层受益人尽最大努力的受托人责任。因此，受托人即使漫不经心地遵从委任指示，也难辞其咎。

第七章

日本年金基金行使股东表决权与受托人责任

第二次世界大战后，日本企业以与银行的交易方相互持有股份等间接金融作为资金筹措的主要方法。泡沫经济崩溃后，相互持有股份的现象逐渐消失，作为接盘者的外国投资者及机构投资者比例增加，合计达到五成。在从银行为中心的间接金融向直接金融转变的过程中，以年金基金为首的机构投资者对公司的资产管理产生了巨大影响。

与此同时，美国在 1974 年制定的 ERISA 中规定，受托人承担 ERISA 规定的信义义务，而年金基金作为受托人行使表决权的义务是 ERISA 受托人责任的进一步延伸。1988 年雅芳信件（Avon Letter）首次从正面确认了行使表决权是受托人责任的一部分。但是在日本，关于受托人责任和行使股东表决权的关系，在判例、学说上还未达成共识。因此，整理相关问题或许对中国有一定的参考价值。

一、年金与股东表决权的行使

（一）公共年金对股票的投资

GPIF 根据日本《年金公积金管理运用独立行政法人通则法》及 GPIF 法第 20 条规定的中期计划（以下简称"中期计划"）制定管理运用方针，根据日本《年金公积金管理运用独立行政法人通则法》的规定由厚生劳动大臣制定中期目标（以下称为"中期目标"），按照业务方法书、中期计划以及本管理运用方针实施管理运用业务。根据日本《管理运用方针》[1]的

---

[1] 参见 GPIF 官网：「基本ポートフォリオの考え方| 年金積立金管理運用独立行政法人（gpif. go. jp）。

规定，年金资金运用可投资于：国内债券、国内股票、外国债券、外国股票及短期资产，以及以这些为标的资产的衍生商品及债券贷款（包括有价证券信托的方法）。以分散投资为基本投资对象，在基本投资组合的基础上，大多采用与基准投资相挂钩的被动投资，也有一部分采用主动投资。具言之，截至 2023 年 12 月，公积金为 1.7117 兆多日元，从分散投资的投资组合来看，为了确保运用目标收益率，国内债券为 25.77%，国内股票为 24.66%，外国债券为 24.44%，外国股票 25.14%，并在资产配置构成上设置了一定的允许幅度范围。[1] 从开始直接投资以来投资股票的比例来看，2002年 25.57%，2003 年 23.36%，2004 年 24.97%，2005 年 21.21%，2006 年 26.28%，2007 年 15.11%，2008 年 12.01%，2010 年 11.53%，2011 年 23.36%。关于股票投资存在争议。泡沫经济崩溃后，日本的股票市场面临惨况，从 2000 年开始的 3 年间，股票市场下跌了 20%，相当于下跌了六成，[2]仅 2000 年的养老金收益率就下降了 6%。在这种情况下，日本的股票在泡沫经济之后经过十几年也没有恢复，因此有人认为应该将其排除在投资对象之外。但另有声音表示对创造财富的企业进行投资，有助于经济的发展，有助于养老金的支付，这样的关系才能达到双赢的目的，而不是把股票排除在投资对象之外，有必要在继续投资股票的同时，与问题企业进行"谈话"，[3] 于是在继续投资股票的问题上达成了共识。

（二）行使股东表决权的理由

从年金基金的角度来看，当使用本金和运营收益来确保将来年金支付时，回报率越高越好。于是，年金基金等机构投资者瞄准资本收益，以所谓"华尔街规则"（Wall Street Rule）的短期买卖为原则进行投资活动。但是，随着年金基金规模的扩大，整体上来说股票的运用比率也会变大。因

---

〔1〕　参见 GPIF 官网：2023 年度の運用状況｜年金積立金管理運用独立行政法人（gpif. go. jp）。

〔2〕　参见《日本 2000 年度运营状况》，载日本企业年金基金联合会官网：http://www. pfa. or. jp/jigyo/shisan/shisan03. html.

〔3〕　参见矢野朝水：「ブレイン・ストーミング最前線「機関投資家からみた日本のコーポレート・ガバナンス」（2005 年 12 月号），载日本独立行政法人经济产业研究所官网：http://www. ri-eti. go. jp/jp/index. htmlより入手.

此，只要各年金基金的目的相同，其持股和买卖行为也会相似，但如果是一个年金基金买卖所持股份，就会出现其他年金基金也想买卖的现象。这种跟风行为使得年金基金买卖自己持有的股票时会对市场产生冲击，因此最终无法通过华尔街规则获得利益。于是，20世纪80年代，基于对美国资产运营理论的实证研究，人们开始采用分散投资组合，即不筛选企业而是通过指数投资进行投资，并长期持有股票。此时，为了提高持有股票的收益，必须采取一些行动，而长期持有股票的机构投资者从投资收益的观点出发，监督公司的业绩，制定公司战略，并干预公司治理。但是，投资者能否行使表决权参与公司治理，能否提高公司价值，能否创造投资收益，其实还是个未解之谜。但是，各国都以公司治理的调整有助于经济发展为前提纷纷开展讨论。[1]

但是，并不是所有的年金基金都试图通过行使表决权来提高投资收益，而是根据年金基金是否以积累方式运用，或者至少是否投资股票，来决定是否需通过表决权来干预公司治理以提高投资收益率、决定是否参与资产负债率治理。这里首先要探讨如下问题，即关于公共年金作为直接投资部分是否存在行使股东表决权的问题。对于这一问题而言，国民年金基金中的直接投资部分以国内债券被动投资作为基金的核心定位，同时在委托投资时，例如转换资产（再平衡）和变更运营机构时、承兑财产投资债券时、国库缴纳金的缴纳时作为确保必要的流动性手段进行有效的活用。因此，此时，关于公共年金的直接投资部分就不会产生行使表决权的问题。但是从2001年4月开始，企业年金基金联合会（当时是厚生年金基金联合会）通过指数化投资直接投资于国内股票，此时才开始出现行使股东表决权的问题。

此外，根据承担运营风险的不同，参与行使表决权的程度也不同。在私人年金中，缴费确定型企业年金因为由员工自行承担运营风险，因此运营成绩直接左右员工领取年金的金额。而给付确定型企业年金则不同，由于雇主承担经营风险，所以年金基金的母体企业会形成提高运营收益的激

---

〔1〕 関孝哉：「株主構成と議決権行使」，ジュリスト1271号（2004）。

励机制，从而通过资产运营者行使表决权来提高投资收益。[1]另外，公共年金热衷于行使表决权，私人年金则并不热衷于行使表决权，这一点在美国也完全一样，因为公共年金基金有向退休人员支付养老保险待遇的义务，所以具有很强的履行受托人责任的使命感，但企业等私人年金基金、投资信托、人寿保险的固有账户虽然规模较大，在行使表决权方面却比较慎重。

而从股份公司的角度来看，日本以间接金融的资金筹措方法为主。进入 20 世纪 80 年代，随着证券、资本市场的国际化和全球资本主义的兴起，开始从间接金融转向直接金融。其间有声音指出，在日本以"沉默的股东"，即金融机构为主的股权持有，纵容了企业的经营，导致了泡沫经济和泡沫经济的崩溃。泡沫经济崩溃后进入 20 世纪 90 年代，相互持有股份的现象加剧，但金融机构及事业法人等的持股比例逐渐减少，取而代之的是外国股东以及以年金信托为首的日本国内机构投资者的持股比例，并且比率不断攀升。迄今为止，日本上市企业的所有权结构以稳定持有、相互持有股份、上市子公司等为其特征，由此可知，银行、事业法人这一主体的投资目的不仅仅是金融效益的最大化，还包括长期关系的维持和私人利益的确保，但这种所有权结构在出现金融危机的 1997 年以后发生了很大变化。企业和银行之间的相互持股迅速解除，人寿保险公司的持股比例逐渐减少。[2]日本全国证券交易所议会每年六七月都会公布"关于股票分布状况调查的调查结果"，而根据东京证券交易所公布的"2013 年度股票分布状况调查的调查结果"来看，从 20 世纪 90 年代中期起分布状况开始改变，从股票持有比例的变化来看，"个人及其他"和"都市银行、地方银行等"都分别减少，"国内机构投资者"和"外国法人"分别增加，金融性能最大化作为其投资目的的日本国内外机构投资者的持有比率达到了 50%，如果再加上个人股东就超过了 60%。[3]因此，为了确保现有股东人数的稳定，企业尤其

---

〔1〕　梅本剛正：「コーポレート・ガバナンスにおける機関投資家の位置付け」，甲南法学［19979 37-3-169（281）］。

〔2〕　宮島英昭：「日本企業の株式保有構造－歴史的進展と国際的特徴」，商事法務 2007 号（2013），17 頁参照。

〔3〕　参看日本交易所集团官网：report（2013）.pdf（jpx.co.jp）.

期待促进机构投资者行使表决权。综上，根据基金方和股份公司方的理由，年金基金开始积极行使表决权。

（三）作为履行受托人责任来行使表决权

美国在 1974 年制定的 ERISA 中规定了受托人责任，而年金基金作为受托人行使表决权被认为是 ERISA 受托人责任的延伸，直到 1988 年雅芳信件首次明确了行使表决权属于受托人责任的一部分。

根据 ERISA，受托人责任包括四项义务：忠实义务、注意义务、分散投资义务和文件遵守义务。年金基金受托人行使表决权是 ERISA 中受托人责任的延伸。根据这一理论，年金基金所拥有股份的表决权可以对经济价值产生直接的影响，因此可以说其本身就是基金财产的一部分，因此管理财产的受托人责任中自然包含影响股份价值的表决权的行使问题。因此，表决权可能会对股票的经济价值产生影响，所以需要尽到最大限度的注意以行使表决权，但受托人对于有可能减少所持股票价值的事项怠于行使表决权时，可能会被认定为没有履行受托人责任，从而违反信义义务。并且受托人为了自己的利益而行使表决权时显然违反了忠实义务，但如果盲目地对经营者投赞成票，不仅违反了忠实义务，同时也违反了注意义务。[1]

与此同时，英国在 2001 年指出："所有的年金基金（受托人）都应当将美国劳动部对 ERISA 的解释通牒（1994 年）中规定的关于行使表决权的原则规定在资产运营权限委托书中，并应该在适当的时候以明确的形式在英国法律中加以规定。"[2]

在这一国际局势下，面对泡沫经济崩溃的国内环境，并受到以 calpers（加州公务员退休基金）为首的海外年金基金等外国股东的影响，日本公共年金及企业年金基金联合会开始积极地处理有关行使股东表决权的问题。但是，关于受托人责任和股东表决权行使的关系，在判例和学说上尚未确立定见。

---

〔1〕 IRRC, Writing Proxy Voting Guidelines, pp. 3~5；相原隆：「米国年金基金の日本における議決権行使について」，国際商事法務 22 巻 8 号（1994），823 頁。

〔2〕 「英国マイナース報告書と機関投資家のガバナンス責任」，商事法務 1594 号（2001）；「マイナース・レビューの背景と機関投資家の議決権行使——ポール・マイナース氏に聞く—」，商事法務 1665 号（2003）。

二、年金基金运营业和股东表决权的行使

（一）行使年金基金股东表决权的主体

1. 国民年金基金

日本废除年金公积金的资金运营部后，厚生劳动大臣为了将年金公积金的投资变成自主运营，设置三个研究会进行了各种各样的讨论，其中对股东表决权的行使也进行了探讨。就这一问题而言，1997 年 4 月设立的年金自主运用讨论会[1]指出："在运用时，为了不让国家等公权力支配民间企业的经营或对其产生影响，伴随个别股票品种的选择和运用必须交由民间运营机构去自行判断。同时，关于股东表决权的行使，需要探讨应加以何种限制。"于是，1998 年 1 月关于年金公积金运用基本方针的研究会探讨了国家是否应行使表决权以及通过受托机构间接行使表决权的方法，但并未得到明确结论。

随后，2000 年 9 月成立的关于年金公积金运用基本方针的研讨会明确了国家不直接行使表决权，还对受托运营机构的指示方式达成了共识。具言之：①为了使各受托机构的行使内容不存在太大差异，需在行使时设定一定的标准。②不仅要考虑股票价值的最大化，还要考虑在危害公共利益的公司中如何行使表决权。因"危害公共利益"的标准不明确，如果明确规定，恐怕会导致国家介入经营，因此，需由受托经营机构来判断。此外，与同一股票品种的投资限制相关联，受托管理机构将拥有相当数量的表决权，此时如果受托管理机构采取统一行动，可能会出现国家控制企业的问题。

2. 厚生年金基金

厚生年金基金于 1990 年开始参与资产运营，金融当局提出全权投资委托公司在进行投资时，如果有必要的话可以接受表决权的委托，以此为契机，投资顾问业在参与厚生年金及厚生年金基金的资产运营时，涉及表决

---

[1]　参见日本旧厚生省年金局官网：http://www1.mhlw.go.jp/shingi/s0901-1.html；相原隆：「機関投資家の株主活動—株主によるコーポレート・ガバナンスとその課題—」，法と政治 53 巻 4 号（2002），847 頁。

权行使权限由厚生年金基金、信托银行、投资顾问业者中谁来行使的问题。"因为厚生年金基金有公共年金的代行部分，所以厚生年金基金具有公共年金的性质，此时厚生年金基金直接行使表决权会导致国家间接支配产业的问题。但如果信托银行拥有实际行使表决权的权限，会因持股比率有可能超过5%的规定而涉及违反反垄断法的规定。"〔1〕基于以上原因，最后将包括行使表决权指示权限在内的表决权通过全权投资委托合同委托给投资顾问业来行使。

综上所述，日本的公共年金、厚生年金基金为了避免公共机构对民间企业的支配或经营的介入，采取了由受托机构指挥的间接指示方法，由信托银行、人寿保险公司以及投资顾问公司等外部资产运营者行使表决权。如前所述，在国民年金基金的直接投资部分，由于是债券的被动投资，所以不会产生行使股东表决权的问题，但是具有部分代行功能的厚生年金基金联合会，即现在的企业年金基金联合会中的直接投资部分则由联合会自行行使。〔2〕

（二）投资运营业行使股东表决权有无日本法律上的依据

作为年金运营机构的信托银行，根据"单独运用指定资金信托合同"或"单独运用指定包括信托合同"行使年金的运用。而投资全权委托合同所涉及的年金公积金的管理，则通过"特定资金信托合同"或"特定包括信托合同"实施。

其中，信托银行行使股东表决权的相关法律未必有明确的依据，根据单独运用指定资金信托合同，适用日本《信托法》第29条第2款、第30条、第31条、第32条规定的注意义务、忠实义务及相关解释，作为受托人的管理义务行使表决权。

投资顾问业者根据全权投资委托合同实施运用，投资顾问业作为金融商品交易的投资运营业，适用日本《金商法》第41条和第44条注意义务

---

〔1〕 2002年8月8日，日本以社团法人日本证券投资顾问业协会·全权投资委托公司的表决权等股东权行使相关的诸问题的研究为目的，设立了议决权等股东权行使研究会，并以研究会为基础制作发表了题为《关于全权投资委托公司的表决权等股东权的行使》的报告书。参见社团法人日本证券投资顾问业协会官网：http://jsiaa.mediagalaxy.ne.jp.

〔2〕 参见日本企业年金基金联合会官网：http://pfa.pinpointfinder.jp/search.cgi.

与忠实义务的规定。此外，日本证券投资顾问业协会在 2002 年 4 月公布了名为《关于全权投资委托公司股东表决权的行使》的报告书，并在此基础上于 2002 年 4 月 24 日制定了题为《年金全权投资委托合同中表决权指示权的有效行使》有关表决权行使的自律规制，以指导投资顾问业者行使表决权。

人寿保险公司根据其所制定的运用方针，分别通过特别账户第一特约和特别账户第二特约进行运用。通过特别账户第一特约是将多个合同中的公积金联合运用，特别账户第二特约是将个别合同中的公积金单独运用，将合同当事人对资产配置和个别资产的运用方针反映于运用中的运用方式。人寿保险公司也没有特别明确的关于表决权的法律依据，而是根据合同中注明的"诚实运用义务"来行使股东的表决权。

根据以上内容，在现行法律上，除了日本《投资信托法》第 22 条及日本《投资信托法实施规则》第 34 条规定投资信托委托公司有义务行使若干表决权以外，作为年金的运营机构，信托银行、人寿保险公司以及投资顾问业行使股东表决权的法律上的依据未必十分明确。与此同时，无论是信托合同还是全权投资委托合同，受托人都对委托人负有注意义务和忠实义务，只是对于注意义务的内容却并不十分明确。而且，全权投资委托合同属于民法上的委任合同，因此民法上的相关规定和受托人责任的关系也成为需要进一步探讨的问题，此时需参考 2001 年 9 月日本证券投资顾问业协会发布的《关于投资顾问业者的注意义务》的报告书（以下简称"报告书1"）和 2002 年 4 月通过议决权等股东权行使研究会公布的《关于全权投资委托公司股东表决权的行使》的报告书（以下称为"报告书2"）的相关内容作进一步探讨。

（三）全权投资委托业行使股东表决权与受托人责任

1. 全权投资委托业于 1990 年开始行使股东表决权

在日本，以前只有信托银行和人寿保险公司才允许运用年金基金，但是在投资顾问业界对金融当局施加压力，以及年金基金方面多样化的资产运用需求高涨的背景下，从 1990 年 4 月开始厚生年金基金和旧厚生年金基金联合会有关公积金的运用限制逐渐放宽，基金以公积金的 1/3 为限度、运用额度中的 50% 投资于债权以及没有变动风险的投资对象等限定条件，允许与投资顾问业签订全权投资委托合同，以此为契机，投资顾问业开始陆续参与年金的运用[1]。因此，随着日本企业治理意识的提高，越来越多的人期待具有高度专业性的全权投资委托公司行使表决权。

全权投资委托业受托运用年基金的资产时，涉及年金基金和全权投资委托业中由谁行使股东表决权的问题，对于这一问题，在实务中根据全权投资委托业和顾客所缔结的全权投资委托合同的具体内容来决定。如果年金基金自己行使股东表决权，那么全权投资委托合同对股东表决权的行使就不会作出特别规定。此时，与全权投资委托合同有关的年金支付公积金的管理会通过"特定资金信托合同"或"特定包括信托合同"来进行，年金基金自行行使股东表决权时需要通过对信托银行下达指示，而由信托银行根据年金基金所下达的指示实施具体操作，这一指示部分一般在该特定资金信托合同中事先作出规定。[2]

假如由全权投资委托业者行使股东表决权，其会在全权投资委托合同中规定其内容，此时全权投资委托业者与信托银行签订的特定资金信托合同需事先明确全权投资委托业作为代理人行使股东表决权，并对信托银行下达具体指示，换言之，此时行使股东表决权的人为全权投资委托业。在这种情况下，信托银行可以根据特定资金信托合同的规定，向全权投资委托业者送达股东大会通知书复印件或行使股东表决权指示书，以行使股东表决权。[3]

2. 全权委托投资公司行使表决权的法律依据

随着 2006 年日本《投资顾问业法》被废止，投资顾问业者根据日本《金商法》第 28 条第 4 款的规定，定位为金融商品交易法中的投资运营业。根据"报告书 2"，对金融商品的价值进行分析的基础上作出投资判断的一部

---

[1] 包括年金福利事业团、国家公务员共济组合联合会等共济组合、国民年金基金、合格退休年金等年金的运用。「投資サービス法（仮称）に向けての提言–資産運用の見地から–」（投資顧問業法研究会報告書）。

[2] 三和裕美子：「わが国機関投資家の株主議決権行使—現代株式会社制度における意義」，経営研究第 53 巻第 4 号（2002），26 頁。

[3] 「投資一任会社の議決権等株主権行使について」報告書，9 頁。

分或者全部委托给投资公司，并将投资所需的权限一并委托给该公司的全权投资委托合同将"为该顾客进行投资所必需的权限"（日本《金商法》第2条之8十四、十五）作为股东行使表决权的依据。

全权投资委托业者的股票运用部分还是以华尔街规则为主，但是在指数运用或积极投资时，也需要考虑成本与效益来行使表决权。根据"报告书2"，如果不去行使股东表决权会显著毁损股票价值，或表决权的行使会明显增加股票价值，但却怠于行使该表决权时，则需要全权委托投资业者承担受托人责任。此时假如没有事先约定股东表决权的指示权，是否产生受托人的责任呢？如果产生的话会是怎样的状况呢？那此时，委任合同中规定的表决权的行使和受托人的责任是怎样的关系，即民法上的善管注意义务和受托人责任是怎样的关系，以及违反的法律效果如何？这些都需要进一步澄清。

为了解决这一问题，可以先来了解一下"报告书1"和"报告书2"的内容。

3. 委托投资企业的股东表决权行使和受托人的责任

"报告书2"指出"为了企业价值（股票价值）的最终增大或防止其损坏，需行使作为专家时的最优表决权"，并在全权投资委托合同中将事先约定下达表决权指示的情况和没有约定的情况分开进行规定。事先作出约定时原则上遵照委托的意旨执行即可。对于这种状况，上村教授说："类似于商法中单纯的表决权代理行使的情形。"[1]相反，在全权投资委托合同没有规定的情况下，从受托人的观点来看，也有可能产生有关表决权的义务。具言之，由于投资顾问业是资产运营的专家，而且是承担确保证券市场的健康发展和公正性、保护投资者等责任的公共性质的存在，基于以上理由即使合同中没有事先约定也有可能产生投资顾问业者的受托人责任问题。但是根据"报告书2"："根据一定程度上的投资决策，如果已经作出投资，下达表决权指示可以消除对该投资价值的显著障碍或促进该投资价值的显著增加，与投资委托合同中是否有事先约定无关，作为应该确保最终受益

---

〔1〕　上村達男：「投資一任会社による議決権行使」，商事法務 1631 号（2002），4 頁。

人利益的资产运营专家，根据委托运用或者其宗旨的实质性解释，应承担有关表决权行使的义务。"[1]针对这一点，上村教授在《全权投资委托业者行使表决权》一文中指出："在全权委托合同的顾客对作为末端出资的老百姓等承担受托人责任的情况下，当顾客自己下达表决权行使的指示时，顾客所下达的指示应以顾客对劳动者承担的受托人责任为前提，委托投资业应该遵从该指示，此时全权投资委托业者对顾客承担的受托人责任是顾客自己对出资人承担的受托人责任的一种延伸。"[2]换言之，两者需对出资人承担连带的受托人责任。

这里的疑问是委任合同中规定的表决权的行使和受托人责任是什么关系，即民法上的善管注意义务和受托人责任是什么关系。如前一章所述，在"报告书1"中，民法上的"注意义务"被认为是应该尽到一定程度的注意的义务。关于这个民法中"注意义务"的概念，应将其理解为"在已经负有某种义务的情况下，在履行该义务时，应该尽到某种程度的注意的义务，是注意的程度问题"，[3]而不能把它看作是导出"新的"某种义务或行为的概念。另外，根据合同的相对人是否为专家，将该合同判断为委任合同还是严格的信托合同也有所不同，因此"注意义务是指应履行与委托人委托的业务宗旨相一致的业务的义务，同时也自然包括在此之前，受托人应适当判断自己所处的状况，并根据状况尽到相应的注意的义务"。因此，年金的全权投资委托合同根据合同相对人的属性，即属于公共年金还是私人年金，负有不同的注意义务。"报告书2"还提供了根据不同市场特点分析法律效果和行为限制的视角[4]。对于这一问题，还需要学说和判例的进一步积累，可以用美国的讨论作为参考，笔者想留作日后研究的课题。

---

〔1〕「投資一任会社の議決権等株主権行使について」報告書，13 頁。

〔2〕 上村達男：「投資一任会社による議決権行使」，商事法務 1631 号（2002），4 頁。

〔3〕 社団法人日本証券投資顧問業協会：「投資顧問業者の注意義務について」（「投資顧問業者の注意義務研究会」報告書），4 頁，载社団法人日本証券投資顧問業協会官网：http://jsiaa. mediagalaxy. ne. jp.

〔4〕 上村達男：「投資一任会社による議決権行使」，商事法務 1631 号（2002），4 頁。

4. 投资委业行使股东表决权时的立场

"报告书 2"在陈述全权委托投资业者行使表决权的立场时，指出"我们期待全权委托投资业者是具有高度专业性的诚实的'投资人'……在华尔街规则的支配下，成为股东后的全权投资委托业者自然同样也可通过'抛售'所持有的股票来脱离市场……因此，作为机构投资者的全权投资委托业者……""如果作为'购买者'产生损失时，则有可能出现作为投资人要求赔偿损失的情况。"因此，"买入"在先，而在"买入"之后，对于行使股东表决权应该采取什么样的态度，这是需要解决的第二个问题。

针对这一点，上村教授对投资委托公司行使表决权的意义进行了如下阐述[1]："首先，对投资者来说最重要的是确保证券市场的健全性，为此行使表决权是理所应当的……但在此意义上的表决权行使，并不是说不这样做就违反了相关义务，当然假如顾客下达了指示，遵从顾客的指示是履行合同的义务。在股份出售时，也应该以此为方向行使表决权。"其次，作为股东，"即使是增值，如果认为短期的增值可能性会损害长期的投资环境，就没有必要对此表示赞成"。这对"对健全证券市场、提高投资环境、充实企业统治作出了贡献，对日本来说具有特别重要的意义"。从这样的视点来看，其在是受托人的同时也作为股东的运营机构等机构投资者拥有与传统的股东不同的股东权，这对公司法也会产生影响。

---

[1]　上村達男：「投資一任会社による議決権行使」，商事法務 1631 号（2002），6 頁。

第八章

从年金基金及其运营业者的受托人责任看日本版尽职管理守则（Stewardship Code）

2012 年 12 月，为了日本经济的复苏，摆脱日元升值和通货紧缩带来的负面影响，恢复经济发展，日本政府采取了必要的经济措施。其中为实现增长战略的目的，日本内阁设置了"日本经济再生本部"，并且在 2013 年 1 月"产业竞争力会议"讨论的基础上，于 2013 年 6 月制定了所谓"第三支箭"的增长战略——《日本再兴战略》，提出了"'负责任的机构投资者'诸项原则"尽职管理守则（以下简称"日本版尽职管理守则"，即 Stewardship Code），这是从促进企业持续成长的角度出发，促进广泛的机构投资者与企业进行建设性对话，以适当履行受托人责任的原则。

但是，"stewardship"这一概念是在信托的概念、股份公司制度的发展以及 city 的传统等英国悠久的文化、习惯以及经济历史中形成的概念，[1]对日本来说是一个陌生的法律概念。而日本版尽职管理守则中所使用的"受托人责任"这一概念，与日本以往使用的"机构投资者的受托人责任"是否为相同概念抑或不同概念，至今仍未明确。为此，本章将论述日本版尽职管理守则与 fiduciary duty（受托人责任）的关系，试图根据谋求中长期投资回报的年金基金及其运营机构的受托人责任来明确两者的差异。

---

〔1〕 関孝哉：「英国スチュワードシップ・コードが示す論点」，監査役 619 号（2013），10 頁。

一、尽职管理守则的背景及其发展

迄今为止，日本上市企业的所有结构以稳定持有、相互持有股份、上市子公司等为特征。银行、事业法人等主体的投资目的不仅仅是金融效益的最大化，还包括长期维持稳定的关系和确保私人利益，但这种所有结构在发生银行危机的 1997 年以后发生了很大的变化。企业和银行之间的相互持股迅速解除，人寿保险公司的持股逐渐减少〔1〕。并且雷曼事件后，日本股票市场的恢复比其他国家缓慢，TOPIX（东证指数）也与 30 年前基本持平，而且日本企业的 ROE（股东资本收益率）也与其他国家相比处于长期低迷状态。〔2〕为此，日本以经济复苏为目标，认识到为了实现市场活性化，提高日本企业的价值和持续增长是不可或缺的，于是 2013 年 6 月，政府在内阁会议上通过了作为所谓"第三支箭"的增长战略，确定了《日本再兴战略》。其中包括制定《日本版尽职管理守则》在内的强化公司治理的一系列举措。而与此同时 2008 年全球金融危机后，英国认为是机构投资者对上市公司施加了压力，要求股东即使牺牲企业的持续增长也要在短期内实现回报，这加剧了经营者的失控并最终导致了国内金融危机，英国当局经过批评和反省，制定了"尽职管理守则"，作为引导资产运营业界不要陷入短期主义，而是以长期视野进行投资运营的方针。

日本金融厅自 2013 年 8 月以来共举办了 6 次的研讨会，并于 2014 年 2 月 26 日设立了有关日本版尽职管理守则"有识之士研究会"，该研究会制定并公布了"'负责任的机构投资者'的各项原则，即'日本版尽职管理守则'——为了通过投资和对话促进企业的持续成长"。

接着同年 6 月着手制定"公司治理准则"，2015 年 3 月 5 日，日本金融厅及东京证券交易所设置的有识之士研究会公布了"公司治理准则原案——为了公司的持续性增长和提高企业中长期价值"。并且，这次修改的日本《公司法》制定了要求启用外部董事，以及在不引入外部董事的情况下，要

〔1〕　宫岛英昭：「日本企業の株式保有構造——歴史的進展と国際的特徴」，商事法務 2007 号（2013），17 頁。
〔2〕　大場昭善、徳田展子：「国内機関投資家の見方」，企業会計 66 卷 8 号（2014），28 頁。

求公开其理由的"Comply, or Explain"规则。

总之，为了公司的持续成长和中长期企业价值的提高，"负责任的机构投资者"的尽职管理守则和公司治理准则就像左膀右臂，守护着公司的持续成长。

二、什么是"stewardship"

英国版尽职管理守则并没有对"stewardship"作出明确的定义，而是将其作为通用术语使用。

"stewardship"最早记载于旧约圣经中。《圣经》创世纪第 1 章第 26~27节写道："我们要照着我们的形像、按着我们的样式造人，使他们管理海里的鱼、空中的鸟、地上的牲畜，和全地，并地上所爬的一切昆虫。"神就照着自己的形像造人，乃是照着他的形像造男造女。《圣经》创世纪第 1 章第 28 节写道："要生养众多，遍满地面，治理这地，也要管理海里的鱼、空中的鸟，和地上各样行动的活物。"由此可知，人被赋予了管理地球和地上所有生物的责任和义务。在人类管理地球之时需要模仿神的形态，利用其赋予人类的智慧、理性或聪明，利用科学技术，并接受终极所有者神的委托，以符合造物主神的目的，即"神的命令"（steward）来管理经营这个世界，在英语语境中这被称为"stewardship"。"steward"即管家，是为主人提供各种照顾的人，在这里与其说是支配、管理，不如说是运营更为恰当。[1][2]

2012 年修订尽职管理守则，英国以信托的概念、股份公司制度的发展和 city 的传统等英国悠久的文化、习惯以及经济的历史为背景。因此，国际机构投资者组织 International Corporate GovernanceNetwork（ICGN）在 2013

〔1〕 大谷順彦：『この世の富に忠実に-キリスト教倫理と経済社会』（すぐ書房、2002），24 頁。

〔2〕 除此之外还有一种说法，stewardship 的用语源自中世纪英国，受雇于庄园主，并为庄园主管理所拥有的土地的人被称为 steward。上田亮子：「英国におけるスチュワードシップ・コード改正と機関投資家の対応」，資本市場リサーチ27 号（2013），59 頁；笠原基和：「責任ある機関投資家の諸原則」《日本版スチュワードシップ・コード》の概要」，商事法務 2029 号（2014），59 頁；有吉尚哉：「日本版スチュワードシップ・コードへの実務対応」，商事法務 2034 号（2014），19 頁。

年公布的《机构投资者责任原则》中指出，除英国以外的国家对"steward-ship"一词缺乏充分理解和共识，因此避开了"stewardship"一词[1]，使用了"fiduciary duty"的表达方式。

追溯英语中"stewardship"的概念，是指以"管理他人财产"为核心关系时的思考方式。在信托的概念下，受托管理他人财产时，负责管理该信托财产的人（steward）的思想觉悟（ship）。[2]"尽职管理守则"规定的机构投资者的责任是作为公司股票所有者的义务和权利产生的结果，[3]是为了保护公司的长期健康发展，为了获得投资的长期价值，因此不仅是董事，股东也要求承担尽职管理义务。[4]

日本版尽职管理守则与英国版不同，其对"stewardship"作出了明确的界定，指出"stewardship"是指机构投资者基于对投资目标企业及其事业环境等的深刻理解，通过建设性扩大的"有目的的对话"（engagement）来促进该企业的企业价值的提高和持续成长，扩大"顾客·受益人"（包括最终受益者）中长期投资回报的责任。[5]

三、关于 stewardship 和 fiduciary 的关系

对于 stewardship 和 fiduciary 的关系，在英国，stewardship 是属于 fiduciary 范畴的概念，[6]有观点认为 stewardship 是为了在机构投资者领域再次确认

---

〔1〕　ICGN, Statement of Principle for Institutional Investor Responsibilities（2013），paragraph 6.24, p.21.

〔2〕　Oxford 英逆引き辞典。

〔3〕　Arad Reisberg, "The Notion of Stewardship from a Company Law Perspective; Re-defined and Re-assessed in Light of the Recent Financial Crisis?", *Journal of Financial Crime*, Vol.18, 129（2001）；上田亮子：「英国におけるスチュワードシップ・コード改正と機関投資家の対応」，資本市場リサーチ27号（2013），26頁。

〔4〕　Tomorrow's Company, "Tomorrow's Stewardship-Why Stewardship Matters?", 2011, p.4；上田亮子：「英国におけるスチュワードシップ・コード改正と機関投資家の対応」，資本市場リサーチ27号（2013），26頁。

〔5〕　「日本版スチュワードシップ・コードに関する有識者検討会」資料。

〔6〕　関孝哉：「英国スチュワードシップ・コードが示す論点」，監査役619号（2013），22頁；上田亮子：「英国におけるスチュワードシップ・コード改正と機関投資家の対応」，資本市場リサーチ27号（2013），20頁。

受托人责任。[1]中世纪在英国发展起来的股份公司制度是信托制度的应用，董事作为 fiduciary 和 steward，有责任管理从股东处转移到股份公司的财产。[2]

那在没有信托传统以及基于信任和传统的习惯背景的日本，如何论述两者的关系呢？下面主要从两个立场进行解释。

1. 硬法和软法的角度

首先，根据明显不同。信托受托人负有注意义务、忠实义务、分别管理义务、自己执行义务，并根据信托法等及信托契约，从委托人或受益人处接受信托来处理信托事务。如果违反了该义务，就要承担民事责任，[3]并且信托业法以及金融商品交易法等行业法也规定有各种各样的准入限制和运用限制。

与此相对，尽职管理守则是软法。而且如上文所述，日本版尽职管理守则采用"基本原则"，要求机构投资者根据各自所处的情况切实履行自己的义务，但没有法律约束力。对此表示赞同并有意接受该宗旨的机构投资者应在各自的网站上公布，同时将该网站的地址告知日本金融厅，金融厅收到通知后，将表明接受该宗旨的机构投资者名单公布在官网上。[4]

2. 机构投资者的角度

随着经济活动和投资链的复杂化，相关参与者不断扩大，对于机构投资者的责任，不能仅以 fiduciary 的范畴来理解。特别是在资产运营中，资产管理人根据运用委托合同对资产所有人承担受托人责任，但如果资产管理人采用表决权行使咨询公司，资产所有人就与表决权行使咨询公司没有直

---

〔1〕　関孝哉：「英国スチュワードシップ・コードが示す論点」，監査役 619 号（2013），10 頁。

〔2〕　涉及英国公司法中董事的一般义务中的信义义务，以及违反该义务的公司的救济等，至少在近期，英国公司法与美国公司法相比，更好地维持和留存了信托性质和法理。小野里光広：「会社法的信托的性格再論—トラスティーシップ・モデルの検討を通じて—」，京都学園法学第 3 号（2011）。并且，英国公司以信托的概念为核心，认为董事是受托财产的管理人（stewardship），个人有责任避免利益冲突。関孝哉：「英国スチュワードシップ・コードが示す論点」，監査役 619 号（2013），15 頁。

〔3〕　神作裕之：「機関投資家のスチュワードシップ責任—受託者責任との比較」，信託フォーラム2 号．（2014）42 頁、高橋・前掲注（7）47 頁参照。

〔4〕　「日本版スチュワードシップ・コードに関する有識者検討会」資料。

接的关系。并且，在资产所有人背后的最终受益人也与资产管理人或表决权行使咨询公司不存在直接关系，因此对受益人的责任并不明确。[1]换言之，stewardship 是从最终投资人的角度出发，将包括服务提供商在内的所谓投资链作为整体纳入视野，促进投资人和被投资企业的结合，提高被投资企业的治理水平，因此严格来讲尽职管理守则的适用范围比起 fiduciary 要宽泛，也包括不属于 fiduciary 的人群。[2]因此，为了捕捉这种广泛而复杂的关系，在某种意义上，采用了关系模糊的 stewardship 概念。[3]

四. 日本版尽职管理守则概要

日本版尽职管理守则是参考英国版尽职管理守则制定的，但与英国版不同，日本版没有对机构投资者作出定义，而是区分规定了资产运营者和资产持有者。另外，海外机构投资者也被包括在日本版范围内。在内容方面，日本版没有设置英国版中机构投资者在适当的情况下与其他投资者协调行动的相关内容，但规定了英国版中没有的一些特有内容，如与该企业进行对话或为了能够胜任尽职管理活动提升实力的相关内容。具言之，日本版尽职管理守则内容如下：

原则 1：机构投资者为了履行尽职管理义务，应制定并公布明确的方针政策。

原则 2：机构投资者为了履行尽职管理义务，应当对管理涉及的利益冲突制定明确的政策，并将其公布。

原则 3：机构投资者为了投资目标企业的持续成长，应该准确把握该企业的状况，履行尽职管理义务。

原则 4：机构投资者应通过与投资企业进行建设性的"有目的的对话"，与投资企业达成共识，并努力改善问题。

---

〔1〕　上田亮子：「英国におけるスチュワードシップ・コード改正と機関投資家の対応」，資本市場リサーチ27号（2013），20頁。

〔2〕　神作裕之：「コーポレート・ガバナンス向上に向けた内外の動向－スチュワードシップ・コードを中心として－」，商事法務2030号（2014），13頁。

〔3〕　上田亮子：「英国の『スチュワードシップ・コード』と機関投資家の責任」，資本市場リサーチ15号（2010），104頁。

原则5：机构投资者对于表决权的行使和行使结果的公布有明确的方针，同时关于行使表决权的方针，不应该仅仅停留在形式上的判断标准上，而应该在有助于投资企业的持续成长上下功夫。

原则6：机构投资者应该定期向客户和受益人报告，包括行使表决权在内的履行尽职管理义务的情况。

原则7：机构投资者为了投资企业的持续成长，应该在对投资企业业务和环境等有深刻理解的基础上，具备与该企业进行对话和作出判断的实力。

五、从年金基金受托人责任看日本版尽职管理守则

采用"要么遵守这些原则，要么披露不遵守的理由（comply, or explain）"的手法的原因之一是机构投资者中有各种各样的机构投资者，其中有一些机构投资者采用了日本版中认为的适用尽职管理守则不合理的投资策略，例如有采取特殊运用手法的对冲基金等。在此仅从接受日本版尽职管理守则最多的谋求扩大中长期投资回报的年金基金及其运营机构的受托人责任出发，来讨论以下尽职管理守则的问题。

1. 与原则1的关系

原则1提出了尽职管理守则的定义和目的，即尽职管理守则通过"结合度"等手段达到"促进该企业的企业价值的提高和持续增长"的直接目的，并且其最终目的是扩大"顾客·受益人"的中长期投资回报。

英国版只规定了"使归属于最终受益人的价值得到保全和增大"这一个目的，这是针对持有大部分英国股票的机构投资者，为了最终受益人的利益，通过对被投资企业的监督和与管理层的对话，提高被投资企业的股东价值，可以理解为以保护最终受益人的利益为根本目的。[1]但日本版在追求"顾客·受益人"的中长期投资回报的扩大的最终目的的同时，还规

---

〔1〕 田中亘：「コーポレート・ガバナンスの観点から見た日本版スチュワードシップ・コード–英国コードとの差違に着目して」，信託フォーラム1号（2014）37頁；大崎貞和：「英国におけるスチュワードシップ・コードの運用実態」，NRI内外資本市場動向メモ13–12号（2013），1~2頁。

定了"促进该企业的企业价值的提高和持续成长"的直接目的。而且，表述的语句似乎使用了直接目的的达成必然导致最终目的实现的模糊表达。但考虑到日本版是为了实现经济复苏、市场活化，为了提高日本企业的价值和持续增长而制定的，因此笔者认为直接目的才是日本版的最终目的。而且从日本版的副标题为"为了促进企业的持续成长"也可看出，日本版是为了促进企业的持续成长，作为改善公司治理的手段，而强调年金基金及其运营机构的作用的。

但是，对于年金基金及其运营机构等机构投资者来说，为了获得更多的客户，需要提高运营成绩以获得市场的好评。对他们来说，介入公司治理能带来什么好处？关于这一点，英国的机构投资者要求确保他们在融资方面的影响力；美国的机构投资者反对毒丸政策，并且指出如果要求经营者遵守关于公司运营机构和经营者报酬的方针，就能抑制经营者的机会主义行为，同时也可确保适当的公司运营，这有助于提高经营效率。由此推测，从长期来看，通过股票获得的回报可能会提高，从而有可能提高资产运营的效率。当然，对于年金基金及其运营机构等来说，介入公司治理本身并没有实际意义，公司业绩的提高和由此带来的良好运营成绩才是他们所关注的最终目的。

另外，对于年金基金及其运营机构来说，只要利润超过成本，参与经营就具有合理性。然而，积极参与经营所产生的对机构投资者的回报，比起介入的成本更大，这一点至今无人能够证明。换言之，参与经营实际上能在多大程度上提高经营效率，从而得到确定的投资回报并不得而知。确实，Governance for owners Japan 股份公司为 TMAM-GO 日本参与基金（JEF）提供了投资建议，并取得了远远超过指数的业绩，但由于这是主动投资，所以在使用年金基金的常用的投资手法指数化投资时，对结果产生多大影响尚不明确。在某些情况下，年金基金及其运营机构可能会给公司带来过高的成本，阻碍公司迅速作出决策，导致公司业绩出现负增长。[1]因此，有人指出，在没有得到确切证明的情况下，年金基金及其运营机构将所有鸡

---

[1] John Holland, "Self Regulation and the Financial Aspects of Corporate Governance", J. B. L., 156 (1996).

蛋都放在监督这一个篮子里，在竞争上是不利的，或者可能是违法的，[1]即使年金基金及其运营机构介入是为了受益人的利益。总之，在这种关系中，机构投资者和公司之间的关系结构及其性质，只是单纯的投资关系。而且，即使在关系投资成为流行语的今天，对于长期股东而言，合理的参与也是有限的。[2]换言之，对于作为机构投资者的股东来说，只有在对超过资本成本的回报不断成长的企业进行投资时，他们的最终目的和企业的直接目的才能并存。[3]

如前所述，日本的企业将大部分资金进行内部保留，而没能有效利用以发展企业，加上上市公司过半数的股份逐渐被国内外机构投资者持有，这样一来机构投资者对股东大会的决议具有很大的影响力。因此，日本版尽职管理守则试图通过机构投资者的影响力，将企业的资金转移到设备投资和分红上，使资金的流动更加顺畅，为整体经济的活化作出贡献。但是，运营管理机构的主要责任不是促进日本经济的普遍健康发展，而是最大限度地提高他们作为受托人的基金的经营业绩，经营干预只是最大限度地提高经营业绩的一种可能的方法。由此看来，日本版中"促进企业持续增长"的直接目的在多大程度上能够通过承担受托人责任的年金基金及其运营机构来实现还是个需要探讨的问题。

2. 与原则 3、4 的关系

作为机构投资者，为了从中长期的视点提高投资目标企业的企业价值和资本效率，为其持续成长而履行尽职管理守则，应该准确把握该企业的状况（日本版尽职管理守则 3-1）。应该通过参与，努力与该企业达成共识。并且根据投资目标企业的状况和通过与该企业的对话内容等，认为该企业的企业价值有可能受到损害时，应要求投资目标企业作出更充分的说明，并谋求与投资目标企业达成更进一步的共识，并努力改善问题（日本

---

〔1〕 北川克忠:「コーポレート・ガバナンスにおける機関投資家の役割」『コーポレート・ガバナンス—英国の企業改革—』，商事法務研究会（2002），67 頁。

〔2〕 Paul L. Davies, "Institutional Investors in The United Kingdom", in D. D. Prentice and P. R. J. Holland（eds.），*Contemporary Issues in Corporate Governance*，1993，p. 96.

〔3〕 田中亘:「日本版スチュワードシップ・コードの検討—機関投資家の役割についてのアン曰ヴァレントな見方」，監査役 629 号（2014），35 頁以下。

版尽职管理守则4-1）。换言之，这种参与不是单纯形式上的量的多寡，而是根据活动所产生的实质性成果来评价和判断，为了实现这种实效性的参与，不仅需要确保对投资有深刻理解和经验的专家参与，通过参与来选定能够提高企业价值的企业本身也变得非常重要。而且，因为是以提高企业价值和促进企业持续成长为目的的参与，所以有时二者会成为长久的合作伙伴。[1]

但正如上文所述，年金基金和运营机构并非经营专家，而只是投资专家（也有可能连投资专家也算不上），所以他们以提高公司治理结构为目的参与其中。为了提高投资收益，有时需要雇用对事业和投资有深刻理解和经验的专家参与，但这对年金基金及其运营机构来说又会增加成本。这对大部分运营负责人只有1名，包括企业年金基金联合会在内，运营业务费用等受到严格限制的企业年金和面临同样费用限制的公共年金来说，实行日本版尽职管理守则难度很大。换言之，根据成本与收益的实际情况，违反善管注意义务的受托人有可能被追究法律责任。并且，如果在体制不完善的情况下直接进行对话，那么与企业的对话只能停留在表面和形式上，其效果也很有限。[2]

3. 与原则5的关系

这一关系需要参考第七章中"报告书2"[3]的内容以展开讨论。由投资顾问业进行投资运营时，行使表决权符合日本《金商法》第28条第4款规定的"投资所需权限"的情形，根据一定的投资判断已经进行投资时，"为了企业价值（股票价值）的最终增大或防止其损坏，需行使作为专家的最优的表决权"，此时即使投资委托合同没有明文规定，有时也需承担行使表决权的义务的情况。[4]换言之，对于投资顾问业者来说，行使表决权只是作为影响投资价值（企业价值）的手段之一来考虑，只有在明确影响投

---

〔1〕　小口俊郎：「日本版コードの視点で振り返るこれまでのスチュワードシップ活動」，企業会計66巻8号（2014），43頁。

〔2〕　関孝哉：「英国スチュワードシップ・コードが示す論点」，監査役619号（2013），10頁。

〔3〕　参见社団法人日本証券投資顧問業協会官网：http://jsiaa.mediagalaxy.ne.jp.

〔4〕　社団法人日本証券投資顧問業協会：「投資顧問業者の注意義務について」（「投資顧問業者の注意義務研究会」報告書），1頁，载社団法人日本証券投資顧問業協会官网：http://jsiaa.mediagalaxy.ne.jp.

资价值的情况下，而且有且只有这种情形下才涉及行使表决权的受托人责任的问题。问题在于，此时要判断实际在什么场合下行使表决权是"必要或有用"的是极其困难的，但至少从受托人的责任上看，对行使表决权的态度并不那么积极。究其原因，企业价值和行使表决权的直接关系至今不明，华尔街原则始终是第一行动原理之一。[1]行使表决权能否参与公司治理，能否提高企业价值，能否创造投资收益，至今还是个疑问。但是，各国都以重新评估公司治理有助于经济发展为前提开展讨论。

另一个问题是成本问题。行使表决权时年金基金必须支付其成本，但为了充分行使议决权，必须相应地削减运用成本。此时，会因成本与效果的关系，根据违反日本《民法》第644条受托人的注意义务而被追究民事责任。

另一方面，日本版尽职管理守则规定，"机构投资者应努力行使对所有持有股票的表决权，在行使表决权时，应根据投资企业的状况和与该企业的对话内容，对议案作出赞成或反对的判断。机构投资者应当制定并公布行使表决权的明确方针。该方针应尽可能明确，但不应仅仅停留在形式上的判断，而应努力使其有利于投资企业的持续成长"。由此可以看出通过表决权等积极监督企业、参与经营的态度。但是，像年金基金这样的机构投资者，随时会有被追究受托人责任的风险的情况下，其是否还会积极地对企业进行监督，是个值得探讨的问题。

小　结

综上所述，年金基金及其运营机构的主要责任是最大限度地提高基金的经营业绩，而不是促进日本经济的一般健康发展，他们参与经营只是实现运营业绩最大化的一种可能的方法而已。此外，为了进行包括行使有实效性的表决权在内的"参与"，可以想象需要支付相当大的成本，但从成本方面受到严格限制的年金基金及其运营机构的现实来看，有时会因成本问

---

[1] 行使表决权能否参与公司治理，能否提高企业价值，能否创造投资收益，至今还是个疑问。但是，各国都在讨论重整公司治理有助于经济发展的前提下进行。関孝哉：「株主構成と議決権行使」，ジュリスト1271号（2004）。

题被追究违反注意义务的受托人责任。换言之，中介在承担受托人的责任时，是否始终保持积极参与被投资企业治理的激励机制是值得怀疑的。特别是对于进行独立运营的年金基金来说，这或许是其理由之一。另外，即使在有限的环境下强行推动，或许也有可能只停留在形式上，达不到最终目的。

<<<< 第九章

对中国养老金及企业年金立法的启示

一、社保基金

1. 独立性

日本作为公共养老金的公积金，为了保险缴费者的利益，应该以最适合养老金公积金的方式进行运营，经过摸索，最终实现了自主运营。日本通过一系列的改革，力求彻底体现其独立性、专业性并落实责任的明确性，从而设立了行政法人 GPIF。因此，理事长、运用委员由厚生劳动大臣任命。理事长以下有 1 名理事作为辅佐，有 2 名监事，但是为了消除官僚的"降落伞"，废除和整理成为政治家和业界勾结温床的特殊法人，消除浪费，即独立于政治和政府，只任命了 1 名理事。

与此相对，在中国，以中央财政预算、出售国有股收入、彩票收入为财源，为应对包括基本养老保险基金在内的社会保险基金未来支付财源不足的情况，发挥最终安全网的作用，设立了"社保基金"。现在，地方的基本养老保险基金也委托社保基金运营。社保基金会由国务院设立，是国务院直属的事业单位，由与部同级的理事会负责运营。理事会成员由国务院聘任，其中包括政府官员，这与日本公共年金投资运营的 GPIF 与政治和政府独立的发展史有些违和感，而对中国来说，确保机制和理事会成员的独立性是一个大问题。

2. 透明性和公开性

在日本，公共年金公积金管理运用中最重要的"包括基本投资组合在内的中期计划由厚生劳动大臣制定，制定的中期目标由运用委员会审议。这是运用委员会最重要的权力（GPIF 法第 15 条第 2 款之二）。中期目标中有关 GPIF 运用方针的核心内容——"基本投资组合"由运用委员会来制定。对此，GPIF 制定包含运用基本方针的"中期计划"（该法第 20 条），运用委员会做进一步讨论（该法第 15 条）。但是，包括基本投资组合在内的中期计划的最终决定由理事长负责，制定过程及相关机构也有详细的法律规定。并且包含运用基本方针的"中期计划"需在网上公开，以求透明性和责任的彻底化。

目前中国全国社保基金会在官网上公开了投资运营业绩，但制定了怎样的运用基本方针，并如何制定却没有公开。因此，笔者认为应制定并公开其详细内容。

3. 专业性

在日本，决定 GPIF 的政策性资产构成比例时，需要相关人员具备专业的知识和能力。因此，日本设置了由经济、金融等方面的专家组成的投资专门委员（3 人以内），在审议有关管理运用业务的事项时要出席理事会（GPIF 法第 17 条），这样才能确保其专业性。

与此相对，中国社保基金会作为非常设机构，设有内部控制委员会、投资决策委员会、风险管理委员会等专家委员会，因为这些属于非常设机构，因此不能说从机制上保证了其专业性。再加上理事会成员中存在参与政治的概率，因此，在组成理事会时，最好有更多熟悉资本市场投资的专家出席，并且投资运营机构这一专业机构的人才培养也是当前面临的重大课题。

4. 安全性

日本就公积金的运用规定"是专门为了被保险人，从长期的观点出发，安全且有效率地进行"（该法第 21 条）。因此，中期目标也设定了"确定以安全、高效、可靠为宗旨的资产构成比例，并以此为基础进行管理"的运用目标（同法第 20 条）。法律规定运用的关键词是"安全且高效"，这里的"安全"指的是最低限度的风险，也就是"国债水平的风险"。"有效率"指的是分散投资。另外，需要对国内债券、国内股票、外国债券、外国股票、相当于储备资产的短期资产类别进行分散投资。

对此，中国社保基金的投资由四个理念组成：价值投资和长期投资，专业、规范化投资，安全投资，责任投资。《全国社会保障基金投资管理暂行办法》指出，基本养老保险基金的投资运营应以"安全性"为第一原则，表明了彻底进行风险管理的原则。由此可知，日本和中国的年金基金投资都把安全性作为投资的首要原则。

《全国社会保障基金投资管理暂行办法》第 25 条规定："社保基金投资的范围限于银行存款、买卖国债和其他具有良好流动性的金融工具，包括上市流通的证券投资基金、股票、信用等级在投资级以上的企业债、金融债等有价证券。理事会直接运作的社保基金的投资范围限于银行存款、在一级市场购买国债，其他投资需委托社保基金投资管理人管理和运作并委托社保基金托管人托管。"也就是说，直接投资的对象限于银行存款、国债，而委托投资的对象是企业债、金融债、证券投资基金、股票等有价证券。

另外，《全国社会保障基金投资管理暂行办法》第 28 条规定，划入中国社保基金的投资的货币资产构成比例按"银行存款、国债：企业债、金融债：证券投资基金、股票"的顺序为"5：1：4"，并明确"在一家银行的存款不得高于社保基金银行存款总额的 50%"。委托运用时，理事会向委托候选单位提出运用方针，考虑各公司的提案后决定委托公司及运用内容。

中国投资运营与曾经日本厚生年金的资产构成比例设定为 5：3：3：2，即安全性资产：股票：外币资产：不动产进行分散投资一样，法定了资产构成比例，并根据比例进行投资。这对于资本市场还处于发展阶段的中国是规避投资风险的一种方法。但是，应该在什么发展阶段实施改革并放开规制，这是需要慎重考虑的问题。

同时《全国社会保障基金投资管理暂行办法》指出，基本养老保险基金将通过参与国家重大工程和重大项目建设、国有重点企业重组、上市等方式，保证基本养老保险基金投资获得长期稳定收益。在不确保相关基金和组织独立于政府政治的前提下，鼓励国民参与国家企业或重大工程或许会对保障国民的晚年生活带来隐患。

5. 受托人责任

正如第一章所指出的那样，在中国社保基金的结构上，并没有明确按照受托人责任对基本养老保险基金进行投资运营，法条中也没有有关忠实义务和注意义务的规定。实务中签订的合同也只有民法上的委托合同、托管合同和投资管理合同，为了保护与国民晚年生活相关的公益性极高的养老金公积金的管理与投资运营，作为受托人责任的忠实义务和注意义务的明确规定至关重要。这一部分可以参考相关部分的内容。

二、企业年金

（一）治理

1. 理事会型

（1）日本确定给付型企业年金的基金型中也设置了理事会，但是基金与企业法人人格相分离，理事会设置于基金中，而中国的理事会是企业内部组织，因此，无法确保其独立性。因此，尽管法律规定企业雇主必须确保企业年金理事会的基金管理业务不受企业方面的干涉（GPIF 法第 20-19条），但其可执行性到底有多大还是个疑问。

（2）实际上理事会型结构与日本的契约型确定给付年金类似。也就是说，企业雇主拟定记载公积金运用目标、资产构成、受托运营机构的选任和评价等内容的运用基本方针，将资产的运用委托给外部。但是，日本的确定给付型年金因企业承担管理运营的主要风险，因此，雇主的压力比起确定缴费型企业年金强烈。而对于中国的理事会型而言，因设置于企业内部，所以不仅缺乏独立性，并且从风险的承担来看，参保人或者领取权人也要承担，因此，企业的利益冲突概率与日本相比预计会高出很多。

（3）企业年金理事会由企业和职工代表组成，也可以聘请企业外部的专家。GPIF 法第 11-18 条第 3 款规定，理事会的组成人员应当具有法律、金融、会计、社会保障或者其他企业年金理事会理事职责所必需的专业知识。然而，实务中理事会成员几乎都是企业内的中高管理人员或并不具备基金或经济管理相关经验，企业年金理事会成员不仅要履行企业业务相关职责，还要作为企业年金理事尽到相关义务，因此这一点未免有些强人所难，换言之，专业性不禁会令人怀疑。

（4）日本除了理事会，还从参保人、企业雇主以及外部有学识、有经验的人士中选出人员组成资产运营委员会，负责听取意见。另外，还有监事对理事会的工作是否妥当进行监督。但中国的理事会型并没有完善这样的治理体系。正如前文所指出的那样，由于担心企业的干涉度过高，因此与日本的确定支付、基金型相比，受益人的利益更容易暴露在高风险之中。

2. 法人受托机构的情况

（1）运营管理机构等。

日本缴费确定型年金的运营管理业是指同时从事记录相关业务和运营相关业务中的一种或两种业务的事业（CB 法第 2 条第 7 项）。雇主可以自行开展运营管理业务，也可以委托给运营管理机构，运营管理机构还可以将受委托的部分业务再委托给其他运营管理机构（CB 法第 7 条）。

在中国，负责运营相关业务的机构和负责记录相关业务的机关分别是法人受托机构和账户管理人。

（2）资产管理运营机构。

在日本，由资产管理运营机构进行资产的管理和运用，通常信托银行、人寿保险公司等都属于资产管理运营机构。而且通常由投资管理人兼任托管人。另外，对于日本的缴费确定型养老金，资产管理机构根据加入者个人的指示，与提供投资产品的产品提供机构签订合同，加入者与产品提供机构之间不存在直接的合同关系。

在中国，投资管理人是进行企业年金基金财产投资的机构，实际可以成为投资管理人的有证券公司、养老基金管理公司、信托公司、基金管理公司、保险资产管理公司、证券资产管理公司。日本的商品提供机关资产管理机构根据用户实际下达的运用命令开展业务，并对用户或领取权人承担最终风险。而在中国，由指定的投资管理人根据法人受托机构所制定的投资战略进行投资，因企业负担的保险费是确定的，因此实际支付保险待遇时的风险是由参保人自行承担的。

说到底，中国的缴费确定型企业年金与日本的缴费确定型企业年金并不相同，日本的缴费确定型企业年金是投保人完全自己负责投资运营并承担最终风险。中国虽然在企业雇主出资有限方面与日本相同，但在投资运营方面采用混合模式，即由受托人制定投资战略，投资管理人据此实际投资，最终风险由参保人承担。这样的机制虽然减轻了企业雇主的负担，但却牺牲了最应该保护的加入者或受益人的利益。

（二）合同关系

在中国，作为企业和员工的委托人和理事会型受托人、法人受托机构是信托关系，受托人和账户管理人、托管人、投资管理人分别是委托关系。因此，在受托人兼任账户管理人、投资管理人的"3+1"型、受托人兼任投资管理人、托管人兼任账户管理人的"2+2"型的情况下，都会产生不便。也就是说，在"3+1"模式中，受托人兼任账户管理人、投资管理人，因此承担受托人责任，而托管人不承担受托人责任。另外，在投资管理人和账户管理人中，应该保持独立性的托管人由他们来选任，这并不适当。另外，在"2+2"模式中，由于受托人兼任投资管理人，托管人兼任账户管理人，托管人或账户管理人的选任由投资管理人决定，托管人或账户管理人的利益掌握在投资管理人手中，因此这一制度设计存在托管人的监督功能以及制约投资管理人目的的制度初衷无法实现的问题。

在日本的企业型年金中，企业雇主被定位为管理运营的主要负责人，而金融产品的实际运营和管理则通过运营相关机构、记录相关机构、资产管理机构以及产品提供金融机构通过签订委托合同来进行。与此同时，法律也规定了运营管理机构、资产管理机构以及产品提供金融机构对受益人应负的受托人责任。因此，即使实际签订了委任合同，也可以根据法律承担受托人责任。这样一来，受益人的利益就能得到很好的保护。

因此，在中国也可以通过法律明确规定投资管理人、账户管理人、托管人的受托人责任来解决上述问题。

另外，借鉴在一百多年前就创立了年金基金的诸多国家的做法，采用事前积累方式的企业雇主虽然能由自己直接负责年金基金的管理、投资，但由于其大部分不是年金基金管理、运用的专家，因此将该大部分管理、运用的业务委托给外部机构，中国在实务中也应该避免受托人兼任投资管理人的情形。像日本一样，通过兼任账户管理人或投资管理人来提高竞争力是适当的。这在一定程度上可以解决受托人形骸化的问题。

（三）受托人责任

正如在年金基金中指出的那样，注意义务和忠实义务的规定过于模糊和不完善是问题所在。此外，年金基金与受托机构的关系尚不明确，因此在相关讨论中可以参考第三章和第四章的内容。